Forgotten Books

FREE BOOKS
www.*forgottenbooks*.org

You can read literally thousands of books for free at www.forgottenbooks.org

(please support us by visiting our web site)

Forgotten Books takes the uppermost care to preserve the entire content of the original book. However, this book has been generated from a scan of the original, and as such we cannot guarantee that it is free from errors or contains the full content of the original. But we try our best!

Truth may seem, but cannot be:
Beauty brag, but 'tis not she;
Truth and beauty buried be.

To this urn let those repair
That are either true or fair;
For these dead birds sigh a prayer.

Bacon

MACMILLAN SPANISH SERIES
UNDER THE GENERAL EDITORSHIP OF
FREDERICK BLISS LUQUIENS
SHEFFIELD SCIENTIFIC SCHOOL OF YALE UNIVERSITY

EASY SPANISH READER

MACMILLAN SPANISH SERIES
GENERAL EDITOR   FREDERICK BLISS LUQUIENS

PRACTICAL SPANISH GRAMMAR
 By VENTURA FUENTES and VICTOR E. FRANÇOIS.

ELEMENTARY SPANISH-AMERICAN READER
 By FREDERICK BLISS LUQUIENS.

SPANISH READER OF SOUTH AMERICAN HISTORY
 By EDWARD WATSON SUPPLE.

LEYENDAS HISTÓRICAS MEXICANAS
 By JAMES BARDIN.

MANUAL DE CORRESPONDENCIA
 By VENTURA FUENTES and ARTURO ELÍAS.

MÁRMOL'S AMALIA
 By AMES HAVEN CORLEY.

A FIRST BOOK IN SPANISH
 By J. P. WICKERSHAM CRAWFORD.

EASY SPANISH READER
 By JOEL HATHEWAY and EDUARDO BERGÉ-SOLER.

La Escuela

EASY SPANISH READER

BY

JOEL HATHEWAY
Head of the Department of Modern Languages
High School of Commerce
Boston, Massachusetts

AND

EDUARDO BERGÉ-SOLER
Instructor in Spanish
High School of Commerce
Boston, Massachusetts

PREFACE

THIS text-book has been prepared to meet the needs of pupils studying Spanish in secondary schools. It is based on the idea that such pupils need a very large amount of easy reading and that the reading material should deal with the ordinary experiences which enter into the lives of the pupils by whom the book is to be used. To this end our text presents a series of episodes from the life of a group of boys and girls, in school and at home, in city and country.

The plan of the book is in very large measure due to Professor Marshall L. Perrin of Boston University, with whom we have for many years studied and discussed the problems of modern language instruction. The execution of the plan is entirely our own.

Our aim has been to produce a text which should be as easy as possible without being at the same time wooden or unidiomatic in style. We have introduced the common irregular verbs into the first pages, have used the ordinary everyday idioms from the very outset, and have not avoided striking or picturesque words whenever their use would make a bit of description more vivid. Simplicity has been attained by avoiding difficult or unusual idioms, by introducing the tenses one at a time and in order, and, in general, by allowing the pupil to concentrate his attention upon one grammatical category at a time.

To assist the teacher, the special topic in grammar to be emphasized is stated in the heading of each chapter. To assist the pupil, the words which exemplify the special topics are printed in black type. This does not mean, necessarily, that such points then appear for the first time, but that they can then be systematically studied to the best advantage. It is very hard to employ such a scheme consistently without overworking it, and our method can doubtless be improved. The underlying principle, however, we believe to be sound, and we have endeavored to apply it with common sense.

Throughout the book the constructions remain simple. The subjunctive is omitted altogether, the only moods used being the indicative and the imperative. The only reason why the later chapters are more difficult than the first is that there is a greater variety in the verb forms employed and, naturally, a larger vocabulary.

The fact that a large part of our text consists of easy dialogue has enabled us to limit the question material to an amount which may seem to some teachers to be rather small. The questions have purposely been made very easy. The exercises are brief, as only a limited amount of such work belongs to this stage of language study.

In the vocabulary, forms have been listed with great fullness. Details will be found in the note preceding the vocabulary on page 303. Here we may call attention to the fact that nouns are in all cases preceded by the definite article, in order that the pupil's attention may at once be called to the gender of the noun in question. In the vocabulary drill, teachers should insist that the article be always given with its noun, just as if it were the first syllable of the word. Unnecessary grammatical detail has been omitted.

In the teaching of younger pupils, for whom this book is particularly designed, the direct method is the most effective. The end sought is ability to speak Spanish and to understand spoken Spanish. The attainment of this end requires the use of Spanish in the classroom, persistent drill in pronunciation, the mastery of a considerable number of common words and phrases, and the constant repetition of phrases in question and answer. Facility comes only through drill and repetition. The questions have been constructed with these principles in mind. They are designed to illustrate the method underlying the book and it is assumed that they will be supplemented by others of similar character. Oral work involving rapid fire of question and answer based upon the material given in the book will bring the best results.

This oral work can be supplemented profitably by having pupils make a written translation of the Spanish into English and then an oral or written translation of English back into Spanish. The colloquial character of the text makes it particularly well adapted for use in this way and for making Spanish the language of the classroom.

In this connection it may be stated that in both text and exercises we have limited the pronouns of address to those forms which the pupils will find most useful.

The illustrations have been prepared especially for this book. They represent scenes fully described in the text, and afford suggestions and material for interesting oral practice. The value of pictures for this purpose and for stimulating the interest of the pupil cannot be overestimated.

We are under special obligations to Professor Perrin, as above noted. Mr. William B. Snow, Head Master of the English High School of Boston, for many years our friendly guide and adviser in many a phase of modern language instruction, has discussed and criticized the book in considerable detail and freely given us the benefit of his long experience. Our thanks are due to our pupil Mr. B. R. Alexander for a great deal of clerical assistance. Finally, we take special pleasure in expressing our sense of obligation to Professor F. B. Luquiens of Yale University, the general editor of the series of which this book is a part, to whose care and experience in editorial work the accuracy of our text is in large measure due.

JOEL HATHEWAY.
EDUARDO BERGÉ-SOLER.

CONTENTS

PRIMERA PARTE

La Primavera

	PAGE
La Salida de Escuela (Presente de los Verbos Regulares y de *Ser* y *Estar*)	1
Los Amigos (Presente del Verbo *Tener*)	5
Expedición a Casa de la Tía Ana (Expresiones Comparativas)	8
En Casa de la Tía Ana (Pretérito)	12
La Merienda (Continuación del Pretérito)	16
La Lección del Día (Continuación del Pretérito)	19
La Lección de Geografía (Continuación del Pretérito)	22
Trabajo en el Huerto (Imperfecto)	26
De Regreso (Continuación del Imperfecto)	30
La Casa de Juanito y María (Posesivos)	35
El Cuerpo Humano (Futuro)	38
El Último Día del Curso (Demostrativos)	43

SEGUNDA PARTE

El Verano

En Camino (Repaso de los Tiempos)	48
La Vaquería (Pasado Indefinido)	52
Las Colmenas (Continuación del Pasado Indefinido)	58
El Gallinero (Pluscuamperfecto)	63
Las Costumbres de las Gallinas (Verbos Reflexivos)	66
El Huerto (Primera Clase de los Verbos que Cambian la Vocal de la Raíz)	72

	PAGE
Las Frutas (Continuación de la Primera Clase de los Verbos que Cambian la Vocal de la Raíz)	77
Las Flores (Pronombres Personales Complementos)	82
Proyecto de un Viaje a Nueva York (*Tener que* y *Haber de*)	89
El Viaje (Segunda y Tercera Clases de los Verbos que Cambian la Vocal de la Raíz)	93
A los Campos (Dos Pronombres Personales Complementos)	99
Los Campos (*Venir* e *Ir*)	105
La Playa (*Dar, Hacer,* y *Saber*)	110
El Cuatro de Julio (Pronombres Relativos e Interrogativos)	118
El Restaurant (*Caber* y *Acabar de*)	128
El Puerto (Indefinidos)	133
Sud América (Uso del Artículo Determinado)	145
El Jardín Zoológico (Verbos que Rigen al Infinitivo sin Preposición)	150
La Ciudad (Verbos que Rigen al Infinitivo mediante Preposición o *Que*)	157
El Incendio (Participio Presente)	161

TERCERA PARTE

El Otoño

El Sastre (Forma Progresiva del Presente — *Volver a*)	166
El Zapatero (Forma Progresiva del Imperfecto)	172
El Carpintero (*Ponerse a*)	178
El Albañil (Forma Progresiva del Pasado Indefinido — *Hacerse*)	184
La Apertura del Curso (Pronombres Personales después de la Preposición)	190
La Recolección de las Manzanas (Forma Progresiva del Futuro — *Ir a*)	196

CONTENTS

	PAGE
EL CARBÓN (Futuro de Probabilidad — *Poder*)	204
LOS NIÑOS EXPLORADORES (Repaso de la Forma Progresiva)	209
VÍSPERA DE TODOS LOS SANTOS (Preposiciones)	219
EL DÍA DE ACCIÓN DE GRACIAS (Adverbios)	226

CUARTA PARTE

El Invierno

LA SESIÓN DE ESCUELA (Forma Pasiva del Presente)	231
LA BATALLA DE BOLAS DE NIEVE (Forma Pasiva del Imperfecto)	239
LA EXPEDICIÓN EN TRINEO (Forma Pasiva del Pretérito)	247
LA VISITA DEL CAPITÁN (Forma Pasiva del Pasado Indefinido y Pluscuamperfecto — Imperativo)	257
LOS NIÑOS VAN A PATINAR (Forma Pasiva del Futuro — Continuación del Imperativo)	274
LEAL ESTÁ ENFERMO (*Dejar de*)	288
LA NOCHE DE NAVIDAD	295
VOCABULARY	303
NUMERALS USED IN TEXT	386

LIST OF ILLUSTRATIONS

La Escuela	*Frontispiece*
	PAGE
En Camino a Casa de la Tía Ana	11
En el Huerto de la Tía Ana	27
El Cuarto de Juanito	41
El Establo	54
Las Lluecas Persiguiendo a Leal	69
Los Niños en la Playa	113
La Revista Militar	125
Vista del Puerto de Nueva York	141
En el Parque del Bronx	154
La Zapatería	174
El Albañil	188
La Visita al Tío de Blanca	223
El Día de Acción de Gracias	229
La Batalla de Bolas de Nieve	243
El Salvamento	281

PRIMERA PARTE

LA PRIMAVERA

LA SALIDA DE ESCUELA

(PRESENTE DE LOS VERBOS REGULARES Y DE *Ser* Y *Estar*)

Estamos en la primavera. La primavera **es** una de las cuatro estaciones del año. En esta estación los días **son** tan largos como las noches. Parte del mes de marzo, los meses completos de abril y mayo, y parte del mes de junio, **forman** la estación de la primavera.

Los niños y las niñas **están** en la escuela. La escuela **es** un edificio pequeño, al lado de la carretera, a dos millas del pueblo. Como ya **corre** el mes de junio, las ventanas de la escuela **están** abiertas.

Faltan pocos minutos para las cuatro de la tarde, hora en que **acaba** la sesión.

La maestra **está** detrás de la mesa, que **está** colocada sobre una plataforma.

En la pared **están** el retrato de Jorge Wáshington y la bandera americana con sus hermosos colores, rojo, azul, y blanco, y las estrellas blancas sobre fondo azul. El rojo y el blanco se **combinan** en barras horizontales. En la pared opuesta a las ventanas **están** las pizarras.

Los niños y las niñas **están** sentados con los brazos cruzados, descansando sobre sus pupitres.

El reloj de la clase **apunta** las cuatro y da cuatro campanadas. La maestra **junta** las manos y los niños y las niñas **abandonan** los asientos. Y todo el mundo, de pie, junto a sus pupitres, con los ojos puestos en la bandera americana, **canta** el himno nacional, "América." Acabado este acto, el último del día escolar, la maestra **pasa** a la puerta de la escuela, y los niños y las niñas **desfilan**, marchando de dos en dos.

Los alumnos **pasan** de la escuela a una plazoleta con grandes árboles al lado del camino. Allí **rompen** filas y **forman** grupos. Juanito, de quince años, y María, de catorce años, hermana de Juanito, **buscan** con los ojos a su fiel amigo, "Leal."

Leal **es** un perro grande de Terranova. Es un perrazo de pelo negro, largo, y rizado, orejas lanosas, largas, y caídas, ojos grandes y bondadosos, hocico húmedo y frío, y dientes y colmillos blancos y afilados. El padre de Juanito y de María **es** el dueño del perro. Leal, todos los días, **acompaña** los dos hermanos a la escuela; por la mañana y por la tarde **espera** la salida de los niños en la plazoleta.

Ahora **está** sentado sobre las patas traseras, y **trata** de descubrir a los hijos del amo entre los otros niños. No **tarda** mucho en descubrir a los dos hermanos, y en seguida, ladrando de gozo, **corre** al encuentro, dando saltos y meneando la cola. Los dos hermanos **acarician** al perro. María pone en la boca del perro el cesto del almuerzo que ella y Juanito comen en la escuela, a mediodía. Juanito coloca también en la boca de Leal la correa que sujeta los libros.

También los amigos de los dos hermanos rodean y acarician a Leal.

CUESTIONARIO

1. ¿En qué estación estamos? 2. ¿Qué es[1] la primavera? 3. ¿Cuántas estaciones tiene el año? 4. ¿Quiénes están en la escuela? 5. ¿Dónde están los niños? ¿y las niñas? 6. ¿Qué es la escuela? 7. ¿Dónde está la escuela? 8. ¿Por qué están abiertas las ventanas de la escuela? 9. ¿Qué hora es? 10. ¿Dónde está la maestra? 11. ¿Dónde está la mesa? 12. ¿Dónde está el retrato de Wáshington? 13. ¿Cuáles son los colores de la bandera americana? 14. ¿De qué color son las estrellas de la bandera? 15. ¿De qué colores son las barras? 16. ¿Dónde están las pizarras? 17. ¿Cómo están sentados los niños? 18. ¿Quién junta las manos? 19. ¿Quiénes abandonan los asientos? 20. ¿Qué himno canta todo el mundo? 21. ¿A dónde pasa la maestra? 22. ¿Cómo desfilan los niños? 23. ¿A dónde pasan los alumnos? 24. ¿Dónde está la plazoleta? 25. ¿Quién es Juanito? 26. ¿Quién es María? 27. ¿Quién es Leal? 28. ¿De qué color es el pelo de Leal? 29. ¿Quién es el dueño del perro? 30. ¿Cuándo acompaña Leal los niños a la escuela? 31. ¿Dónde espera el perro la salida de los niños? 32. ¿Cuándo espera el perro la salida de los niños?

[1] "What is?" followed by a noun is translated by "¿Cuál es?" except when a definition is asked for, in which case "¿Qué es?" is used: ¿Cuál es la capital de Chile? Santiago es la capital de Chile; ¿Qué es una capital? Una capital es la ciudad principal de un país.

33. ¿Qué pone María en la boca del perro? 34. ¿Está vacío el cesto? 35. ¿Qué comen María y Juanito a mediodía? 36. ¿Qué pone Juanito en la boca de Leal?

TEMA

1. The boy is in school. 2. The window is open. 3. The picture is on the wall. 4. Jack's sister is on the platform. 5. The blackboards are on the wall. 6. We are the owners of the dog. 7. Where do we eat our (*el*) lunch? 8. I eat my (*el*) lunch at noon.

LOS AMIGOS

(PRESENTE DEL VERBO *Tener*)

Los amigos de Juanito y de María son: Enrique, un niño de catorce años, de ojos negros y pelo castaño; Luisa, de trece años, de ojos azules y cabellos rubios; Roger, de la misma edad de Luisa, también con cabello rubio, pero con los ojos pardos; Blanca, que ya es mayor, pues **tiene** catorce años, **tiene** el cabello y los ojos muy negros; y por fin, Samuel. Samuel **tiene** trece años pero está tan crecido y gordo que representa tener más de quince. **Tiene** ojos azules y cabellos rubios. Es muy mofletudo.

Después de acariciar al perro, el siguiente diálogo **tiene** lugar entre los niños.

MARÍA. — Hoy es viernes.

SAMUEL. — Y mañana es sábado.

BLANCA. — Naturalmente.

ENRIQUE. — Sí, pero mañana es sábado, y la escuela está cerrada.

ROGER. — De modo que **tenemos** la tarde libre.

LUISA. — No debemos preparar las lecciones para el día siguiente.

JUANITO. — ¿Cómo podemos emplear la tarde?

SAMUEL. — Vamos al río a nadar. (*Todas las niñas rehusan y el perro ladra.*)

ENRIQUE. — Es demasiado pronto todavía. El agua está demasiado fría.

SAMUEL. — Siempre que propongo algo, las muchachas **tienen** que responder que no.

5 BLANCA. — Y el perro ladra.

SAMUEL. — Ladra porque las muchachas arman tal algarabía cuando chillan todas a un tiempo.

LUISA. — Chillamos porque usted habla siempre tonterías.

10 SAMUEL. — Usted repite las palabras de la maestra.

LUISA. — La maestra siempre sabe lo que habla.

JUANITO. — Bueno, ¿a dónde vamos?

MARÍA. — Podemos ir a la Fuente del Pino.

SAMUEL. — Está demasiado lejos.

15 BLANCA. — ¡Perezoso!

SAMUEL. — Sí, perezoso. Siempre que emprendemos alguna excursión, yo **tengo** que llevar todos los cestos y paquetes.

ROGER. — Bueno, pues entonces vamos a la cañada.

20 SAMUEL. — ¡Peor que peor! Si para ir a la fuente necesitamos una hora, para ir a la cañada necesitamos dos.

MARÍA. — Yo **tengo** el sitio donde pasar la tarde. (*Todos preguntan dónde.*)

ENRIQUE. — ¿Y podemos divertirnos?

25 MARÍA. — Mucho.

JUANITO. — Ya adivino el sitio. Vamos a casa de la tía Ana.

MARÍA. — Sí. Juanito es un buen adivinador.

BLANCA. — ¡Oh, qué bien! La tía Ana es tan buena.

Samuel. — ¿A casa de la tía Ana? Dos horas de camino.

Luisa. — No tanto.

Juanito. — No importa. No hay mucha cuesta que subir.

Blanca. — Samuel, aquí están los libros. (*Da los libros a Samuel.*)

Luisa. — Aquí están el cesto y los libros. (*Da los objetos indicados a Samuel.*)

Samuel. — Siempre la misma canción. Yo **tengo** que llevarlo todo. Sí, ustedes no llevan nunca nada.

Samuel intenta cargar a Leal con parte de los libros y cestos que **tiene** entre manos. El perro adivina las intenciones del muchacho y escapa de estampía.

CUESTIONARIO

1. ¿Quiénes son los amigos de Juanito y María? 2. ¿Cuántos años tiene Luisa? ¿Roger? ¿Blanca? ¿Samuel? 3. ¿De qué color son los ojos de Enrique? ¿de Luisa? ¿de Roger? 4. ¿Qué día es hoy? 5. ¿Y mañana? 6. ¿Cuándo está cerrada la escuela? 7. ¿Cuándo tenemos la tarde libre? 8. ¿Por qué no debemos preparar las lecciones? 9. ¿Cuál de los niños es perezoso? 10. ¿A dónde quiere ir Samuel? 11. ¿A dónde quieren ir los otros? 12. ¿A dónde van?

TEMA

1. Jack and Roger are friends. 2. I am ten years old. 3. The school is closed. 4. We have lunch in the basket. 5. The water in (*de*) the river is cold. 6. Samuel has to carry the basket. 7. Roger's house is far away. 8. He gives the books to Henry.

EXPEDICIÓN A CASA DE LA TÍA ANA

(EXPRESIONES COMPARATIVAS)

El grupo de niños y niñas deja la plazoleta, cruza la carretera, y penetra en el bosque. La vereda que emprende es estrecha, retorcida, de cuesta empinada, y el suelo está cubierto de hojas de pino, secas. Por lo
5 tanto, el andar es resbaladizo, pero los niños no paran atención en ello.

Son las cuatro y media de la tarde de un hermoso día de junio. Los rayos del sol pasan por entre el follaje y los troncos de los árboles. En el bosque, hay pinos,
10 hayas, castaños, encinas, y cedros, creando una variedad de tonos verdes. Los arbustos, como el tomillo y el romero, brotan de la tierra. Los pájaros van de rama en rama, cantando. La yedra trepa tronco arriba de los árboles altos y grandes. Los niños hablan mientras
15 andan.

MARÍA. — La tía es **tan** buena.

ENRIQUE. — Algunas veces es regañona con Samuel.

BLANCA. — Porque Samuel siempre comete errores.

JUANITO. — Samuel es un buen muchacho.

20 Samuel anda a la cola. Lleva los libros y los cestos de los niños. Como es un muchacho gordo, y el suelo es

resbaladizo, anda con mucha dificultad. Leal corre del grupo a Samuel y de Samuel al grupo, y cuando sospecha que el pobre Samuel anda demasiado despacio, con la cabeza empuja al muchacho por las piernas.

LUISA. — Y, ¿cómo vamos a pasar el tiempo en casa de la tía Ana?

ENRIQUE. — Podemos ir al jardín a ver las abejas.

BLANCA. — Son peligrosas. Algunas veces pican.

JUANITO. — Si usted no molesta a las abejas, ellas no pican.

SAMUEL. — Cada vez que paso por este camino, parece ser **más** empinado.

MARÍA. — No, hombre. Usted es cada día **más** perezoso.

SAMUEL. — ¿**Más** perezoso? Yo trabajo **más que** todos ustedes.

ENRIQUE. — Usted no trabaja **tanto como** yo.

SAMUEL. — Sí, señor, yo trabajo **más que** usted.

LUISA. — Usted estudia **menos** horas **que** nosotros.

SAMUEL. — Tengo que ayudar a mi padre.

ROGER. — Ya veo la casa de la tía Ana.

JUANITO. — Sí. Allí está. Al final del camino.

LUISA. — Voy a correr hasta la casa. A ver quién llega primero.

Luisa echa a correr, y todos detrás de ella, seguidos de Leal. Samuel corre también echando los bofes. Tiene la mala suerte de tropezar con una piedra. Cae, y todos los libros y cestos van en desorden por el suelo.

El grupo de niños y niñas no escucha los gritos de

Samuel, que de cuatro patas recoge los libros y las cestas. Leal contempla a Samuel, ladrando furiosamente.

Los niños y las niñas continúan corriendo hacia la casa. A la puerta de la misma aparece una anciana que ve venir a los niños. Sonríe con expresión bondadosa. Es la tía Ana.

CUESTIONARIO

1. ¿A qué hora entra el grupo de niños en el bosque? 2. ¿De qué está cubierto el camino? 3. ¿Por dónde pasan los rayos del sol? 4. ¿Qué árboles hay en el bosque? 5. ¿Hay pájaros en el bosque? 6. ¿Qué hacen los pájaros? 7. ¿Por dónde anda Samuel? 8. ¿Qué lleva Samuel? 9. ¿Por qué anda con mucha dificultad? 10. ¿Por qué echa a correr Luisa? 11. ¿Corre también Samuel? 12. ¿Por qué cae? 13. ¿A dónde van los libros y los cestos? 14. ¿A dónde corren los niños? 15. ¿Quién aparece en la puerta de la casa? 16. ¿Trabaja usted más que yo? 17. ¿Trabaja usted menos que Samuel?

TEMA

1. The paths are covered with dry leaves. 2. The birds sing in the trees. 3. The children walk slowly in the wood. 4. The dog is so lazy. 5. They do not work so much as I. 6. We work less than you. 7. I work more than he. 8. We do not run toward the house. 9. A stone is in the path. 10. Why don't you carry the basket more carefully (*con más cuidado*)?

En Camino a Casa de la Tía Ana

EN CASA DE LA TÍA ANA

(PRETÉRITO)

La casa de la tía Ana es blanca y tiene dos pisos. Está situada sobre una colina. La casa es un edificio antiguo y venerable.

La tía Ana es una vieja con muchas arrugas en la cara. Usa gafas ahumadas para proteger los ojos de la luz del sol. Es de corazón bondadoso y ama mucho a los niños. Los vestidos que lleva son humildes pero limpios. Camina con la ayuda de un bastón.

LA TÍA ANA. — Bienvenidos, amiguitos, bienvenidos.

Los niños y las niñas saludan a la anciana con expresiones como, " Buenas tardes," " ¿ Cómo está usted, tía Ana?" " Venimos a ayudar a usted," " ¿ Está usted buena ? "

La anciana guía el tropel de niños al comedor de la casa, que está en el piso bajo.

Los niños están seguros de una buena merienda. La tía Ana, ayudada de una sirvienta, también de edad avanzada, prepara lo necesario para los niños.

MARÍA. — Nosotras podemos ayudar a la tía Ana.

ENRIQUE. — Y nosotros podemos arrimar las sillas a la mesa.

LUISA. — Bien pensado.

Las niñas van con la tía Ana a la cocina, y los muchachos colocan las sillas alrededor de la mesa. Leal, mientras tanto, va en compañía del perro de la tía Ana, y corren por la pradera que rodea la casa. El perro de la tía Ana es un perdiguero ya entrado en años.

SAMUEL. — ¡ Qué pesadas son las sillas !
ENRIQUE. — Son muy antiguas.
ROGER. — Todos los muebles de la casa son antiguos.
SAMUEL. — ¿ Saben ustedes dónde **compró** el mobiliario la tía Ana ?
ROGER. — No **fué** ella quien **compró** el mobiliario.
ENRIQUE. — ¡ De ninguna manera !
ROGER. — No, hombre.
JUANITO. — Los muebles **fueron** construidos por los antepasados de la tía Ana.
SAMUEL. — ¿ De veras ?
JUANITO. — Sí, hombre. ¿ No **estuvo** usted aquí el día que la tía Ana **explicó** la historia de los muebles y de la casa ?
SAMUEL. — No, **tuve** que ir con un caballo a casa del herrero.
JUANITO. — Pues bien, la tía Ana no **compró** los muebles. No **pagó** ni un centavo por ellos.
ENRIQUE. — **Heredó** las sillas, las mesas, las camas, y los armarios de los antepasados, quienes **construyeron** todos los muebles con las herramientas de carpintero.
ROGER. — ¿ Por qué de carpintero ?
ENRIQUE. — ¡ Pedazo de animal ! Los hombres que construyen muebles son carpinteros.

ROGER. — Ah, ya comprendo.

SAMUEL. — ¿Y de qué madera es? ¿De caoba?

JUANITO. — No, de roble. En los tiempos pasados, todos los terrenos que ahora son campos y praderas, **estuvieron** poblados de árboles, formando bosques.

ROGER. — ¿Y cómo **derribaron** los árboles?

ENRIQUE. — Con una hacha, dando hachazos a la base del tronco hasta que el tronco **cayó** por falta de apoyo.

JUANITO. — Ahora ya no derriban los árboles con hachas.

SAMUEL. — ¿Qué instrumento usan?

ENRIQUE. — Sierras largas y fuertes.

ROGER. — De este modo derriban los árboles con más rapidez y con menos esfuerzo.

CUESTIONARIO

1. ¿De qué color es la casa de la tía Ana? 2. ¿Cuántos pisos tiene? 3. ¿Dónde está situada? 4. ¿Quién es la tía Ana? 5. ¿Qué clase de gafas usa? 6. ¿Para qué usa gafas ahumadas? 7. ¿Cómo saluda a los niños? 8. ¿Con qué expresiones saludan los niños a la tía Ana? 9. ¿Dónde está el comedor? 10. ¿De qué están seguros los niños? 11. ¿Quién ayuda a la tía Ana? 12. ¿Quiénes van a la cocina con la tía Ana? 13. ¿Qué hacen los muchachos? 14. ¿Qué hace Leal? 15. ¿Por dónde corren los dos perros? 16. ¿Es viejo el perro de la tía Ana? 17. ¿Quiénes construyeron los muebles de la tía Ana? 18. ¿Cuánto pagó por ellos?

TEMA

1. The houses are white. 2. The house is an old building. 3. The old lady carries (*lleva*) a cane. 4. Good afternoon, Henry. How do you do? 5. I come to help you. 6. Aunt Anne prepares the lunch in the dining-room for the children. 7. The girls are in the kitchen. 8. Leal runs through the meadow with the other (*otro*) dog. 9. The dogs are old. 10. Did you buy the chairs? 11. I was here the day that you bought the furniture. 12. He did not pay for the lunch. 13. I did not pay for the table.

LA MERIENDA

(CONTINUACIÓN DEL PRETÉRITO)

Cuando **llegaron** a este punto de la conversación, **entraron** las niñas acompañadas de la tía Ana y de la sirvienta.

Colocaron platos, vasos, servilletas, cuchillos, tene-
5 dores, y cucharas sobre la mesa. En el centro de la misma, la tía Ana **colocó** un tubo de cristal, alto y recto, lleno de agua, conteniendo rosas del jardín.

La tía Ana **tomó** asiento a la cabecera de la mesa. Todos los niños **ocuparon** las respectivas sillas también,
10 y la criada **colocó** sobre la mesa dos fuentes con jamón y carne fría. Antes de empezar la merienda, la tía Ana **rezó** la bendición. Todos los niños **respondieron**, juntando las manos sobre el borde de la mesa, con las cabezas inclinadas.

15 Leal y el perro perdiguero **aparecieron** en el umbral de la puerta y **permanecieron** allí hasta el final de la oración. Después, **entraron** a participar de la merienda.

Inmediatamente los niños **empezaron** a servirse, acompañando las viandas con pan tierno y mantequilla fresca.
20 **Bebieron** refrescos de grosella y de limonada. Para postres **comieron** fresas y pastel de chocolate.

Todos los niños **demostraron** conocer el uso de los

cubiertos. Cortaron el jamón y la carne con el cuchillo, llevando el alimento a la boca con el tenedor. Usaron las cucharas para comer fresas.

Samuel come con tanta voracidad que tose mucho. Todos ríen y la tía Ana reprende al muchacho porque es tan glotón.

SAMUEL. — Yo tengo siempre buen apetito, tía Ana.

LA TÍA ANA. — Es posible tener buen apetito, pero no es necesario comer como un tiburón.

LUISA. — Yo, en verano, casi siempre tengo sed.

MARÍA. — Naturalmente, porque hace calor.

ENRIQUE. — Es verdad, casi siempre que tengo sed, es porque tengo calor.

ROGER. — Por eso en invierno comemos mucho.

JUANITO. — Naturalmente. En invierno, todos tenemos hambre, porque tenemos frío.

BLANCA. — Cuando hace mucho frío, como siempre la comida caliente.

SAMUEL. — Pues yo, siempre tengo apetito. En verano porque hace calor y tenemos calor, y en invierno porque hace frío y tengo frío.

LA TÍA ANA. — ¿Y en primavera?

JUANITO. — En primavera, tiene apetito porque no hace ni calor ni frío.

CUESTIONARIO

1. ¿Quiénes entraron en el comedor? 2. ¿Qué colocaron sobre la mesa? 3. ¿Qué colocó la tía Ana en el centro de la mesa? 4. ¿Dónde tomó asiento la tía Ana? 5. ¿Qué colocó la sirvienta sobre la mesa?

6. ¿Dónde aparecieron los dos perros? 7. ¿Cuánto tiempo permanecieron allí? 8. ¿Qué comieron los niños para postres? 9. ¿Qué cortaron con el cuchillo? 10. ¿Cómo llevaron el alimento a la boca? 11. ¿Para qué usaron las cucharas? 12. ¿Cómo comió Samuel? 13. ¿Por qué tosió mucho? 14. ¿Quién reprendió al muchacho? 15. ¿Por qué tenemos sed en verano? 16. ¿En qué estación hace calor? 17. ¿En qué estación hace frío? 18. ¿Comen ustedes mucho en invierno? 19. ¿Tienen ustedes hambre en invierno?

TEMA

1. Aunt Anne put roses in the vase. 2. The servant put the knives and forks upon the table. 3. The dogs appeared on the threshold of the door. 4. The children ate the cold meat and the bread and butter. 5. We use the knives and forks for eating meat and the spoons for eating the strawberries. 6. The weather is hot and the children are thirsty. 7. The weather is cold and I am cold and hungry. 8. In the winter, when the weather is cold, we are always hungry.

LA LECCIÓN DEL DÍA

(CONTINUACIÓN DEL PRETÉRITO)

Como la tía Ana tiene mucho interés en el trabajo de los niños, desea saber cómo **pasaron** las horas en la escuela. Y la siguiente conversación **empezó**.

La Tía Ana. — ¿ Y cómo **emplearon** ustedes el tiempo en la escuela ?

Juanito. — Muy bien. Aprendemos mucho con la Señorita Wheeler.

La Tía Ana. — Es una joven muy buena y muy inteligente.

Enrique. — Y muy imparcial.

La Tía Ana. — ¿ Qué lecciones **estudiaron** ustedes esta mañana ?

Blanca. — La Señorita Wheeler **abrió** la sesión leyendo un pasaje de la Biblia.

Roger. — Después **pasamos** a la lección de lectura.

La Tía Ana. — ¿ Qué libro **leyeron** ustedes ?

Enrique. — Un libro muy interesante. Es acerca de un hombre.

Juanito. — Es un hombre muy perezoso, muy perezoso.

Luisa. — Más perezoso que Samuel.

Samuel (*responde furioso a Luisa*). — Usted siempre

habla demasiado. Yo, ahora, como, y no insulto a nadie.

La Tía Ana. — Vamos, Samuel, calma, calma. Luisa no **pensó** en molestar a nadie.

Los otros niños ríen de ver a Samuel enfadado, y Leal, como de costumbre, ladra, acompañado esta vez del perdiguero. Por fin, todo entra en calma.

La Tía Ana. — ¿Y qué pasa en la historia del hombre perezoso?

Roger. — La mujer del hombre perezoso gruñe y regaña constantemente, porque están en la miseria y él bebe demasiado.

María. — El único amigo que tiene es un perro tan perezoso como él.

Blanca. — Y una mañana que la mujer **regañó** mucho, el perezoso **marchó** a la montaña con el perro.

Enrique. — **Dejó** caer su cuerpo sobre la hierba y **cerró** los ojos para dormir.

Juanito. — Y **quedó** dormido por mucho tiempo.

Roger. — Cuando **abrió** los ojos, no **reconoció** el sitio. **Contempló** árboles que no **existieron** antes de su siesta.

María. — **Notó** la barba blanca y los cabellos del mismo color y de la misma longitud.

Luisa. — Sorprendido con el cambio, **empezó** a andar con dirección al pueblo.

Enrique. — Pero **experimentó** mucha dificultad al dar los primeros pasos.

Juanito. — **Tuvo** que andar encorvado, apoyado en el bastón, como un viejo.

BLANCA. — Al llegar al pueblo, nadie **reconoció** al hombre perezoso y él no **reconoció** a nadie.

MARÍA. — **Halló** todas las cosas cambiadas.

ENRIQUE. — **Habló** con varios.

LUISA. — **Preguntó** por la esposa.

SAMUEL. — Yo no comprendo por qué **preguntó** por la esposa.

LA TÍA ANA. — ¿ Por qué ?

SAMUEL. — Porque la esposa del hombre perezoso **gruñó** y **regañó** toda la vida.

CUESTIONARIO

1. ¿Aprenden mucho los niños en la escuela? 2. ¿Quién es la maestra de la escuela? 3. ¿Es una buena maestra? 4. ¿Qué lecciones estudiaron los niños? 5. ¿Cómo abrió la maestra la sesión? 6. ¿A qué lección pasaron después los niños? 7. ¿Qué libro leyeron? 8. ¿Es Samuel perezoso? 9. ¿A quién respondió Samuel furioso? 10. ¿Tuvo Luisa la intención de molestar a Samuel? 11. ¿Por qué rieron los otros niños?

TEMA

1. We read an interesting book in school to-day (*hoy*). 2. The man is lazier than Samuel. 3. Samuel did not reply. 4. The dog is not as lazy as the man. 5. The dog is the man's only friend. 6. The dog barked and the man opened his eyes. 7. The man's hair is white. 8. They began to walk in the direction of the mountains. 9. They did not recognize any one. 10. I asked for my friends. 11. I had to walk to the town.

LA LECCIÓN DE GEOGRAFÍA

(CONTINUACIÓN DEL PRETÉRITO)

LA TÍA ANA. — ¿Quieren ustedes continuar la historia?

ENRIQUE. — **Quisimos** leer más pero **tuvimos** que dejar la lectura, porque el reloj **marcó** la hora para la lección de geografía.

LA TÍA ANA. — La geografía es muy interesante.

SAMUEL. — Es verdad. Es la lección que estudio con más gusto.

LA TÍA ANA. — ¿Qué país estudian ustedes ahora?

ENRIQUE. — España.

LUISA. — Es la lección que tenemos que preparar para el lunes.

BLANCA. — La maestra **explicó** los puntos principales.

LA TÍA ANA. — ¿En qué consisten?

JUANITO. — En la situación geográfica, la forma de gobierno, la religión, el idioma, el número de habitantes, y otras cosas.

LA TÍA ANA. — ¿Quieren ustedes decir algo acerca de ello?

ENRIQUE. — Oh, sí! La maestra **explicó** que España es una península, situada al sudoeste de Europa.

LA TÍA ANA. — Pero bien, ¿qué es una península?

MARÍA. — Todo el mundo sabe esto. Una península

es una porción de tierra, rodeada de agua en casi su totalidad.

La Tía Ana. — Muy bien.

Enrique. — María es una muchacha muy inteligente. (*María sonríe a Enrique con amabilidad.*)

Samuel. — ¡Miren, miren; qué colorada está María!

Todos los niños ríen, y María está furiosa contra Samuel. Enrique, también, está furioso. Samuel come más jamón.

En este momento aparece la sirvienta con las fresas y el pastel de chocolate, que los niños reciben con gran alegría.

La Tía Ana. — Después de merendar, quiero coger fresas para sus madres.

Juanito. — Nosotros subimos a visitar a usted con el propósito de ayudar.

Enrique. — De modo que nosotros vamos a trabajar y usted da las órdenes.

La Tía Ana. — ¿Y qué otra cosa **explicó** la maestra acerca de España?

Enrique. — **Habló** de la población. España tiene ahora unos veinte millones de habitantes.

Blanca. — Y el gobierno es una monarquía.

Samuel. — ¿Es el gobierno de España lo mismo que el gobierno de los Estados Unidos?

Juanito. — No, hombre, de ninguna manera.

La Tía Ana. — Samuel, ¿no sabe usted la forma de gobierno de su patria?

Samuel. — Sí, señora. Es una república federal.

JUANITO.—Pues en esto consiste la diferencia. Nosotros somos una república y tenemos un presidente, y España es una monarquía y tiene un rey.

SAMUEL.—Y, ¿qué gobierno es mejor?

Todos los niños responden que la república es una forma de gobierno superior a la monarquía.

LA TÍA ANA. — Muy bien contestado, niños. La república es el pueblo, y por lo tanto es el gobierno democrático, que tiene que ser la suprema aspiración de la raza humana.

MARÍA. — Y en España hablan español.

JUANITO. — Más tarde, en la Escuela Superior, yo quiero estudiar español para poder viajar por España y por las repúblicas latino-americanas.

CUESTIONARIO

1. ¿Por qué no leyeron más los niños?   2. ¿Qué hora marcó el reloj?   3. ¿Qué lección estudia Samuel con más gusto?   4. ¿Qué lección tienen los niños que preparar para el lunes?   5. ¿Qué es España?   6. ¿Dónde está España?   7. ¿Cuántos habitantes tiene España?   8. ¿Cuál[1] es el gobierno de España?   9. ¿Cuál es el gobierno de los Estados Unidos?   10. ¿En qué consiste la diferencia entre los dos gobiernos?   11. ¿Cuál de los dos es mejor?   12. ¿Qué idioma hablan en España?   13. ¿Qué idioma hablan en las repúblicas hispano-americanas?

TEMA

1. I want to read more.   2. They had to prepare the geography lesson.   3. They wanted to say something

---

[1] See page 3, footnote.

about Spain. 4. Where is Spain situated? 5. The teacher explained other things about Spain. 6. Spain is a monarchy and the United States is a republic. 7. In the Spanish American republics they speak Spanish. 8. The children wished to study Spanish. 9. We had to study geography.

TRABAJO EN EL HUERTO

(IMPERFECTO)

Mientras Juanito **pronunciaba** dichas palabras, el resto de los niños **concluía** la merienda, y la tía Ana determinó ir al huerto a coger fresas.

Todos abandonaron el comedor y salieron por la puerta trasera. El huerto de la tía Ana **constaba** de dos piezas. Una **era** un huerto donde la tía Ana **cultivaba** legumbres. La otra **era** un jardín donde la tía Ana **cultivaba** flores.

Los niños, provistos de cestitos, corrieron al cuadro donde **estaban** las fresas. Las plantas **formaban** hileras sobre pequeños montículos y **dejaban** ver, por entre las hojas de un verde vivo, el rojo fruto.

Todos se pusieron en cuclillas y empezaron a coger las fresas, que **colocaban** en los cestitos con mucho cuidado.

La operación no **era** difícil. Como la fresa es una fruta blanda, **era** necesario coger el grano rojo por el tallo. Samuel no **seguía** el método y **cogía** las fresas con las puntas de los dedos. El resultado **era** que **chafaba** todas las fresas sin arrancar ninguna.

Los otros niños, al ver la tontería del muchacho mofletudo, empezaron a reír. La tía Ana, al ver el

En el Huerto de la Tía Ana

estropicio que Samuel **cometía** con las fresas, muy enfadada, obligó a Samuel a salir del fresal. Samuel **daba** sus disculpas a la tía Ana, muy compungido.

En el mismo momento, Leal y el perro perdiguero 5 descubrieron a un conejo a cierta distancia, y partieron a toda velocidad en persecución del animal. Leal pasó por entre las piernas de Samuel. El pobre Samuel perdió su equilibrio y cayó de cara y manos en una charca de agua cenagosa.

10 Todos acudieron a levantar al pobre muchacho. Samuel rompió a llorar ruidosamente, y la tía Ana tomó a Samuel de un brazo y entró con él en la casa.

Al poco rato, Samuel salió de la casa con la cara limpia y los vestidos cepillados.

15 Los otros niños **esperaban** ya, listos para marchar. Esta vez todos **llevaban** los cestos y los libros que **correspondían** a cada uno. Enrique **llevaba** el cesto de fresas de María.

La tía Ana recomendó a los niños andar despacio, ser 20 buenos, y dar recuerdos a sus padres.

Los niños respondieron cariñosos, moviendo las manos que **tenían** libres, en ademán de despedida.

CUESTIONARIO

1. ¿Qué cultivaba la tía Ana en el huerto? 2. ¿En el jardín? 3. ¿A dónde corrieron los niños? 4. ¿De qué color eran las hojas? 5. ¿Cómo cogía Samuel las fresas? 6. ¿Quién obligó a Samuel a salir del fresal? 7. ¿Qué descubrieron Leal y el otro perro? 8. ¿Por dónde pasó Leal? 9. ¿Dónde cayó

Samuel? 10. ¿Quién tomó a Samuel del brazo? 11. ¿A dónde entró con el? 12. ¿Quiénes llevaban los cestos? 13. ¿Cuántos cestos llevaba Enrique?

TEMA

1. The children were finishing lunch. 2. She was cultivating vegetables and flowers. 3. We were running to the garden in order to pick strawberries. 4. Samuel went out of the garden. 5. Leal runs between Samuel's legs and Samuel falls into the water. 6. When Samuel came out of the house, the other children were ready to go. 7. We were carrying the baskets and the books.

DE REGRESO

(CONTINUACIÓN DEL IMPERFECTO)

La partida infantil **estaba** de regreso. Ahora los niños **atravesaban** el bosque, de bajada. **Tenían** que mirar con mucho cuidado dónde **ponían** los pies, porque las hojas secas de los pinos **eran** muy resbaladizas, y la pendiente del camino muy pronunciada. Leal **corría** por entre los niños, **atacaba** a los pájaros que **escapaban** volando, y no **cesaba** un minuto. Llegaron a la plazoleta de la escuela y tomaron el camino de la carretera.

LUISA. — ¡ Qué buena es la tía Ana !

ROGER. — Es verdad. Siempre trata a todos muy bien.

SAMUEL. — Siempre pregunta si uno quiere más.

MARÍA. — Sí, y como usted come tanto y tan de prisa, siempre mancha algo.

SAMUEL. — Hoy no dejé caer ninguna mancha.

BLANCA. — Fué un milagro.

ENRIQUE. — Juan, ¿ quiere usted venir a casa, después de cenar ?

JUANITO. — ¿ Para qué ?

ENRIQUE. — Para ensayar el himno que tenemos que cantar el día de la graduación.

JUANITO. — No es posible. Tengo que estudiar. Mi

padre quiere ver cómo trabajo durante una hora por lo menos, todas las noches.

ROGER. — Lo mismo pasa en casa.

ENRIQUE. — Y María, ¿ tiene que estudiar, también ?

MARÍA. — Naturalmente.

LUISA. — ¡ Qué muchachos tan laboriosos !

SAMUEL. — ¡ Dichosos ustedes !

BLANCA. — ¿ Por qué ?

ROGER. — Si Samuel quiere estudiar, tiene que madrugar.

MARÍA. — ¿ De veras ?

SAMUEL. — Sí, porque por la noche tengo que dar el pienso a las vacas y a los caballos.

BLANCA. — ¿ Cuándo vamos a visitar la hacienda del padre de Samuel ?

JUANITO. — Durante las vacaciones.

Caminaban por la carretera, y de vez en cuando **tenían** que hacerse a un lado para dejar pasar, ya un automóvil, ya **un** tílburi, ya una yunta de bueyes o un tronco de caballos que **tiraban** de una carreta cargada de heno.

Los dos lados de la carretera **estaban** bordeados por hileras de álamos. Las ramas **estaban** cubiertas de hojas en abundancia, que **ofrecían** una sombra protectora a los caminantes, durante las horas de sol y de calor. Los álamos, como todos los árboles, son muy útiles, y los de la carretera **protegían** también las fachadas de las casas de campo, edificadas a ambos lados. Los niños **estaban** cerca del pueblo.

De pronto divisaron a un hombre que **caminaba** por

una de las aceras. Y en seguida uno de los niños dijo : —
Miren, Juanito y María. Allá va su padre.

Los dos hermanos empezaron a gritar " ¡ Padre !
¡ Padre ! " con toda la fuerza de que **eran** capaces, y
5 todo el grupo, con el perro a la cabeza, echó a correr al
encuentro del padre de María y de Juanito.

El hombre, al oír los gritos de " Padre," volvió la
cabeza ; y al ver al grupo corriendo, paró de andar.
Miraba venir a los niños sonriendo. Todos rodearon
10 al padre de Juanito y de María, con muestras de afecto
y de cariño.

El perro, colocando las patas delanteras sobre el pecho
del hombre, trató de lamer su cara. Los dos hermanos
levantaron los brazos, queriendo abrazar a su padre.
15 Los otros niños, formando grupo, **esperaban** turno para
hacer lo mismo.

Después que la algazara calmó algo, el hombre tomó
a María de la mano, y marcharon todos juntos.

El pueblo **estaba** ya a la vista. **Era** cuestión de andar
20 unos veinte minutos todavía.

El padre de Juanito y de María **era** un hombre alto,
fuerte, y delgado. **Tenía** el cabello negro y abundante.
Los ojos del hombre **eran** de color negro. El rostro
tenía expresión de bondad. Su nombre **era** Juan
25 Selwood. Tan pronto como echaron a andar, el Sr.
Selwood empezó la conversación.

El Sr. Selwood. — ¿ Cómo pasaron el día de hoy ?

Juanito. — Después de la escuela visitamos a la tía

EL SR. SELWOOD.—¡ Ah, vamos ! ya comprendo. Fueron ustedes en busca de una buena merienda.

SAMUEL. — Y fué muy buena.

El padre de Juanito y de María **sabía** que el apetito de Samuel **era** excelente, de modo que preguntó a Samuel :

EL SR. SELWOOD. — Y como de costumbre, estoy seguro de que usted comió muy poco.

BLANCA. — ¡ Oh, no, señor ! Comió mucho. Más que todos nosotros juntos.

Todos empezaron a reír, y llegaron a la esquina de una plaza. En el centro de la misma **había** una fuente. Un tranvía eléctrico **cruzaba** la plaza.

Allí, María y Juanito con su padre tomaron el camino de su casa. La casa **estaba** situada en una avenida lateral, espaciosa y con árboles.

CUESTIONARIO

1. ¿ Por qué tenían que andar los niños con mucho cuidado? 2. ¿ Quién atacaba a los pájaros? 3. ¿ A dónde llegaron todos? 4. ¿ Qué camino tomaron? 5. ¿ Quién trataba muy bien a los niños? 6. ¿ Qué pregunta siempre? 7. ¿ Quién come mucho y muy de prisa? 8. ¿ Cuándo tienen que cantar los niños un himno? 9. ¿ Quién tiene que estudiar una hora todas las noches? 10. ¿ Por qué tiene Samuel que madrugar? 11. ¿ Por qué no estudia por la noche? 12. ¿ Qué hacienda quieren visitar los muchachos? 13. ¿ Cuándo? 14. ¿ Qué animales pasaban por la carretera? 15. ¿ Qué había a los dos lados de la carretera? 16. ¿ De qué estaban cubiertos los árboles?

17. ¿A quién divisaron los niños? 18. ¿Por dónde caminaba el padre? 19. ¿Qué dijo uno de los niños? 20. ¿Qué empezaron a gritar los dos hermanos? 21. ¿Cuándo volvió el hombre la cabeza? 22. ¿Cuándo paró de andar?

TEMA

1. The children were going through the woods. 2. They were eating a great deal. 3. Why do you eat so much? 4. They have to study every night. 5. Samuel has to get up early in order to study. 6. The horses were drawing wagons loaded with hay. 7. The branches of the trees were covered with leaves. 8. We ran to meet Jack's father. 9. The children shout "Father," and the man stops walking. 10. The man was tall and slender. 11. He had black hair.

LA CASA DE JUANITO Y MARÍA

(POSESIVOS)

La casa constaba de dos pisos con desván y sótano. En la casa, además del padre y de la madre de Juanito y de María, vivían los padres de la madre ; es decir, los abuelos de los hermanos. La primera cosa que hacen los niños, después de besar al abuelo, es entrar en la cocina, donde están su madre y la abuela preparando la comida.

JUANITO. — ¿ Qué hace usted, abuela ?

LA ABUELA. — Preparo las patatas.

LA MADRE. — Hacemos los preparativos para la cena de ustedes.

Al poco rato, la familia tomaba asiento alrededor de la mesa. Ya sabemos que después de cubrir la mesa con el mantel, las personas ponen los platos, las cucharas, los tenedores, los cuchillos, y los vasos. La familia usó las cucharas para comer la sopa. Usó los tenedores y los cuchillos para cortar y comer la carne y las legumbres. Las frutas y los postres necesitan tenedores y cucharas más pequeñas. La familia habla mientras come.

EL PADRE. — ¡ Juanito ! ¡ Juanito !

JUANITO. — ¿ Qué hago, padre ?

EL PADRE. — Come demasiado de prisa.

Juanito come, inmediatamente, más despacio.

La Madre. — Hoy tenemos fresas de la tía Ana.
El Padre. — ¿De veras?
El Abuelo. — La tía Ana es muy generosa.
El Padre. — Siempre hace regalos.
5 La abuela observa a los dos nietos, Juanito y María, que comen con mucho apetito.
La Abuela. — ¿Ustedes merendaron en casa de la tía Ana?
María. — Sí, señora.
10 Juanito. — Sí, hicimos merienda allí.
La Abuela. — Vamos, tienen ustedes buen apetito.
María. — **Mi** apetito es siempre bueno.
Juanito. — Es verdad, **nuestro** apetito es siempre bueno.
El Abuelo. — Sí, es mejor que **el mío**.
15 Juanito. — ¿Por qué?
El Abuelo. — Porque yo soy viejo, y los viejos no tienen tanto apetito como los jóvenes.
La Abuela. — Cuando el abuelo y yo éramos como ustedes, comíamos de la misma manera que comen
20 ustedes.
María. — ¿Y **nuestro** padre y **nuestra** madre?
El Abuelo. — Ellos comen más que nosotros.
Juanito. — ¿Y en qué consiste la diferencia?
La Madre. — Depende del cuerpo humano.
25 El Padre. — Y también de la edad.
María. — Explique la razón.
El Padre. — Es muy fácil de comprender. ¿Qué diferencia observan ustedes entre su cuerpo **de ustedes** y el mío?

Juanito. — El suyo es más grande que el nuestro.

El Padre. — Pues ahí está la explicación. Mí cuerpo está ya desarrollado, y el de ustedes está en el período de crecer.

María. — ¡ Qué interesante ! ¿ Por qué no explican ustedes todo esto después de la cena ?

La Madre. — ¿ Y las lecciones ?

La Abuela. — Es una especie de lección.

El Padre. — Yo tengo que salir después de cenar. Tengo precisión de hablar con un amigo sobre un negocio.

El Abuelo. — Pero yo no tengo que salir, de modo que podemos hablar del asunto hasta la hora de ir a la cama.

CUESTIONARIO

1. ¿ De cuántos pisos constaba la casa de Juanito? 2. ¿ Quiénes vivían en su casa? 3. ¿ En qué cuarto entraron los niños? 4. ¿ Quiénes estaban en la cocina? 5. ¿ Qué hacía la abuela? 6. ¿ Dónde tomaba asiento la familia? 7. ¿ Qué ponen las personas en la mesa? 8. ¿ Qué hacen con las cucharas? 9. ¿ Con los cuchillos? 10. ¿ Quién comía demasiado de prisa? 11. ¿ Quiénes comían con mucho apetito? 12. ¿ Qué tenía su padre que hacer después de cenar?

TEMA

1. The grandparents of the children live in our house. 2. I have to go to the kitchen to prepare your (*plural*) supper. 3. They wished to put the plates on the table. 4. Where did the children have lunch? 5. When I was young, I ate as much as you do. 6. My appetite is better than yours. 7. Your body is larger than mine.

EL CUERPO HUMANO

(FUTURO)

Después de comer, la madre y la abuela fueron a la cocina a lavar los platos y los cubiertos. El padre salió de casa para visitar a un amigo sobre cierto asunto. El abuelo con sus nietos tomaron asiento en el pórtico de la casa, para continuar la conversación empezada durante la cena.

EL ABUELO. — **Hablaremos** ahora del cuerpo humano.

JUANITO. — Sí, abuelo, sí.

MARÍA. — Yo tengo mi papel para apuntar todas sus explicaciones.

EL ABUELO. — Buena idea.

Y en seguida el abuelo empezó de esta manera.

EL ABUELO. — **Observarán** ustedes que los niños de menos edad que ustedes, tienen el cuerpo más pequeño. Esto quiere decir que los cuerpos humanos crecen como los de los animales y como las plantas.

MARÍA. — Los cuerpos guardan proporción con la edad.

EL ABUELO. — Exactamente.

JUANITO. — Nosotros tenemos ahora respectivamente quince y catorce años, y usted tiene setenta y nueve.

EL ABUELO. — Sí, señor. Podemos agrupar las edades

del siguiente modo: infancia, adolescencia, juventud, madurez, y ancianidad.

Juanito. — Ya comprendo. Mi hermana, ahora, es niña.

María. — Y al llegar a la edad de quince años, seré joven.

El Abuelo. — Y al cumplir los cuarenta, **entrarán** ustedes en la edad madura.

María. — ¿ Y hasta cuándo dura la edad madura ?

El Abuelo. — La edad madura dura hasta los sesenta. Entonces ya empieza la ancianidad.

Juanito. — ¿ Y qué hace crecer el cuerpo ?

El Abuelo. — El alimento. Siempre que tenemos apetito, es señal de que el cuerpo necesita alimento, para crecer y desarrollar sus órganos.

María. — ¿ Cuáles son los órganos principales del cuerpo ?

El Abuelo. — El estómago, que digiere el alimento ; el cerebro, que ayuda a formar nuestras ideas y nuestros pensamientos ; el corazón, que hace circular la sangre ; y los pulmones, que reciben y expelen el aire que respiramos.

Juanito. — ¿ Y cuáles son las funciones de los nervios, de los músculos, y de las venas ?

El Abuelo. — Las venas son los tubos que sirven para la circulación de la sangre ; los nervios son los auxiliares de nuestros cinco sentidos . . .

María (*interrumpiendo*). — Que son la vista, el oído, el olfato, el gusto, y el tacto.

JUANITO. — Con los ojos vemos y miramos, con los oídos oímos y escuchamos, con la nariz olemos, con la lengua y el paladar gustamos, y con los dedos y con las manos tocamos.

MARÍA. — ¿Y qué son los músculos?

EL ABUELO. — Los músculos son los protectores de los huesos, especialmente por lo que toca a los brazos y a las piernas.

JUANITO. — Y lo que cubre nuestro cuerpo es la piel, ¿no es verdad?

EL ABUELO. — Sí, señor.

Al llegar a este punto de la conversación, la madre y la abuela hicieron su aparición. Eran las ocho de la noche, hora en que los niños tenían que ir a la cama. Los dos hermanos, después de besar y dar las buenas noches a sus abuelos, subieron a sus cuartos para dormir en sus camas durante la noche.

Los cuartos de los dos hermanos eran espaciosos. Tenían dos ventanas y una puerta. Cada niño tenía una cama, dos sillas, y una mesa-tocador con su espejo correspondiente. La mesa-tocador tenía cuatro cajones que servían para guardar la ropa blanca de los dos hermanos. En los mismos cuartos estaban colocados dos armarios donde guardaban los vestidos, los zapatos, y los sombreros.

Los hermanos **entrarán** en sus cuartos, **rezarán** sus oraciones, **colocarán** sus ropas en el respaldo de la

EL CUARTO DE JUANITO

CUESTIONARIO

1. ¿A dónde fueron la madre y la abuela? 2. ¿Qué llevaron a la cocina? 3. ¿A dónde fué el padre? 4. ¿Dónde tomaron asiento los otros? 5. ¿De qué hablarán? 6. ¿Quién apuntará las explicaciones? 7. ¿Cuántos años tiene María? ¿Juanito? ¿el abuelo? 8. ¿A qué hora fueron los niños a la cama? 9. ¿Cuántas ventanas tiene el cuarto de Juanito? ¿cuántas puertas? 10. ¿En qué consisten los muebles del cuarto? 11. ¿Dónde colocarán los niños sus ropas?

TEMA

1. We shall sit down on the porch, and we shall continue the conversation. 2. I am younger than you. 3. This means that I am ten years old. 4. We need food in order to grow. 5. We have to go to bed at eight o'clock. 6. At ten o'clock we shall go up to our rooms. 7. I shall place my clothes in the wardrobe.

EL ÚLTIMO DÍA DEL CURSO

(DEMOSTRATIVOS)

Por fin llega el último día del curso. En este día, los niños están muy contentos, porque acaban sus estudios y dan principio a la larga vacación del verano.

Por la tarde, después de comer, celebrarán el acto de la graduación. Nuestros amigos tomarán parte en la fiesta.

Los estudiantes de último año recibirán el diploma de manos del superintendente. Estos estudiantes son los graduados y son los mayorcitos.

Por fin llega la hora del acto académico. Todo el mundo está en su puesto : los alumnos y sus familias. Aquéllos ocupan los bancos de preferencia ; éstas, los últimos.

Aun los alumnos están divididos en secciones. Esta sección es la de los graduados. Las niñas están separadas de los niños. Éstos están sentados a la izquierda y aquéllas a la derecha. Las niñas van vestidas de blanco ; los niños, con sus trajes nuevos. Esa sección, es decir, la de nuestros amiguitos, ocupa los bancos inmediatos a los de los graduados. Y por fin, aquella sección, la de los párvulos, ocupa los bancos más cercanos a los de los padres y las madres.

La escuela está adornada con flores; y sobre mesas colocadas al efecto, los padres examinan trabajos de caligrafía, gramática, geografía, y aritmética.

Las autoridades ocuparon sus asientos en la plataforma. Un miembro del Consejo de Enseñanza presidía. A su derecha se sentaba el superintendente, y a su izquierda la maestra. Todos miraban a los niños. Éstos entonaron un coro. María, después, recitó una poesía muy bonita. Roger y Enrique recitaron un diálogo patriótico. Blanca y Luisa tocaron una pieza a cuatro manos en el piano, y después de unas cuantas palabras del superintendente, el miembro del Consejo, que era el dador de los diplomas, empezó el discurso.

Estuvo elocuente. Recordó a los niños el gran privilegio concedido por Dios, de haber nacido en un país tan libre y tan democrático como los Estados Unidos. Recordó la gran lucha de sus antepasados para conquistar y conservar sus libertades, y cómo todos habían de cumplir con sus deberes para no perder estas últimas. El discurso fué muy aplaudido. Acto seguido, el superintendente empezó a llamar a los discípulos que tenían que recibir los diplomas. Éstos subían al estrado y recibían el diploma de manos del orador.

Al final del acto, todo el mundo se levantó y los amigos y los conocidos empezaron a formar corros. El superintendente, el orador, y la maestra andaban de un grupo a otro, hablando con los alumnos y con los padres de éstos.

Los niños hablaban unos con otros, muy animados

y casi todos a la vez. **Éste** reía ; **ése** miraba el diploma con orgullo ; **aquél** bromeaba con su camarada. **Aquella** niña hablaba con la maestra ; **ésta** daba una flor a una amiga predilecta ; **ésta** arreglaba el vestido de una compañera.

MARÍA. — Mañana empezarán las vacaciones.

SAMUEL. — ¡ Gracias a Dios !

ENRIQUE. — Y mañana visitaremos la hacienda de su padre, ¿ no ?

SAMUEL. — Sí. Ya hablé con mi padre y respondió que tenía mucho gusto en saber que ustedes pensaban visitar nuestra hacienda mañana.

ROGER. — ¿ Tenemos que traer nuestra merienda ?

SAMUEL. — De ningún modo. Mi madre dará de comer a todos.

TODOS. — ¡ Viva !

BLANCA. — Mi madre me llama. Tendré que separarme de ustedes.

ROGER. — ¿ Dónde nos encontraremos mañana ?

ENRIQUE. — Cerca de la " Fuente del Pino," en el camino.

JUANITO. — ¿ A qué hora ?

MARÍA. — A las seis.

BLANCA. — ¡ Será demasiado temprano !

ROGER. — ¡ Perezosa !

JUANITO. — Bueno, pues a las seis y media, pero no más tarde.

Las familias empezaban a salir de la escuela. Se separaron por grupos. Las familias que vivían en una

parte del pueblo, fueron en una dirección ; las que vivían en otra tomaron su dirección por el otro lado, y así sucesivamente. Los padres caminaban juntos ; las madres andaban también formando grupo aparte; y
5 los niños y las niñas andaban a la cabeza del grupo.

Juanito andaba al lado de su padre, en silencio. Acabó su pensamiento con estas palabras : — " Imitando a mi padre y trabajando mucho, llegaré a ser un hombre útil."

CUESTIONARIO

1. ¿Qué día llega? 2. ¿Por qué están muy contentos los niños en este día? 3. ¿Cuándo celebrarán el acto de la graduación? 4. ¿Cómo tomarán parte en la fiesta nuestros amigos? 5. ¿Recibirán éstos el diploma? 6. ¿Qué bancos ocupan los niños? 7. ¿Qué bancos ocupan las familias? 8. ¿En cuántas secciones están divididos los alumnos? 9. ¿Cómo van vestidas las niñas? 10. ¿Cómo van vestidos los niños? 11. ¿Dónde están sentados nuestros amiguitos? 12. ¿Quiénes ocupan los bancos inmediatos a los de nuestros amiguitos? 13. ¿Cómo esta adornada la escuela? 14. ¿Qué trabajos examinan los padres? 15. ¿Quiénes ocupaban la plataforma? 16. ¿Quiénes entonaron un coro? 17. ¿Qué recitó Mariá? 18. ¿Qué recitaron Roger y Enrique? 19. ¿Quién empezó el discurso? 20. ¿Qué recordó a los niños? 21. ¿Quién entregó los diplomas a los niños? 22. ¿A dónde subían éstos? 23. Al salir de la escuela, ¿en qué pensaba Juanito? 24. ¿A quién quería imitar?

TEMA

1. On that day we shall receive our diplomas. 2. Those pupils will be divided into sections. 3. These

pupils will occupy the best seats. 4. Our parents occupied the seats next to those of the graduates. 5. The school will be adorned with flowers. 6. Jack will recite this poem. 7. We shall play that duet. 8. The superintendent will begin his speech. 9. The children were talking with each other. 10. The vacation will begin to-morrow. 11. Shall you visit my farm or that of Samuel? 12. You will not have to bring your lunch.

SEGUNDA PARTE

EL VERANO

EN CAMINO

(REPASO DE LOS TIEMPOS)

Estamos en el verano. El verano **es** la estación inmediata a la primavera. En esta estación los días **son** más largos que las noches. Parte del mes de junio, los meses completos de julio y agosto, y parte del mes
5 de septiembre, **forman** la estación del verano.

Durante el verano, la tierra **produce** las frutas, los cereales, y las legumbres que **salen** de las semillas que el hombre **plantó** en la tierra en los días templados de la primavera. La temperatura **es** elevada, y por con-
10 siguiente **hace** calor. Los días **son** más calurosos que en las otras estaciones. **Es** la época de las vacaciones y todas las escuelas **están** cerradas. Durante este tiempo, los niños **descansan** de sus estudios y **pasan** temporadas en el campo o en la playa.

15 Todos los niños, después de recibir el permiso de sus madres, se **dirigían** al punto de reunión, la "Fuente del Pino."

Esta fuente **estaba** al pie de un pino alto. El agua **brotaba** de entre unas rocas, clara y limpia.

Todos los niños, a medida que **comparecían** en el punto de la cita, **bebían** de aquella agua saludable. No **hay** bebida tan buena y tan sana como el agua pura.

Cuando todos los niños **estuvieron** reunidos, **empezaron** la marcha hacia la hacienda del padre de Samuel.

El día **estaba** magnífico. El sol **lucía** con toda su fuerza en el cielo azul. No **podía** verse ni una sola nube. Sin embargo, no **hacía** calor a causa de haber llovido la noche anterior. Andando, **hablaban**.

JUANITO. — ¿Oyeron ustedes la tempestad, anoche?

BLANCA. — Ya lo **creo**. ¿Oyeron ustedes los truenos? ¡Qué miedo!

ROGER. — ¿Miedo? ¡Ninguno!

ENRIQUE. — Los truenos no les **harán** daño.

LUISA. — Esto es lo que mi padre **repite** siempre.

MARÍA. — Sí, y el mío también, pero de todos modos **prefiero** no oír los truenos.

JUANITO. — También **llovió** mucho.

BLANCA. — Esto **convenía** porque **hacía** mucho calor.

ENRIQUE. — No solamente por esto.

LUISA. — ¿Por qué más?

ENRIQUE. — Porque las legumbres **necesitaban** la lluvia.

JUANITO. — Sí, es verdad. La lluvia es el alimento que hace crecer las plantas.

De pronto **notaron** que Leal **salía** del camino y **corría** por entre los árboles. Echaron a correr detrás del perro para ver lo que **ocurría**, y pronto **descubrieron** que atacaba a una ardilla. La ardilla **es** un animal pequeño

que vive en los bosques ; **corre, sube,** y **baja** la ardilla con una rapidez suma. Tan pronto como la ardilla **observó** que le **perseguía** un perro tan grande como Leal, **corrió** un rato sobre el suelo, pero como el perro
5 **corría** más que ella, al instante **comprendió** que **estaba** en peligro; por lo tanto **escaló** un pino muy alto y no **paró** hasta que **llegó** a las ramas del árbol. Leal se **paró** al pie del tronco y mirando hacia arriba, **empezó** a ladrar de una manera desesperada.

10 Los niños **empezaron** a llamarle, pero hasta que María **gritó** el nombre de Leal, dos veces, y con voz muy enfadada, el perro no **paró** de ladrar.

Después, **volvió** con las orejas gachas y la cabeza caída, muy humilde, escuchando las palabras de reprensión que le **dirigía** María.

JUANITO. — Si **perdemos** más tiempo, **llegaremos** con retraso.

ROGER. — Sí, ya **son** más de las siete.

LUISA (*mirando el pequeño reloj de plata, regalo de sus*
20 *padres*). — Sólo cinco minutos.

ENRIQUE. — Sí, pero la hacienda del padre de Samuel **es** muy grande y nosotros **queremos** verlo todo.

CUESTIONARIO

1. ¿Qué meses forman el verano?   2. ¿Qué produce la tierra durante el verano?   3. ¿Cuál es la época de las vacaciones?   4. ¿Cuándo están cerradas las escuelas?   5. ¿Qué hacen los niños durante el verano?   6. ¿Dónde estaba la "Fuente del Pino"?   7. ¿De dónde brotaba el agua?   8. ¿Quiénes bebían del

agua? 9. ¿Cuándo empezaron la marcha? 10. ¿Cuántas nubes podían verse? 11. ¿Por qué no hacía calor? 12. ¿Por qué corrieron los niños detrás de Leal? 13. ¿A qué animal atacaba el perro? 14. ¿Qué es una ardilla? 15. ¿Qué observó pronto la ardilla? 16. ¿Por qué escaló la ardilla un árbol? 17. ¿Dónde se paró Leal? 18. ¿Cuándo paró el perro de ladrar? 19. ¿Llegó usted con retraso hoy? 20. ¿Llegará usted con retraso mañana?

TEMA

1. That spring is full of (*llena de*) clear water. 2. When we were all assembled, we began our walk toward our farm. 3. Did you hear the rain last night? 4. Yes; and we heard the thunder (*pl.*) also. 5. The squirrel runs faster than the dog and climbs a tall tree. 6. The dog stopped barking when Mary called his name.

LA VAQUERÍA

(PASADO INDEFINIDO)

Una hacienda consiste en una inmensa cantidad de terreno, dedicada al cultivo de plantas, junto con los diferentes edificios que están en el terreno de la hacienda. Cuando llegaron a la hacienda, encontraron a Samuel que estaba esperándoles a la puerta.

SAMUEL. — **He esperado** desde las seis y media.

JUANITO. — Leal **ha tenido** la culpa.

Leal empezó a ladrar a Samuel de un modo amistoso y Samuel acarició su cabeza. Después que todos entraron, Samuel cerró la puerta de la cerca que protegía la hacienda contra los extraños.

Lo primero que vieron fué algunas vacas que pacían en una pradera.

MARÍA. — ¿ Qué hacen estas vacas ?

SAMUEL. — Pacen.

JUANITO. — ¿ Son viejas ?

SAMUEL. — No, tendrán unos cinco o seis años.

Llegaron a un edificio muy alto, de paredes blancas.

MARÍA. — ¿ A dónde **hemos llegado** ahora ?

SAMUEL. — A los establos donde guardamos las vacas.

ENRIQUE. — ¿ Qué hacen con las vacas cuando son ya viejas ?

SAMUEL. — Las vendemos a los comerciantes de ganado que las matan en los mataderos.
ROGER. — Sí, y las personas comen la carne.
BLANCA. — Que es muy buena.
MARÍA. — ¡ Mire ! ¡ Mire, qué ternero !
SAMUEL. — Sí, este ternero tiene cinco meses, y aquél tiene cuatro. Es joven.
JUANITO. — Mire cómo salta.
El becerro dió un bote sobre la hierba, y Leal empezó a ladrar y a saltar también.
MARÍA. — ¿Tienen ustedes muchos terneros?
SAMUEL. — No, solamente cinco o seis.
JUANITO. — También mandan terneros al matadero, ¿ no es verdad ?
SAMUEL. — Ya lo creo.
MARÍA. — ¿ Para matarlos ?
SAMUEL. — Sí.
MARÍA. — ¡ Mal corazón !
SAMUEL. — Da pena verlos marchar, ¡ pero son tan buenos cuando los comemos !
Los muchachos empezaron a reír. Las niñas quedaron tristes. Cuando entraron en el establo, encontraron al padre de Samuel, que estaba inspeccionando el trabajo de los hombres. Era un hombre bajo y gordo. No tenía cabellos en la cabeza. Era calvo. Cuando vió a los niños y oyó sus voces y sus risas, fué a su encuentro sonriendo.
EL PADRE. — Vamos, por fin **han llegado** nuestros huéspedes.

El Establo

Todos saludaron muy cortésmente. El padre de Samuel empezó a enseñar el establo. Éste era amplio, con grandes ventanas que dejaban entrar el aire y la luz. Los establos estaban vacíos porque las vacas se hallaban en los prados paciendo. En invierno, cuando hace mucho frío, se quedan en el establo a dormir, pero en este momento solamente había una vaca en un rincón. En el piso de arriba, a donde los niños subieron por una escalera de mano, guardaban el heno. El buen olor del heno se esparcía por todo el establo, y los niños lo olían con placer.

Después pasaron a un edificio contiguo, que era la lechería. Todo estaba muy limpio y blanco. Las mujeres y los hombres estaban vestidos de blanco y llevaban guantes blancos de hilo.

María. — ¿ Por qué llevan estos guantes ?

El Padre. — Porque de este modo no tocan los filtros con los dedos.

Blanca. — ¿ Qué son filtros ?

Samuel. — Los filtros son estos aparatos que ven ustedes aquí, que separan la leche de la crema.

Y los niños se detuvieron para presenciar la operación. La leche entraba en unos cubos de hoja de lata y la crema en unos tarros de vidrio.

Varios empleados sellaban los tarros y los colocaban en grandes refrigeradores.

El Padre. — Toda esta crema partirá esta noche para la ciudad.

María. — Huelo mantequilla.

EL PADRE. — Usted no se **ha equivocado**. Aquí está.

Y entonces los niños se fijaron en unas mujeres que trabajaban en unos aparatos de madera que se llaman batideras, para espesar la crema y convertir esta última en mantequilla.

Sobre una mesa, los niños podían ver enormes conos de mantequilla fresca. La tentación era demasiado grande para Samuel. Tenía la mantequilla cerca, de modo que llevó su mano a la masa amarilla, arrancó un pedazo, y lo tragó en un instante. Juanito y Roger notaron la maniobra y sonrieron en silencio.

Después pasaron a otra sección de la lechería donde hacían los quesos. Los niños vieron los quesos blancos y redondos, apilados sobre las mesas.

Juanito y Roger deseaban repetir la maniobra de Samuel, pero el padre de éste estaba explicándoles cómo se hace el queso, así es que no tuvieron ocasión de comerlo.

Al salir del edificio atravesaron la pradera, donde observaron más vacas paciendo.

Leal examinó las vacas con mucha atención, y como vió que eran tan grandes, no se atrevió a ladrar.

CUESTIONARIO

1. ¿En qué consiste una hacienda? 2. ¿A quién encontraron los niños a la puerta? 3. ¿Por qué estaba Samuel a la puerta? 4. ¿Cuánto tiempo les ha esperado Samuel? 5. ¿Por qué cerró Samuel la puerta de la cerca? 6. ¿Dónde estaban las vacas? 7. ¿Eran

LA VAQUERÍA

viejas las vacas? 8. ¿Cuándo venden las vacas? 9. ¿Quiénes son los hombres que matan las vacas? 10. ¿A quién encontraron los niños en el establo? 11. ¿Cómo les saludó? 12. ¿Por qué estaban vacíos los establos? 13. ¿En qué estación se quedan las vacas en el establo? 14. ¿Cómo subieron los niños al piso de arriba? 15. ¿Qué vieron en este piso? 16. ¿Quiénes trabajaban en la lechería? 17. ¿Cómo estaban vestidos? 18. ¿Para qué sirven los filtros? 19. ¿Qué huele María? 20. ¿Se ha equivocado? 21. ¿Dónde estaban los conos de mantequilla? 22. ¿Quién arrancó un pedazo de mantequilla? 23. ¿Quiénes notaron la maniobra?

TEMA

1. These cows which are feeding in the meadow are young; those are old. 2. I have sold this calf; I shall keep that one in the stable. 3. Samuel's father is in the stable. 4. He sees the children and has heard their voices. 5. He will go to meet them. 6. The dairy is a small building. 7. When we work in the dairy, we wear white gloves. 8. Samuel has pulled off a piece of butter and has devoured it.

LAS COLMENAS

(CONTINUACIÓN DEL PASADO INDEFINIDO)

Penetraron en un bosque de pinos y en seguida notaron la diferencia en la temperatura. Cuando caminaban al sol, sentían el calor sofocante, propio de la estación, pero tan pronto como se hallaron bajo los árboles, notaron el fresco agradable producido por la sombra benéfica de los pinos.

EL SR. PERKINS. — ¿ Qué tal es mi lechería ?

MARÍA. — **Hemos encontrado** la visita muy interesante.

JUANITO. — ¡ Qué animal tan útil es la vaca !

BLANCA. — Todos los animales son útiles.

ROGER. — Todos los animales domésticos, quiere usted decir.

BLANCA. — La maestra **ha explicado** muchas veces que hasta los animales salvajes son útiles al hombre.

SAMUEL. — Estoy seguro que los tigres y los leones no son muy útiles.

EL SR. PERKINS. — Sí, son útiles por las pieles.

ROGER. — Es verdad.

Al salir del bosque, desembocaron en una especie de plazoleta, formada por rosales y otros arbustos con flores. En el fondo se elevaba un muro, y arrimadas contra el muro se hallaban hasta dos docenas de colmenas, donde vivían y trabajaban las abejas que producían la miel.

Los niños observaron centenares de abejas, yendo y viniendo, parándose en su vuelo sobre las flores y libando el jugo de sus cálices. Todas las abejas se movían deliberadamente.

Después de observar a los inteligentes insectos por un largo espacio de tiempo, los niños empezaron a hacer observaciones.

BLANCA. — Son muy activas.

ROGER. — Ya lo creo.

JUANITO. — Ahora liban el jugo de las flores y después van a la colmena para convertirlo en miel.

MARÍA. — ¿ De veras ?

SAMUEL. — Sí. Mi padre conoce bien la organización de una colmena.

ENRIQUE. — ¿ Quiere usted decir algo sobre las abejas, Sr. Perkins ?

EL SR. PERKINS. — Con mucho gusto. Las abejas se reúnen y eligen una reina. Después, en invierno, permanecen dentro de la colmena. Al empezar la primavera las abejas salen de la colmena para reconocer los sitios donde hay flores. Generalmente salen las abejas viejas con las más jóvenes, para enseñarles el modo de hacer el trabajo.

LUISA. — ¡ Qué inteligentes son !

ENRIQUE. — Parece un cuento de hadas.

ROGER. — Y la reina, ¿ qué hace mientras tanto ?

El Sr. Perkins. — La reina no trabaja, pero dirige e inspecciona el trabajo de las otras abejas.

No bien el padre de Samuel acababa de pronunciar estas palabras, cuando vieron a dos muchachas que 5 venían del último grupo de las colmenas, con velos en la cara, guantes en las manos, llevando, en receptáculos de lata, la miel que acababan de sacar de las colmenas.

Blanca. — ¿ De dónde vienen estas muchachas ?

Samuel. — De sacar miel.

10 Enrique. — ¿ Y cómo **han podido** hacer esto ?

El Sr. Perkins. — Del siguiente modo. **Han llevado** todos los aparatos que son necesarios para la operación. **Han protegido** sus rostros con velos ; **han cubierto** sus manos con guantes. Después, sin mostrar el menor 15 miedo, **han tomado** asiento frente a la abertura de la colmena.

María. — ¿ Y no tenían miedo a las picaduras de las abejas ?

Samuel. — Están acostumbradas a este trabajo.

20 Enrique. — ¿ Por qué **han interrumpido** ustedes al Sr. Perkins ?

El Sr. Perkins, es decir, el padre de Samuel, sonríe bondadosamente, y continúa sus explicaciones.

El Sr. Perkins. — Tan pronto como esas muchachas 25 de que hablamos **han tomado** asiento frente a la colmena, **han depositado** trapos de algodón, que producen mucho humo cuando arden, en el braserito de mano, que es uno de los implementos que necesitan para extraer la miel. Después que **han prendido** fuego al algodón, **han avivado** la llama con los fuelles con el objeto de producir mucho humo. En seguida **han introducido** la tobera del braserito en la abertura de la colmena. Las abejas, al sentir el humo, **han salido** de sus celdas volando hacia el techo de las colmenas.

MARÍA. — ¡ Qué interesante es todo esto !

SAMUEL (*interrumpiendo a su padre*). — En seguida una de las muchachas **ha abierto** la tapadera de la colmena y **ha sacado** el techo de la misma.

ENRIQUE. — ¿ Qué clase de techo es ?

SAMUEL. — Es un enrejado de agujeros muy pequeños, hecho de alambre muy fino.

EL SR. PERKINS. — Al sacar este enrejado todas las abejas están adheridas al mismo.

SAMUEL. — Así que la primera muchacha **ha sacado** el enrejado, la otra **ha extraído** la miel. Entonces las dos muchachas **han sacudido** el enrejado con sacudidas cortas y violentas y todas las abejas **han volado** hacia la entrada de la colmena. A los pocos minutos **han regresado** ya a sus celdas, las muchachas **han colocado** de nuevo el enrejado, **han ajustado** la tapadera, y la operación de trasegar la miel **ha concluido**.

CUESTIONARIO

1. ¿ Dónde se hallaban las colmenas?   2. ¿ Qué insectos viven en las colmenas?   3. ¿ Qué producen las abejas?   4. ¿ Por qué liban las abejas el jugo de las flores?   5. ¿ Cuándo permanecen las abejas en la colmena?   6. ¿ Cuándo salen de la colmena?   7. ¿ Quiénes han sacado la miel de las colmenas?

8. ¿ Cómo han protegido los rostros? 9. ¿ Cómo han cubierto las manos? 10. ¿ Por qué no han tenido miedo a las abejas? 11. ¿ Quiénes han interrumpido al Sr. Perkins?

TEMA

1. We have noticed the difference in the temperature. 2. They have felt the heat. 3. We have observed the bees. 4. The bees have converted the juice of the flowers into honey. 5. The bees have come out of the hive. 6. We shall protect our faces with veils and our hands with gloves.

EL GALLINERO

(PLUSCUAMPERFECTO)

Los niños, guiados por el padre de Samuel, salieron a un campo abierto. Ya **habían visitado** la lechería; ya **habían inspeccionado** las abejas. Ahora querían ver algo nuevo.

El padre de Samuel continuaba manteniendo la conversación con los niños.

El Sr. Perkins. — Ahora vamos a visitar el gallinero.

María. — ¡ Qué bien !

Luisa. — Y podremos ver los polluelos.

Roger. — Sí, en clase la maestra explicó la vida y las costumbres de las gallinas y de los patos.

Juanito. — Sí, después leímos lo mismo en un libro.

Enrique. — No, cuando la maestra explicó la vida y las costumbres de las gallinas, nosotros ya **habíamos leído** el libro.

Samuel. — También tenemos patos, pero no muchos.

María. — ¿ Cuántos ? ¿ Cinco o seis ?

Samuel. — ¡ Oh, no tan pocos ! Tendremos como unos sesenta.

Blanca. — ¡ Sesenta !

María. — Éstos son muchos patos.

Samuel. — Pues, aun tenemos más gallinas.

LUISA. — ¿ De veras ? En casa mi madre tiene sólo catorce.

ROGER. — En casa hemos tenido muy mala suerte. Mi padre **había comprado** veinte gallinas y un gallo. Una gallina estaba ya enferma y contagió a las otras. El resultado fué que empezaron a morir.

EL SR. PERKINS. — ¿ Y cuántas tienen ustedes ahora ?

ROGER. — Cuatro.

BLANCA. — ¡ Qué desgracia !

El gallinero estaba ya a la vista de los niños. El padre de Samuel, que hasta entonces **había explicado** todas las cosas que los niños **habían visto**, dijo a su hijo :

— Ahora es su turno. Debe usted explicar todo lo que sus amiguitos ven, y contestar a sus preguntas.

Y bajo la dirección de Samuel, los niños empezaron a visitar el gallinero.

Éste consistía en un rectángulo largo y estrecho, de paredes blanqueadas. El interior del rectángulo estaba dividido en cuartitos, con travesaños de muro a muro, donde las gallinas dormían por la noche. Cada sección tenía una abertura pequeña para dar paso a las aves. Correspondiendo a las secciones el terreno estaba dividido por alambrados que separaban a las gallinas según sus castas. En una sección, las gallinas eran completamente blancas. En otra sección, las gallinas tenían el plumaje gris. En otras secciones, las gallinas mostraban plumas negras o plumas morenas. También el aspecto de las aves era diferente. Unas gallinas eran de la casta moñuda. Otras eran pintadas. Unas tenían las patas cubiertas de plumas. Otras mostraban las patas desnudas, de color negro. Las patas de otras eran de color amarillo.

CUESTIONARIO

1. ¿Quién había explicado ya la vida de las gallinas? 2. ¿Dónde habían leído lo mismo? 3. ¿Cuántas gallinas había comprado el padre de Roger? 4. ¿Cuántas habían muerto? 5. ¿Quién lo había explicado todo hasta entonces? 6. ¿Había contestado a muchas preguntas? 7. ¿Quién tenía ahora que explicarlo todo? 8. ¿En qué consistía el gallinero? 9. ¿Cómo estaba dividido el interior? 10. ¿Dónde dormían las gallinas por la noche? 11. ¿Cómo estaba dividido el terreno?

TEMA

1. We had read this in a book. 2. We have sold the ducks. 3. I had bought twenty hens. 4. You have explained everything. 5. He had answered my questions.

LAS COSTUMBRES DE LAS GALLINAS

(VERBOS REFLEXIVOS)

María había contado ya ciento cincuenta gallinas, y todavía no había acabado. Deseaba saber el número exacto, y preguntó a Samuel:

MARÍA. — ¿ Cuántas gallinas tienen ustedes ?
SAMUEL. — Tenemos trescientas.

La atención de los niños **se hallaba** concentrada en los gallos. En cada sección **se veía** a uno. Eran del mismo color que las gallinas. El gallo que encontraron más hermoso, era el gallo blanco. Era un soberbio animal, con un plumaje muy blanco, que contrastaba con su grande cresta de un rojo muy vivo. Sus espolones eran duros y afilados, y **se movía** con majestad, paso a paso, balanceando su largo cuello a compás. Las gallinas **se movían** sumisas a su lado. De pronto el gallo blanco **se paró**, levantó la cabeza; mirando al sol y abriendo el pico afilado, emitió tres notas altas, fuertes, y prolongadas. Los rayos del sol brillaron en sus ojos, que en aquel momento parecían de vidrio rojo. Los otros gallos contestaron simultáneamente.

Un hombre pasó por delante de los niños, y abriendo las puertas del alambrado, arrojaba algunos puñados de grano a las gallinas, que **se arrojaban** al alimento, tragando con voracidad.

Al último extremo del gallinero había una sección especial para las lluecas con sus polluelos. Había polluelos que tenían sólo dos semanas ; otros que eran ya más crecidos ; y en el fondo **se distinguía** a dos lluecas, que protegían con el calor de sus alas a los polluelos más pequeños.

Delante del gallinero había una casita pequeña de un sólo cuarto, que el padre de Samuel deseó mostrar a los niños.

El Sr. Perkins. — Entren aquí, entren.

Todos obedecieron sus órdenes.

Juanito. — ¿ Qué tiene usted aquí ?

El Sr. Perkins. — Las incubadoras.

Éstas eran tres. Consistían en aparatos de madera, afectando forma de mesas con tapaderas de cristal, de modo que el interior de la mesa era visible. Las tres incubadoras **se hallaban** en el centro de la estancia, debidamente calentadas. La temperatura era elevada.

Los niños **se colocaron** alrededor de las incubadoras y observaron los huevos. De repente, Enrique observó cómo la cáscara de un huevo **se rompía**. Comunicó su descubrimiento a sus compañeros, y todos observaron el fenómeno con la más profunda atención.

Samuel. — Ahora verán ustedes cómo sale el polluelo.

Efectivamente, vieron desaparecer pedazos de la cáscara blanca del huevo; por fin **se formó** un agujero, por el cual asomó la pequeña cabeza de un polluelo.

En seguida, las cáscaras de otros huevos empezaban a **romperse**.

Los niños salieron de ver las incubadoras, hablando sobre la vida y las costumbres de las gallinas.

LUISA. — ¿ Es verdad que **se levantan** muy temprano ?

EL SR. PERKINS. — Ya lo creo. **Se levantan** así que apunta el día.

JUANITO. — Ah, pues no **me levanto** tan temprano.

MARÍA. — No, nosotros **nos levantamos** a las siete.

ROGER. — Pero las gallinas **se van** también a dormir así que **se pone** el sol, y nosotros, después de la comida, **nos ponemos** a estudiar hasta las nueve de la noche.

SAMUEL. — Sí, cuando las estrellas han salido, hace ya rato.

EL SR. PERKINS. — ¿ Tienen ustedes envidia a las gallinas ?

Todos respondieron que no. Sin embargo, Samuel pensó que era oportuno añadir algo.

SAMUEL. — No tienen que ir a la escuela.

Todos, especialmente las niñas, criticaron a Samuel.

EL SR. PERKINS. — Ya ve usted, Samuel, como todos sus amigos son de opinión diferente.

En este momento oyeron un gran cacareo de las gallinas, y vieron a Leal que venía a todo correr.

Vino a **juntarse** con los niños. Éstos, que no habían notado la ausencia del perro, observaron que tenía el aspecto de temor y de susto.

Como Leal no podía hablar, los niños no **se enteraron** del susto que había pasado.

LAS LLUECAS PERSIGUIENDO A LEAL

La puerta del gallinero donde estaban las lluecas con sus polluelos había quedado abierta por descuido de una de las muchachas. Al ver a los polluelos corretear por allí, piando, comiendo, y **divirtiéndose**, Leal pensó que 5 él podía jugar también con los polluelos, y entró en el gallinero. Fué una mala idea, porque tan pronto como las lluecas descubrieron a Leal en el gallinero, equivocando sus buenas intenciones, creyeron que venía a **comerse** sus polluelos ; y todas atacaron al perro. El 10 pobre Leal sentía el dolor de los picotazos ; cuando se **escapaba** de una llueca, caía en poder de otra.

Eran cuatro o cinco lluecas que no cesaban de picarle. Por fin Leal acertó con la puerta y **se escapó**, a prisa y corriendo. No paró hasta que **se encontró** entre amigos. 15 Todavía sentía en el cuerpo el dolor de los picotazos y en los oídos la algarabía del piar de treinta o cuarenta polluelos, junto con el fuerte cacareo de cinco lluecas y otras gallinas, sin olvidar diez o doce gallos.

CUESTIONARIO

1. ¿Cuántas gallinas se hallaban en el gallinero? 2. ¿Cuántos gallos se veían en cada sección? 3. ¿Cómo se movía el gallo blanco? 4. ¿Dónde se hallaban las lluecas? 5. ¿Cuántas incubadoras había en el cuarto? 6. ¿En qué parte de la estancia se hallaban las incubadoras? 7. ¿Quién observó cómo las cáscaras se rompían? 8. ¿Qué asomó por el agujero de la cáscara? 9. ¿Se levantan temprano las gallinas? 10. ¿Se levantan temprano ustedes? 11. ¿A qué hora se levantó usted esta mañana? 12. ¿Cuándo se van las gallinas a dormir? 13. ¿Cuándo

se pone el sol en verano? 14. ¿Cuándo nos ponemos a estudiar? 15. ¿Vino Leal a juntarse con los niños? 16. ¿Por qué no se enteraron los niños de lo que había pasado? 17. ¿Por qué entró Leal en el gallinero? 18. ¿Qué creyeron las lluecas? 19. ¿Por qué no se escapó Leal de las lluecas? 20. ¿Cuántas lluecas atacaron a Leal? 21. ¿Cómo se escapó por fin?

TEMA

1. The hens threw themselves upon the food. 2. The eggshell is breaking. 3. A hole is being formed in the shell. 4. Do you get up very early? 5. They get up at dawn. 6. The sun was setting. 7. The dog has escaped from the hens.

EL HUERTO

(PRIMERA CLASE DE LOS VERBOS QUE CAMBIAN LA VOCAL DE LA RAÍZ)

Andando y hablando, llegaron a un punto donde el terreno **descendía** bruscamente. A sus pies podían contemplar una faja de terreno muy grande, cuidadosamente cultivada, donde veían cientos y cientos de cuadros, con una variedad de legumbres.

Lo primero que los niños observaron fué la variedad de tonos y colores. Allí estaban las patateras, de un verde oscuro; los guisantes, de un verde más claro; y los tubos finos y rectos de un verde blanco que son la prolongación de las cebollas. Más allá, el sol iluminaba las berenjenas moradas. Y por fin se distinguían las plantas de las habichuelas con sus florecitas blancas; las ramas de las tomateras con sus tomates que **empezaban** a madurar, semejantes a pelotas verdes y rojas. Las grandes hojas de las coles verdes y blancas parecían abanicos, y formaban contraste con las matas reducidas de los rábanos de color verde subido.

Por entre los surcos y por entre los cuadros se **movían** algunos hombres, que se cuidaban del cultivo de aquel inmenso huerto.

EL SR. PERKINS. — Aquí **empieza** el huerto.

Luisa. — ¡ Qué grande es !

Enrique. — ¿ Sabe usted el número de plantas que tiene aquí ?

El Sr. Perkins. — No se cuentan fácilmente, pero pasarán de diez mil.

María. — Y en el huerto de casa, mi padre tiene solamente unas doscientas.

Juanito. — No tenemos tanto terreno.

El Sr. Perkins. — El negocio de su padre es diferente del mío. Éste es mi negocio, y por lo tanto debo tener más plantas.

Los niños habían bajado al huerto y caminaban por los estrechos senderos que marcaban las divisiones entre los cuadros. Los niños ponderaban las dimensiones de las plantas, las niñas se inclinaban a coger las diferentes flores que se ofrecían a su vista. Leal seguía detrás de todos, y de vez en cuando se detenía para observar a las mariposas y a las abejas que revoloteaban sobre las plantas.

Roger. — Y, ¿ cuándo ha plantado usted todas estas legumbres, Sr. Perkins ?

El Sr. Perkins. — Planté estas legumbres tan pronto como desaparecieron las últimas nieves del invierno ; es decir, en abril.

Juanito. — Pero yo pienso que cayó una buena nevada en abril.

El Sr. Perkins. — Es verdad. Esto enseña que el agricultor no acierta siempre.

Samuel. — Sí, y si no acierta, pierde dinero.

El Sr. Perkins. — Tiene usted razón, hijo mío. No existe en el mundo ganancia tan insegura como la del agricultor. Prepara bien la tierra, echa la semilla que ha de convertirse en planta y dar el esperado producto, y viene una helada, **desciende** la temperatura, y el frío mata la planta que **empezaba** a crecer.

Blanca. — Pero estas plantas han escapado las nieves.

El Sr. Perkins. — Sí, Blanca, pero nadie me asegura mi cosecha contra las tempestades de verano.

Enrique. — Sí, pero usted no **pierde** las cosechas todos los años.

El Sr. Perkins. — No, por fortuna.

Roger. — Yo no **entiendo** por qué debemos tener tempestades.

El Sr. Perkins. — Hijo mío, porque Dios ha arreglado las cosas de este modo, para no hacer demasiado fácil la vida del hombre. En sus dificultades el hombre **piensa** en Dios, para tener fuerzas con que vencer los peligros.

María. — Es verdad. Tiene usted razón.

Juanito. — Mi madre dice siempre que Dios **defiende** de los peligros a los niños que rezan todas las noches.

El Sr. Perkins. — A los niños y a los hombres y a las mujeres. A todos.

Luisa. — Yo rezo todas las noches.

Samuel. — ¡ Toma ! Y yo también.

Y todos los niños **manifestaron** que hacían lo mismo, mereciendo la aprobación del Sr. Perkins.

Enrique, que era un niño que observaba todo lo que

veía, notó unos tubos de plomo con grifos que se introducían en los diferentes cuadros de las legumbres. Pensó que dichos tubos servían para **regar** las plantas, pero queriendo estar seguro, se dirigió al Sr. Perkins para la información.

ENRIQUE. — ¿ Para qué son estos tubos, Sr. Perkins ?

EL SR. PERKINS. — Estos tubos conducen el agua que **riega** las plantas.

ROGER. — Y, ¿ cuántas veces **riega** usted las plantas ?

SAMUEL. — **Regamos** las plantas dos veces al día. Al amanecer y al anochecer.

Dejaban el huerto y entraban en una arboleda espaciosa, donde podían oír los trinos de los pájaros que habitaban en las ramas.

CUESTIONARIO

1. ¿ Qué veían los niños en el huerto ?   2. ¿ De qué color son las plantas que producen las patatas ?   3. ¿ De qué color son los guisantes ?   4. ¿ De qué color son las florecitas de las habichuelas ?   5. ¿ De qué forma y de qué color son los tomates ?   6. ¿ Para qué se movían algunos hombres por entre los cuadros ?   7. ¿ Cuántas plantas se hallaban en el huerto ?   8. ¿ Se cuentan fácilmente ?   9. ¿ Tenía también el padre de María un huerto ?   10. ¿ Por qué tenía el Sr. Perkins un huerto tan grande ?   11. ¿ Cómo se marcaban las divisiones entre los cuadros ?   12. ¿ Para qué se detenía Leal de vez en cuando ?   13. ¿ Cuándo se habían plantado las legumbres ?   14. ¿ Por qué es insegura la ganancia del agricultor ?   15. ¿ Por qué se pierde la cosecha si viene una helada ?   16. ¿ Qué

notó Enrique en el huerto? 17. ¿Para qué servían estos tubos? 18. ¿Cuántas veces al día se riega el huerto?

TEMA

1. In April Samuel's father counts the number of plants. 2. They do not have so much ground. 3. The farmers lose money. 4. The plants are beginning to grow. 5. I am right. They are right. 6. They water the plants every day. 7. The plants are watered every day.

LAS FRUTAS

(CONTINUACIÓN DE LA PRIMERA CLASE DE LOS VERBOS QUE CAMBIAN LA VOCAL DE LA RAÍZ)

Ahora entraban en la sección de los árboles frutales. El Sr. Perkins estaba muy orgulloso de sus árboles y los quería mostrar a los niños.

EL SR. PERKINS. — Aquí pueden ustedes ver una buena colección de árboles frutales.

Estaban plantados en hileras paralelas que dejaban espacio para avenidas de suelo nivelado. Bajo la sombra formada por las ramas de los árboles, los niños gozaban del fresco agradable, tan diferente de la temperatura caliente que habían experimentado en el huerto bajo los rayos del sol.

BLANCA. — ¿Cuántos árboles tiene usted aquí?

EL SR. PERKINS. — A esto puedo contestar con toda seguridad. Novecientos cincuenta y dos.

JUANITO. — ¡Qué bien **recuerda** usted el número!

SAMUEL. — Mis abuelos plantaron la mayor parte de estos árboles y por eso mi padre les tiene tanto cariño.

ENRIQUE. — ¿Y todos son de la misma clase?

SAMUEL. — ¡Oh, no! Éstos son los manzanos que producen las manzanas.

MARÍA. — ¿Y **cuesta** mucho cultivar estos árboles?

El Sr. Perkins. — Ya lo creo. Las frutas son más delicadas que las legumbres.

Blanca. — ¡ Oh, las frutas ! ¡ Son tan buenas ! Yo las como siempre que puedo.

Roger. — ¿ Cuál es su preferida ?

Blanca. — Todas.

Samuel. — Pués yo como siempre las manzanas.

El grupo pasó a otra alameda con doble hilera de árboles. Éstos eran de otra clase. Eran cerezos, y los niños miraban las bolitas rojas de la fruta ya madura que se escondían entre el follaje formado de hojas largas y estrechas.

Cruzando la zona frutera, vieron los melocotoneros con los melocotones todavía pequeños, de color amarillo ; los ciruelos con las ciruelas de tamaño reducido; los membrilleros sin fruto todavía. Todos los niños **recuerdan** el fruto delicioso que producen los membrilleros, la carne de membrillo.

María. — Miren ustedes cómo se **mueven** las ramas.

Juanito. — El viento las **mueve**.

Luisa. — Y, ¿ cómo crecen los árboles ?

El Sr. Perkins. — Por medio del aire, del sol, y del agua.

Roger. — ¿ De modo que los árboles respiran el aire como las personas ?

El Sr. Perkins. — Ya lo creo que lo respiran. Sin embargo, no respiran la misma parte. Ya saben ustedes que el aire está formado por la combinación del oxígeno, del nitrógeno, y del ácido carbónico. Los seres humanos, al respirar el aire, absorben el oxígeno y expelen el ácido carbónico. Los árboles absorben el ácido carbónico y expelen el oxígeno.

LUISA. — Por eso la maestra explica siempre que el aire de los bosques es más puro que el de las ciudades.

ENRIQUE. — Naturalmente, porque en los bosques el aire está más cargado de oxígeno.

EL SR. PERKINS. — ¿ La maestra habla a ustedes de estas cosas ?

BLANCA. — Ya lo creo. La maestra siempre habla acerca de cosas interesantes.

JUANITA. — Yo la escucho siempre con mucha atención.

MARÍA. — Y yo también.

Y hablando, dejaron los árboles frutales y penetraron en una vasta pieza de terreno, donde se veían los fresales y los melonares que producían fresas y melones en grandes cantidades.

Una vereda flanqueada por morales y groselleros, que ostentaban las moras de color negro y las grosellas de color rojo, conducía al jardín del Sr. Perkins.

Mientras se dirigían al jardín, los niños hablaban de los árboles con el Sr. Perkins.

ENRIQUE. — ¿ **Riega** usted los árboles, Sr. Perkins ?

EL SR. PERKINS. — No del mismo modo que **riego** las plantas.

SAMUEL. — El agua que es mejor para los árboles es la lluvia.

EL SR. PERKINS. — Es verdad. Cuando **llueve**, todos los árboles reciben la lluvia con verdadera alegría.

JUANITO. — Pero como usted **manifestó** antes, el agua no basta a los árboles para vivir.

MARÍA. — No. Necesitan también del aire y del sol.

ENRIQUE. — Y, ¿cuál es más importante?

EL SR. PERKINS. — El uno es tan importante como el otro. El sol presta calor y luz, y el aire tonifica.

LUISA. — Yo creo que el aire debe ser más importante. Yo me **acuesto** siempre con las ventanas abiertas.

ROGER. — Yo no puedo dormir con las ventanas cerradas.

BLANCA. — ¿Es verdad que los árboles viven más que las personas?

EL SR. PERKINS. — Algunos árboles en los bosques viven siglos. Los árboles frutales son más delicados, y cuando viene una helada fuerte, muchos no la pueden resistir. **Empiezan** a marchitarse.

CUESTIONARIO

1. ¿Por qué estaba el Sr. Perkins orgulloso de sus árboles?   2. ¿Cómo estaban plantados los árboles?   3. ¿Cuántos árboles tenía el Sr. Perkins?   4. ¿Quiénes plantaron los árboles?   5. ¿Por qué cuesta mucho cultivar los árboles frutales?   6. ¿Qué frutas comen ustedes?   7. ¿Cuáles come Samuel?   8. ¿Cuál es la fruta del manzano?   9. ¿De qué forma son las hojas del cerezo?   10. ¿Cuál es la fruta del ciruelo?   11. ¿Cuál es la fruta del melocotonero?   12. ¿Por qué se movían las ramas de los árboles?   13. ¿De qué necesitan los árboles para vivir?   14. ¿Cuándo empiezan a marchitarse?

TEMA

1. They have shown the plants to the children. 2. Do you wish to see the trees? 3. Can you show me the trees? 4. I do not remember the number. 5. These trees cost a great deal. 6. He cannot answer this. 7. The fruit (*pl.*) was concealed among the leaves. 8. He has explained many interesting things. 9. It rains almost (*casi*) all day. 10. When it begins to rain, I do not water the plants. 11. When it does not rain, the flowers wither.

LAS FLORES

(PRONOMBRES PERSONALES COMPLEMENTOS)

A corta distancia de la arboleda frutal **se** hallaba la casa donde vivía la familia del Sr. Perkins.

Un agradable olor de comida, que **se** estaba cociendo en la cocina, llegó hasta los niños. Los primeros en notarlo, fueron Leal y Samuel.

Samuel sonrió satisfecho, y Leal empezó a ladrar y a saltar de puro gozo. Los niños **lo** notaron y en seguida hablaron sobre ello.

ENRIQUE. — Samuel ha olido la comida y el olor **le** ha despertado el hambre.

EL SR. PERKINS. — Sí, pero no cuenta con la visita que vamos a hacer al conservatorio.

SAMUEL. — ¿ No **le** parece, padre, que es mejor dejar la visita para después de comer ?

EL SR. PERKINS. — No, señor. **Me** parece que es mejor ver las flores ahora.

El padre de Samuel pronunció estas palabras sonriendo, porque no ignoraba que su hijo tenía buen apetito.

MARÍA. — Y a nosotras **nos** parece lo mismo, Sr. Perkins.

BLANCA. — ¡ **Me** gustan tanto las flores !

Samuel. — A mí **me** gustan más las frutas y las legumbres.

Luisa. — Naturalmente, porque usted piensa siempre en comer.

Samuel. — Yo he observado que siempre duermo mejor después de comer frutas y legumbres, que después de mirar un ramo de flores.

Los niños echaron a reír con excepción de Luisa, porque no le gustó la respuesta de Samuel. Mientras hablaban, habían dado la vuelta a la casa, y ahora se encontraban delante de la fachada principal.

Tenía un pórtico con cuatro peldaños. Desde la casa al camino, el terreno estaba ocupado por el jardín. El aire estaba cargado de perfumes. Los cuadros donde estaban las flores, estaban colocados de modo que formaban sendas de muchas vueltas; había grandes árboles de sombra, como álamos, castaños, y plátanos. En el centro del jardín había un surtidor de agua, que, al caer, formaba un pequeño estanque, donde se veían muchos peces, nadando en todas direcciones.

Había una gran variedad de flores. Allí se veían las peonias blancas, de color de rosa, y granates; los pensamientos amarillos, morados, y blancos; los jacintos con sus variados colores; algunos claveles, no muchos; y por fin, las rosas. Las había en gran número y en gran variedad. Las había de todos colores y de todos tamaños. Grandes, medianas, y pequeñas. Rojas como sangre, de color de rosa, amarillas, y blancas como la nieve. Las abejas y las mariposas chupaban el jugo de sus cálices.

Los niños prorrumpían en exclamaciones de entusiasmo.

MARÍA. — ¡ Qué hermosas son !

LUISA. — ¡ Qué bien huelen !

BLANCA. — ¡ Y duran tan poco tiempo !

ENRIQUE. — Es verdad. He oído decir que la rosa dura muy poco tiempo.

JUANITO. — ¿ Cuánto dura una rosa, Sr. Perkins ?

EL SR. PERKINS. — En la planta puede durar bastante si el tiempo es bueno y la ayuda ; pero una vez la han cortado, dura solamente horas.

Y dirigiéndose al resto de los niños les preguntó:

EL SR. PERKINS. — ¿ Les gusta ver las flores ?

LUISA. — Ya lo creo.

ROGER. — Naturalmente.

MARÍA. — No faltaba más.

EL SR. PERKINS. — Pués entonces les mostraré a ustedes las flores del conservatorio.

BLANCA. — ¿ Qué diferencia existe entre unas flores y las otras ?

EL SR. PERKINS. — Las flores del jardín tienen una vida natural y su cultivo es muy fácil y sencillo. Las flores del conservatorio requieren más cuidado, su cultivo es algo artificial, y duran más tiempo.

El conservatorio era un edificio largo, ancho, y bajo, casi a nivel de la tierra. Los niños bajaron cinco o seis peldaños para penetrar en el conservatorio. Las paredes y el techo del conservatorio consistían en grandes ventanas de cristal que podían abrirse y cerrarse. Ahora las ventanas estaban abiertas de par en par.

Una vez dentro del conservatorio, los niños notaron algunos caloríferos como los que tenían en sus casas, para calentarlas durante el invierno.

El Sr. Perkins. — Como ustedes pueden ver, las paredes y el techo del conservatorio son ventanas de cristal. Estas ventanas se abren y se cierran según el tiempo y la temperatura. Ahora las dejamos abiertas porque estamos en verano. Las flores que se cultivan aquí necesitan del aire y de la luz del sol, modificada por la sombra de los árboles que crecen alrededor.

María. — Pero en invierno los árboles no pueden dar sombra porque pierden las hojas.

Samuel. — Pero es que en invierno las flores del conservatorio no necesitan la sombra, sino que requieren el sol.

Juanito. — ¡ Claro ! Necesitan la luz.

El Sr. Perkins. — La luz y el calor propio de la estación en que estamos. Por eso ven ustedes estos caloríferos que se usan así que empiezan las primeras heladas del otoño.

María. — Y entonces, ¿ cierra usted todas las ventanas ?

El Sr. Perkins. — Todas.

Roger. — Y, ¿ cómo renueva usted el aire ?

El Sr. Perkins. — Con estos ventiladores que pueden ustedes ver en el techo.

Las niñas no hacían ninguna pregunta. Las flores

les habían llamado la atención desde luego. Estaban absortas admirando su hermosura. El Sr. Perkins lo notó y empezó a hablar con las niñas.

EL SR. PERKINS. — ¿ Qué tal les parecen mis flores ?

MARÍA. — Nos parecen muy hermosas.

EL SR. PERKINS. — ¿ Qué flores les gustan a ustedes más ?

LUISA. — A mí me gustan éstas.

Y la niña señaló con un dedo unas flores blancas de pétalos muy delicados y de un perfume muy penetrante.

BLANCA. — Y a María y a mí nos gustan ésas.

Y Blanca señalaba otras flores más grandes que las favoritas de Luisa, de colores rojo y blanco. Y entonces Samuel, por orden de su padre, empezó a explicar los nombres y cualidades de las flores y sus plantas.

Todas aquellas flores se cultivaban en el conservatorio porque eran de climas más cálidos del que tenemos en los estados del norte. Crecían en Carolina, Florida, en la América central, en el sud de España e Italia ; y por lo tanto, en invierno, no podían resistir la temperatura al aire libre.

Y en este conservatorio se encontraban las gardenias de un color tan blanco como el nácar ; la camelia, más grande, una flor muy hermosa pero sin perfume, a veces blanca, a veces roja ; las varas de nardo ; y en el centro se veían árboles tropicales, entre ellos las magnolias. En invierno cultivaban rosas, claveles, violetas, y crisántemos.

MARÍA. — Y, ¿para qué quiere usted tantas rosas, Sr. Perkins?

EL SR. PERKINS. — Para hacer dinero.

JUANITO. — ¿Las vende usted a la gente?

EL SR. PERKINS. — Sí, las mando a la ciudad, y allí s la gente las compra.

ENRIQUE. — Usted debe de ganar mucho dinero.

EL SR. PERKINS. — Algunas veces lo pierdo.

Salieron del conservatorio y se encaminaron a la casa, donde la Sra. Perkins les había preparado una buena 10 comida. Mientras se dirigían allí, el Sr. Perkins prometió a las niñas magníficos ramos de flores. Las niñas quedaron muy contentas.

CUESTIONARIO

1. ¿Quiénes notaron el olor de la comida? 2. Al notarlo, ¿qué hizo Samuel? 3. ¿Dónde se cuece la comida? 4. ¿Quién no cuenta con la visita al conservatorio? 5. ¿Por qué quiere Samuel dejarla para después de comer? 6. ¿Qué había despertado el apetito de Samuel? 7. ¿Le gustan a Samuel las flores? 8. ¿Qué le gusta más que las flores? 9. ¿Qué había en el centro del jardín? 10. ¿Qué se veía en el pequeño estanque? 11. ¿Qué flores se veían en los cuadros? 12. ¿Qué era el conservatorio? 13. ¿En qué consistían las paredes y el techo? 14. ¿Por qué había caloríferos en el conservatorio? 15. ¿Por qué estaban abiertas las ventanas? 16. ¿En qué estación se cierran las ventanas? 17. ¿Dónde les había preparado la Sra. Perkins una buena comida?

TEMA

1. Dinner is being cooked in the kitchen. 2. The children notice it. 3. Do you like flowers? 4. I do not like these vegetables. 5. Do you sleep well (*bien*) after eating? 6. I always sleep well. 7. It seems to me that many fish are seen in the pool. 8. He asked them whether (*si*) they wanted to (*les gustaría*) see the flowers. 9. He has shown them the flowers and the trees. 10. The trees have lost their leaves. 11. Can you close the windows? 12. I shall close them. 13. Do you like those flowers? 14. No, I don't like them.

PROYECTO DE UN VIAJE A NUEVA YORK

(Tener que y *Haber de)*

El padre de Juanito y María, es decir, el Sr. Selwood, **tenía que** ir a Nueva York. Sus negocios le llamaban a la gran ciudad. Pensaba estar allí una semana y creyó que sería una buena idea llevarse a Juanito y María.

Por lo tanto, cuando la familia tomaba el desayuno, el Sr. Selwood habló a sus hijos de la idea que tenía.

El Sr. Selwood. — **Han de** hacer sus preparativos para tenerlo todo listo para el día de la partida.

La Sra. Selwood. — ¿ Y cuándo piensa usted partir ?

El Sr. Selwood. — Dentro de tres días.

María. — Pues **tenemos que** arreglar nuestros equipajes.

Juanito. — Yo sólo necesito una maleta. No **he de** llevar muchas cosas.

María. — Sí, pero yo **tengo que** llevar varios vestidos.

El Sr. Selwood. — Bueno, pero **ha de** ser moderada, María. No lleve usted demasiado equipaje.

María. — **Tendré** que decirlo a todas mis amigas.

Juanito. — Me pone triste el pensar que Enrique no puede venir.

El Sr. Selwood. — ¿ Por qué no ? Si su padre le da permiso, no **he de** poner dificultades a su venida. Enrique es un muchacho muy bueno y me gusta mucho.

JUANITO. — Yo estoy seguro de que su padre **ha de** dar su consentimiento.

LA SRA. SELWOOD. — Los otros amigos sentirán envidia.

MARÍA. — No, madre. No sentirán envidia ; sentirán tristeza.

EL SR. SELWOOD. — Pues entonces, pueden hacer ustedes una cosa. Ustedes pueden ir a la casa de los amigos y preguntarles a los padres de los amigos si les dan permiso para pasar dos semanas en un campo de verano de un amigo mío cerca de Nueva York. Yo me encargo de acompañarles a ustedes, a la ida y a la vuelta.

Al oír esto, los dos hermanos saltaron de sus sillas y corrieron a abrazar a su padre. Éste sonreía satisfecho.

Inmediatamente los dos hermanos salieron a la calle y organizaron el plan de campaña.

JUANITO. — Yo visitaré a los padres de los muchachos y usted puede visitar a las madres de las muchachas.

MARÍA. — No, tonto. Es mejor ir los dos juntos. Si nos ven juntos no les será tan fácil decir que no.

Juanito pareció convencido y juntos empezaron a visitar las casas de sus amigos. La primera casa donde entraron fué la de Enrique.

El padre estaba en casa, y después de escuchar con mucha atención lo que **tenían que** decirle, concedió el permiso. Enrique, brincando de alegría, se unió a los dos hermanos, y se dirigieron a las otras casas.

En todas les concedieron el permiso que deseaban.

Al cabo de una hora toda la partida de nuestros amigos se hallaba reunida, y se dirigía a la hacienda del padre de Samuel.

Mientras andaban, hablaban de las probabilidades de éxito. Sabían que el padre era severo.

BLANCA. — No nos concederá el permiso.

ROGER. — Me parece que lo concederá.

MARÍA. — ¿ Usted cree que le dejará ir, Enrique ?

ENRIQUE. — Yo pienso que si Juanito le habla, el Sr. Perkins no le rehusará el permiso.

JUANITO.— ¡ Oh, no estoy tan seguro ! El Sr. Perkins me concede siempre lo que le solicito, pero hago esto tan raras veces.

Por fin llegaron a la hacienda y se entrevistaron con el padre de Samuel. La conferencia no fué corta y el permiso fué algo difícil de obtener. Pero la madre de Samuel ayudó a los niños en su empresa, y por fin le arrancaron al padre el suspirado consentimiento.

En seguida todos regresaron a sus casas para preparar sus equipajes. Juanito y María comunicaron a su padre los resultados de su misión, y aquél telegrafió inmediatamente a su amigo en Long Island.

La partida se fijó para dentro de dos días.

CUESTIONARIO

1. ¿ A dónde tenía que ir el Sr. Selwood? 2. ¿ A quiénes pensaba llevar a Nueva York? 3. ¿ Cuándo pensaba partir? 4. ¿ Qué tenían los niños que arreglar? 5. ¿ Habían de llevar muchas cosas? 6. ¿ Por

qué se pone triste Juanito? 7. ¿ Por qué sentirán envidia los amigos? 8. ¿ Cuánto tiempo pasarán los niños en Nueva York? 9. ¿ Quién les acompañará? 10. ¿ A dónde van en seguida Juanito y María? 11. ¿ Cuál es la primera casa que visitan? 12. ¿ Recibe Enrique el permiso de acompañarles a Nueva York? 13. ¿ Conceden este permiso también los padres de los otros muchachos? 14. ¿ Cuántos niños se dirigen a la hacienda de Samuel? 15. ¿ Quién ayudó a los niños en su empresa? 16. ¿ Fué el permiso difícil de obtener? 17. ¿ Para cuándo se fijó la partida?

TEMA

1. My business calls me to the city. 2. I intend to be there a week. 3. I have to take many things. 4. I shall go to my friends and ask them if they can go to New York. 5. When they see us together, they cannot say no. 6. What are you to tell him? 7. Shall you let me go? 8. Jack is to speak to him.

EL VIAJE

(SEGUNDA Y TERCERA CLASES DE LOS VERBOS QUE CAMBIAN LA VOCAL DE LA RAÍZ)

En el día fijado para la partida todo el mundo estaba en la estación con media hora de anticipación. Samuel llegó el último. Era el dos de julio. Hacía mucho calor, pero los niños no lo **sentían**. Estaban tan contentos de poder hacer aquel viaje.

Leal estaba también con ellos y no sospechaba que tenía que quedarse en el pueblo. Era la única cosa que turbaba la alegría de los niños. Ellos ya sabían que Leal no podía venir.

Por fin, cuando el reloj marcaba la hora en que debía llegar el tren, es decir, las nueve y media, apareció a lo lejos la locomotora. Pequeña a tan grande distancia, venía echando mucho humo, y se agrandaba conforme se acercaba, arrastrando a los vagones. El ruido se hacía más y más intenso.

Las madres empezaron a besar a los niños. Leal ladraba. La locomotora se paró en el poste de señal de la estación. Leal, que **sintió** que el abuelo de Juanito y María le sujetaba mientras éstos le besaban y corrían al coche, ladraba indignado y triste.

Todos los niños ya se encontraban en el vagón junto con el Sr. Selwood.

Los empleados gritaron: "¡ Señores viajeros al tren !" silbó la máquina, y partió el tren.

Los niños empezaron a hablar todos a un tiempo, cambiando sus impresiones. El Sr. Selwood, cerca de ellos, leía los periódicos.

MARÍA. — No fué posible traer a Leal.

ENRIQUE. — Lo **siento**.

JUANITO. — También lo **sintió** él. ¿ Observaron ustedes cómo ladraba ?

BLANCA. — ¿ Por qué no **pidieron** ustedes permiso a su padre para traerlo ?

MARÍA. — Lo pedimos. Es decir, Juanito lo **pidió**.

JUANITO. — Pero no pudimos obtenerlo.

ROGER. — Yo he oído decir que en los campos para niños, generalmente no quieren perros.

Samuel, aplastando su nariz contra el cristal de la ventanilla, miraba el paisaje. Por fin se cansó de mirar, y como estaba fatigado porque había tenido que levantarse temprano, se **durmió**. Quedó con la boca abierta, respirando con fuerza.

Los otros niños lo notaron, y Luisa tomó una paja larga y delgada y con ella empezó a hacerle cosquillas en la nariz.

Samuel estornudó, haciendo visajes, lo que **divirtió** mucho a los demás. Por fin, con los ojos todavía cerrados, trató de coger con la mano el objeto que le **impedía** dormir. Logró darse una buena bofetada solamente.

Todos soltaron la carcajada.

Samuel despertó. Pronto comprendió lo que había pasado. Se enfadó mucho y prorrumpió en protestas.

SAMUEL. — Ustedes no me dejan en paz. Ustedes me **impiden** dormir.

BLANCA. — Yo no le he molestado.

ENRIQUE. — Nosotros nos hemos estado quietos.

SAMUEL. — Usted me ha despertado, María.

MARÍA. — Yo no le he tocado.

ROGER. — Ya empieza usted a culpar a todo el mundo.

LUISA. — Vamos, vamos, no se enfade usted, Samuel. He sido yo, pero le he querido despertar en broma.

SAMUEL. — Sí, pero usted me ha despertado en serio.

Mientras tanto el tren, corriendo sobre los rieles, se acercaba a Nueva York.

Samuel manifestó que tenía hambre. Efectivamente, eran ya cerca de las doce. Los niños, junto con el Sr. Selwood, se prepararon para comer algo.

Los niños, mientras comían con buen apetito, hablaban.

JUANITO. — ¡Qué gusto dará bañarse en el mar!

LUISA. — ¡Y pasaremos el cuatro de julio en Nueva York!

ROGER. — ¡Y veremos los edificios de cientos y cientos de pies de altura!

BLANCA. — El edificio Woolworth tiene ochocientos y tantos pies de altura. ¿No es verdad, Sr. Selwood?

EL SR. SELWOOD. — Así es. Ésta es la altura que tiene.

SAMUEL. — Me han quitado una manzana. Yo tenía

El Sr. Selwood. — Vamos, vamos, devuelvan la manzana a Samuel.

Samuel. — Enrique la tiene.

En efecto, Enrique la tenía, pero no pensaba comerla. Quería solamente abrumar a Samuel. Samuel le arrebató la fruta y empezó a comerla.

Blanca. — Estas fresas están muy buenas. ¿Las quieren ustedes probar?

Samuel **pidió** algunas. Verdaderamente, el apetito de aquel muchacho era insaciable.

El Sr. Selwood. — Miren, ya estamos a las puertas de la gran ciudad.

Efectivamente, el paisaje que habían observado hasta entonces desde el tren, cambiaba. Ya no vieron ni pequeños pueblos ni edificios aislados, sino grupos compactos de fábricas o edificios para viviendas de la familia.

Los niños miraban con avidez por las ventanillas. El tren pasaba por una vía elevada atravesando las calles de Nueva York. Por delante de los ojos de nuestros amiguitos, desfilaban con rapidez casas de pisos y más pisos, tiendas, y bazares inmensos. A veces las casas se veían cortadas por calles, donde los niños pudieron ver enjambres de otros niños jugando, y multitud de personas transitando.

De repente el tren entró en un túnel muy largo. Era el Subterráneo. Después de unos veinte minutos, el tren se paró. Habían llegado a la estación. El tren había entrado en el piso tercero. Los niños bajaron del tren con el Sr. Selwood, y éste les llevó a los ascensores.

EL VIAJE

Ésta fué la primera sorpresa que experimentaron. Ya estaban serios. Ya no hablaban. Entraron todos en el ascensor y experimentaron una sensación extraña cuando el ascensor les llevó al piso de la calle con una velocidad inusitada.

Entonces entraron en la grandiosa sala de espera de la estación, donde les esperaba el amigo del Sr. Selwood. Éste era un maestro en las escuelas de Nueva York, y en verano tenía dos campos, uno para niños y otro para niñas. Se llamaba el Sr. Mason.

CUESTIONARIO

1. ¿A qué hora llegaron los niños a la estación? 2. ¿Quién llegó el último a la estación? 3. ¿Por qué estaba todo el mundo contento? 4. ¿A qué hora llegó el tren? 5. ¿En qué consiste un tren? 6. ¿Quién sujetaba a Leal? 7. ¿Por qué ladraba Leal? 8. ¿Pidieron los niños permiso para llevarse a Leal? 9. ¿A quién pidió Juanito permiso? 10. ¿Pudo obtenerlo? 11. ¿Por qué estaba Samuel fatigado? 12. ¿Por qué se durmió? 13. ¿Quién le despertó? 14. ¿Por qué se enfadó Samuel? 15. ¿A qué hora se prepararon para comer algo? 16. ¿Quién quitó a Samuel una manzana? 17. ¿Para qué? 18. ¿Comió Enrique la manzana? 19. ¿Quién la comió? 20. ¿Cómo cambiaba el paisaje? 21. ¿Por qué vía pasaba el tren? 22. ¿Qué vieron desde las ventanillas? 23. ¿Cuánto tiempo estuvo el tren en el túnel? 24. ¿Quiénes entraron en el ascensor? 25. ¿A dónde les llevó el ascensor? 26. ¿Dónde les esperaba el Sr. Mason? 27. ¿Quién era el Sr. Mason?

TEMA

1. Why isn't Leal here?   2. We could not bring him.   3. Did you ask permission to bring him?   4. Samuel was tired and soon went to sleep.   5. The other children woke him up.   6. Why didn't they leave him in peace?   7. Why do you bother us?   8. He begins to bother us.   9. Was he sorry for it?   10. Where are my apples?   11. Roger has them.   12. Do you want them?

A LOS CAMPOS

(DOS PRONOMBRES PERSONALES COMPLEMENTOS)

En el tránsito de la estación a los campos los niños y sus acompañantes emplearon dos horas y media. En el viaje emplearon diferentes medios de locomoción. Primero, tomaron el tranvía eléctrico, que les llevó hasta el pie de un embarcadero sobre el río Este.

Durante el camino pudieron ver las casas suntuosas, los edificios magníficos, y el inmenso gentío que transitaba por las calles. También oían el ruido que producían los automóviles y otros vehículos.

Los niños cambiaban impresiones con la rapidez del viento. El Sr. Selwood y el Sr. Mason sonreían, observando el efecto que les hacía la gran ciudad.

María. — Mire, mire los automóviles.

Blanca. — Ya los veo.

Enrique. — Es imposible contarlos.

Samuel. — Es más fácil oírlos.

Juanito. — Sí, yo nunca había oído tanto ruido en mi vida.

Roger. — ¿ Y ha notado el número de personas que se ven ?

Samuel. — Sí, es todavía más difícil que contar el de los automóviles.

LUISA. — ¡ Qué grande es todo !

ENRIQUE. — La maestra **nos lo** había explicado ya, que en Nueva York todo era muy grande.

MARÍA. — Sí, pero existe una diferencia muy grande entre lo oído y lo visto.

SAMUEL. — ¿ Vieron ustedes a aquel policía ? ¡ Qué alto y qué gordo es !

Cuando el tranvía llegó al punto de su destino, todos los pasajeros abandonaron el vehículo. Los niños también lo hicieron, y siguieron al Sr. Mason y al padre de María y Juanito.

Éstos les llevaron a un vaporcito que transportaba viajeros y vehículos con sus caballos de una orilla a otra del río.

Los niños observaban que el vaporcito estaba dividido en tres compartimientos. En el centro estaba uno muy ancho, donde entraban los carros con los caballos y los automóviles. Y, a los lados, se hallaban espaciosos corredores para los viajeros.

Los niños entraron y se sentaron en los bancos. Pronto notaron a un viejo italiano, de rostro bondadoso, que estaba sentado cerca de ellos. A su lado tenía un organillo, y un mico, vestido de húsar, que se hallaba sentado sobre el organillo.

Cuando el vaporcito empezó a moverse, todos los niños estaban mirando al mico. Era la primera vez que veían a un animal de esta especie, y les llamaba toda su atención. El mico, por su parte, notó la presencia de los niños.

Pronto descubrió que Samuel estaba preparando una banana para comérsela. Los ojos del mico se clavaron en la banana. La contempló por un largo espacio de tiempo. Después, sus ojos se fijaron en Samuel. Éste sonreía satisfecho, porque iba a comer la banana. El mico, mientras tanto, calculaba la distancia que había entre él y la fruta. De repente pegó un salto prodigioso, arrebató la banana de manos del pobre Samuel, y se colocó rápidamente sobre el organillo, arrancando enormes bocados a la banana.

Samuel rompió a llorar ruidosamente. Los niños, junto con los viajeros, empezaron a reír.

SAMUEL. — Yo quiero la banana.

ENRIQUE. — ¡ Qué generoso es Samuel ! Ha dado la banana al mico.

EL SR. SELWOOD. — ¿ Qué es esto, Samuel ? ¿ Ha dado usted la banana al mico ?

SAMUEL. — No, señor, yo no se la he dado. Él me la ha quitado.

BLANCA. — Esto no está bien, Samuel. Siempre que le pedimos algo, usted **nos lo niega**, y le da usted la banana al mico.

SAMUEL. — Esto no es cierto. ¿ No ha visto usted lo que ha pasado ?

EL SR. SELWOOD. — Samuel tiene razón. ¿ No han oído ustedes las palabras de Samuel ?

LUISA. — El vaporcito se ha parado.

EL SR. MASON. — Es verdad.

El vaporcito había llegado a la orilla opuesta. Durante

la travesía los niños habían visto otras embarcaciones como grandes bagarras. También habían divisado, a lo lejos, el puente colgante de Brooklyn. Continuamente oían el silbido de las sirenas.

5 JUANITO. — ¿Oyen ustedes las sirenas de los barcos?
MARÍA. — Sí, ya las oímos.
BLANCA. — Miren, Samuel está comiendo otra banana.
SAMUEL. — Enrique **me la** ha dado.
ROGER. — ¡Que viene el mico!

10 A estas palabras, Samuel volvió la cabeza rápidamente, pero vió que Roger le embromaba. El italiano y el mico habían desaparecido. No **se les** veía en ninguna parte.

Al salir del embarcadero, llevando las maletas en sus
15 manos, subieron unas escaleras que conducían a la plataforma del tren elevado. Fué una novedad para nuestros viajeros poder contemplar las calles y las plazas a sus pies y ver los interiores de los pisos altos a través de las ventanas.

20 EL SR. SELWOOD. — ¿Les gusta Nueva York?
JUANITO. — No se puede mirar bien todo lo que se ve.
ENRIQUE. — Vemos demasiadas cosas a la vez.
EL SR. MASON. — Ya las verán ustedes más despacio,
25 dentro de unos pocos días.
ROGER. — ¿De veras?
EL SR. MASON. — Ya lo creo.
BLANCA. — ¿Y nos acompañará usted en nuestra expedición a la ciudad?

El Sr. Mason. — Yo o el Sr. Selwood.

Luisa. — ¡ Qué bien ! Y nos lo explicarán todo, ¿ no es verdad ?

El Sr. Mason. — Si ustedes me prestan su atención.

Blanca. — Sin duda alguna que se la prestaremos.

Al llegar a este punto de la conversación, el tren elevado se paró en una estación, y los niños, imitando al padre de Juanito y Maria, y al Sr. Mason, abandonaron el coche y bajaron las escaleras.

Ya en la calle se dirigieron a un gran edificio que era una estación de término, y entrando en ella, pasaron a uno de los andenes, donde estaba ya listo el tren que había de conducirles a los campos.

Samuel. — ¡ Qué lejos están estos campos !

El Sr. Mason. — ¿ No le gusta a usted viajar, Samuel ?

Samuel. — ¡ Oh, sí ! me gusta mucho.

María. — Pero le gusta más descansar, no hacer nada.

Enrique. — Me parece que María es un poco exagerada.

Samuel. — ¡ Ah ! ¿ Oyen ustedes a Enrique ?

María. — No se apure, Samuel. Es usted un buen muchacho. Hablaba en broma.

CUESTIONARIO

1. ¿ Qué tomaron primero Juanito y sus amigos? 2. ¿ A dónde les llevó el tranvía? 3. ¿ Qué vieron los niños en las calles? 4. ¿ Qué oyeron? 5. ¿ Quién se lo había explicado todo? 6. ¿ Cuándo abandonaron los pasajeros el tranvía? 7. ¿ A quiénes siguieron los

niños? 8. ¿A dónde les llevaron éstos? 9. ¿Cuántos compartimientos tenía el vaporcito? 10. ¿En cuál de los compartimientos entraban los carros? 11. ¿Dónde se sentaron los niños? 12. ¿Dónde estaba sentado el italiano? 13. ¿Qué tenía a su lado? 14. ¿Dónde estaba sentado el mico? 15. ¿Por qué miraban los niños al mico? 16. ¿Por qué miraba el mico a Samuel? 17. ¿Por qué sonreía Samuel satisfecho? 18. ¿Qué hizo de repente el mico? 19. ¿Dónde se colocó entonces? 20. ¿Qué comió? 21. ¿Se la había dado Samuel? 22. ¿Quiénes empezaron a reír? 23. ¿Empezó también a reír Samuel?

TEMA

1. They had never seen so many persons. 2. The teacher had explained it to them. 3. Look at the people (*personas*). Do you see them? Can you count them? 4. Samuel looked at the monkey, and the monkey looked at him. 5. The monkey saw the fruit and wanted it. 6. Samuel gave it to him. 7. I asked him for it. 8. He refused it to me. 9. They gave it to you. 10. I do not hear what (*lo que*) you hear.

LOS CAMPOS

(*Venir* e *Ir*)

El tren arrancó. **Iba** a toda velocidad.

Samuel. — ¡ Qué de prisa **va** este tren !

Juanito. — ¿ Es un tren expreso ?

El Sr. Mason. — Sí, señor. La primera estación en que se para, es la nuestra.

Blanca. — ¿ En qué consiste la diferencia entre un tren expreso y un tren local ?

El Sr. Mason. — En varios puntos. En primer lugar, un tren local no tiene tanta velocidad como un tren expreso, y en segundo lugar, un tren local se para en todas las estaciones, mientras que un tren expreso se para solamente en las ciudades principales.

Samuel. — Y la locomotora de un tren expreso es más grande.

El Sr. Selwood. — Por lo menos, tiene más poder.

El tren corría con rapidez sobre los rieles, dejando atrás campos, casas, y estaciones. Por fin se paró en la estación donde tenían que bajar nuestros amigos. Les esperaban dos coches-jardineras. Los niños y las niñas se despidieron. Las últimas montaron en una jardinera junto con la Sra. Mason y los primeros hicieron lo propio con el Sr. Selwood y el Sr. Mason.

Iban a sus campos respectivos. Entre los niños y las niñas se cruzaban palabras de despedida.

BLANCA. — ¡ Hasta mañana !

MARÍA. — ¡ Adios, Enrique !

ENRIQUE. — ¡ Adios, María !

LUISA. — La Sra. Mason nos ha informado de que mañana vamos a la playa.

MARÍA.—¿ Vendrán ustedes ?

ROGER. — Sí, seguramente nosotros iremos también.

La jardinera de las niñas arrancó. ¡ Adios ! ¡ Adios ! exclamaron todos. Poco después, salió la jardinera donde estaban los niños. Los coches iban al trote. Se cruzaban con muchos automóviles y camiones de equipajes que venían de otros puntos del pueblo.

Ahora la carretera por donde iban las jardineras pasaba por un bosque de pinos.

Pronto les vino a saludar la brisa del mar.

ENRIQUE. — ¡ Qué olor tiene el aire !

EL SR. MASON. — ¿ Les gusta este olor ?

JUANITO. — Sí. Es muy raro.

SAMUEL. — Es un olor que me abre el apetito. Tengo hambre.

EL SR. SELWOOD. — Tiene razón, Samuel.

ROGER. — ¿ Qué es, Sr. Mason ?

EL SR. MASON. — Es la brisa marina, el aire del mar.

Las niñas, en su jardinera, experimentaban la misma sensación. Bruscamente, la jardinera donde iban las niñas torció hacia la izquierda y desapareció.

JUANITO. — El coche de las niñas ha tomado otro camino.

EL SR. MASON. — Sí, el campo de las niñas está a una distancia de unas cinco millas del nuestro.

El crepúsculo empezaba. El sol se ponía en el horizonte con grandes reflejos rojos. El lucero de la tarde empezaba a brillar. Los niños tenían hambre y sueño. Por fin, llegaron a una esplanada. Allí estaba un grupo de niños con dos preceptores, esperando la jardinera. Así que ésta se paró, todos la rodearon. Los niños recién llegados bajaron de la jardinera y se mezclaron con los antiguos.

El Sr. Mason les presentó y les hizo acompañar a sus tiendas de campaña. Dos muchachos, de los que ya estaban allí, tomaron a dos de los recién llegados. Juanito y Roger **fueron** a una tienda y Enrique y Samuel **fueron** a otra.

Las tiendas de campaña estaban colocadas formando hileras. El campo consistía en quince tiendas. En cada tienda dormían cuatro muchachos. Las tiendas eran espaciosas e impermeables. Había tres tiendas más grandes, que eran el comedor, la cocina, y la administración del campo. En esta tienda dormía el Sr. Mason.

Los muchachos que **iban** a compartir su tienda con Samuel y Enrique eran sudamericanos. Habían nacido en la Argentina, y Enrique y Samuel les encontraron muy amables. El nombre de los muchachos era Alvarado. No eran hermanos, sino primos.

Estos argentinos les enseñaron dónde tenían que colocar las maletas, y les acompañaron a la tienda donde había las duchas y los lavabos. Allí los niños se lavaron, y en seguida pasaron al comedor, donde todos los mucha-
5 chos estaban ya sentados a la mesa.

La cena fué sana y abundante. Todos comieron con apetito. Los muchachos notaron el apetito de Samuel.

Uno de los argentinos, Pedro Alvarado, habló a Enrique sobre este punto.

10 PEDRO. — Su amigo come mucho.

ENRIQUE. — Hoy todavía no come lo que puede, porque le da vergüenza, pero ya le verá usted comer dentro de dos o tres días.

PEDRO. — ¿ De veras ?

15 Enrique echó a reír y Pedro quedó asombrado. Acabaron la cena y los muchachos salieron al campo. Ya era de noche.

Los muchachos jugaban y hablaban. A lo lejos, un reloj de campanario sonó ocho campanadas. Uno de
20 los preceptores tocó retreta con una corneta militar. Todos los niños, dando las buenas noches, fueron a sus tiendas para acostarse. Tenían sueño. Poco después todos dormían profundamente.

Las niñas, en su campo, habían pasado casi por los
25 mismos trámites.

CUESTIONARIO

1. ¿ Qué es un tren expreso? 2. ¿ Qué es un tren local? 3. ¿ Cuál de los dos tiene más velocidad?

4 ¿Cuál de los dos se para en todas las estaciones? 5. ¿Cómo fueron los niños de la estación a los campos? 6. ¿Cómo sabían que estaban cerca del mar? 7. ¿Qué les vino a saludar? 8. ¿Qué efecto tiene la brisa del mar? 9. ¿Quiénes esperaban la llegada de los niños? 10. ¿A dónde fueron en seguida los niños? 11. ¿Quiénes acompañaron a los recién llegados? 12. ¿Dónde dormían los muchachos? 13. ¿Cuántos dormían en cada tienda? 14. ¿Qué tiendas eran más grandes? 15. ¿Quiénes compartieron su tienda con Enrique y Samuel? 16. ¿Cómo se llamaban los sudamericanos? 17. ¿Dónde estaban ya todos los otros muchachos? 18. ¿Por qué no comió Samuel lo que pudo? 19. ¿A qué hora fueron los muchachos a sus tiendas? 20. ¿Quién tocó retreta?

TEMA

1. The express trains stop only in the principal stations. 2. We were going to the city. 3. Will you come to the shore? 4. The boys have informed us that the sea breeze gives them an appetite. 5. The automobiles were coming from the town. 6. Four boys sleep in each of the small tents. 7. We shall go to the tent with these two boys. 8. Those boys are cousins. 9. Samuel cannot eat much. 10. I went to my tent in order to go to bed.

LA PLAYA

(*Dar, Hacer,* y *Saber*)

A las seis de la mañana, el mismo preceptor que había tocado retreta la noche anterior, tocó diana.

Hacía un día magnífico. Los muchachos se levantaron, rezaron sus oraciones, y se vistieron, después de haberse lavado. La campanilla del Sr. Mason les llamó al comedor para el desayuno. Durante el mismo reinó gran cordialidad y alegría entre los muchachos. Juanito, Enrique, Roger, y Samuel eran tratados como antiguos, y ellos correspondían del mismo modo.

Los dos argentinos mostraron mucha simpatía por Samuel y Enrique. Éste les **hizo** conocer a Roger y Juanito, y todos se **dieron** la mano. Más tarde **supieron** que el primo de Pedro Alvarado se llamaba Roberto.

Después del desayuno nuestros amigos formaron un corrillo con los dos argentinos.

ROBERTO. — ¿Qué piensan ustedes **hacer** esta mañana?

JUANITO. — Yo no **sé**. Queremos ir a la playa a nadar, si el Sr. Mason nos **da** permiso.

PEDRO. — Ya lo creo que se lo **dará**.

ROBERTO. — El Sr. Mason es muy bueno. Siempre que le pedimos permiso para divertirnos, nos lo **da**.

Samuel. — ¿Y sabe usted a qué hora podemos ir?
Pedro. — Pueden ir ahora mismo si quieren.
Roger. — Pero no sabemos el camino.
Roberto. — Nosotros les acompañaremos.
Juanito. — Primero, vamos a ver al Sr. Mason.

Y así lo hicieron. El Sr. Mason, después de oír la petición, respondió que no tenía inconveniente alguno, pero que tenían que esperar unos diez minutos para ir con uno de los preceptores. Y, en efecto, a los diez minutos estaban en marcha.

Durante el camino hablaban con animación. Caminaban por una vereda estrecha que atrevesaba un pinar. Oían el ruido de las olas. Nuestros amigos lo oían por primera vez. Estaban ya impacientes por ver el mar.

El Preceptor. — Pronto lo verán ustedes. Entonces sabrán qué hermoso es.

Y efectivamente, al volver un ángulo del camino apareció el mar. Juanito, Enrique, Roger, y Samuel se pararon en firme. Estaban realmente sorprendidos al ver el mar por primera vez. El color del agua, que brillaba bajo los rayos del sol, la cantidad enorme de la misma, la espuma de las olas sobre la playa, todo les cautivaba.

Después de una pausa, el preceptor les habló.

El Preceptor. — ¿Qué tal les gusta el mar?
Juanito. — Es grande, es muy grande.
Samuel. — ¿Y esto es el mar?
Roberto. — Sí, señor, esto es el mar.

Reanudaron la marcha. Entre el mar y los pinares existía la playa, ancha, de arena blanda y blanca, calentada por el sol y poblada por millares de bañistas que habían ido a nadar.

ENRIQUE. — Yo no me lo figuraba tan grande.

PEDRO. — Pues es más grande de lo que ve usted.

ROBERTO. — Miren, un vapor

Y su dedo apuntó hacia el mar. En el horizonte, donde el cielo se junta con el mar, pudieron ver una columna de humo que montaba cielo arriba ; después de unos minutos pudieron distinguir la silueta muy reducida de un vapor que parecía que no se movía. Así lo observó Samuel.

SAMUEL. — Parece que no se mueve.

EL PRECEPTOR. — Efecto de la distancia, pero estoy seguro de que va a una velocidad mayor que la del tren que ustedes tomaron para venir aquí.

JUANITO. — ¿ Ustedes vinieron por mar desde la Argentina ?

ROBERTO. — Sí, señor.

ENRIQUE. — ¿ Es un viaje largo ?

PEDRO. — Regular, unas tres semanas.

Ya estaban en la playa y se dirigieron a la caseta donde alquilaron trajes de baño. Después fueron a sus respectivos cuartos, y minutos más tarde salían ya listos para entrar en el agua.

El preceptor les preguntó si **sabían** nadar, y todos los muchachos contestaron afirmativamente. El primero en entrar en el agua era Enrique, quien después de observar atentamente a otros nadadores, imitó sus movimientos, uno por uno.

LOS NIÑOS EN LA PLAYA

Avanzó por el agua hasta que pasó la rompiente de las olas, y cuando el agua le llegaba a la cintura, juntó las manos, dió un salto, y cortó el agua con su cuerpo, desapareciendo de la superficie por breves instantes. Pronto apareció de nuevo sonriendo, con los cabellos brillantes y pegados a la cabeza.

ENRIQUE. — ¡ Qué bueno es el mar ! ¡ Es mejor que el río !

Esto lo gritó a los otros que le habían estado observando. Juanito y Roger le siguieron. Juanito no **dió** un salto. Se tendió sobre el agua, y ésta le sacó flotando. Quedaba Samuel.

Todos se volvieron a mirarle. Sonriente y satisfecho entró en el agua, pero sus pies resbalaron, perdió el equilibrio, y como era tan gordo, al caer en el agua, su cuerpo rebotó como una pelota grande de goma. Por último desapareció agitando sus piernas en el aire de un modo violento. Apareció de nuevo, soplando con sus mofletes y echando agua por la nariz, los ojos, y las orejas. Los otros se reían.

EL PRECEPTOR. — ¿ Le gusta a usted el agua del mar ?

ROBERTO. — ¿ Quería usted enseñarnos **hacer** gimnasia?

JUANITO. — ¿ Pensaba usted imitar al mico del italiano ?

Samuel no **hacía** otra cosa que responder : " ¡ Qué amarga es el agua de mar ! ¡ Qué amarga es ! "

Se olvidó el incidente y todos empezaron a nadar. Nuestros amigos notaron que la natación en el mar era mucho más fácil que en el río.

LA PLAYA

Roger. — Es más fácil sostenerse aquí.

El Preceptor. — Ya lo creo. El agua del mar es más densa a causa de la gran cantidad de sal que posee.

Estuvieron cosa de una hora en el agua y después se tendieron en la arena para secarse al sol. De este modo su piel iba a tomar un color moreno subido.

Por fin, el preceptor manifestó que era tiempo de volver a los cuartos para vestirse. Hecho esto, salieron a pasear por la playa. El sol era caliente, pero las brisas del mar templaban el calor. En la playa había una multitud inmensa de personas, la mayoría bañistas. Los que no se bañaban estaban sentados en sillas de playa.

Allí Juanito y sus amigos encontraron a la hermana de aquél junto con las otras niñas. Les acompañaba una preceptora. Habían estado ya en el agua, y ahora estaban comiendo un " tente-en-pie."

Todos tuvieron una gran alegría de encontrarse allí.

María. — ¿ Han estado ustedes en el agua ?

Enrique. — Naturalmente.

Blanca. — Es amarga.

Roger. — Samuel es de la misma opinión.

Entonces explicaron lo que le había pasado a Samuel. El episodio fué causa de nuevas risas. Pero Samuel no se preocupaba de esto. El baño de mar le había abierto el apetito y veía que sus amigas comían emparedados.

Luisa adivinó los pensamientos de Samuel y le invitó a participar de la comida.

BLANCA. — Samuel, si viene usted aquí, le **doy** un emparedado.

JUANITO. — ¿Y si yo vengo primero?

BLANCA. — Se lo **doy** a usted.

Pero Samuel estaba ya allí, y tomando el emparedado empezó a comerlo.

SAMUEL. — Pero me lo **dará** a mí, que ya estoy aquí.

LUISA. — Mañana es el cuatro de julio.

JUANITO. — Nuestra fiesta nacional.

MARÍA. — Sí, y nuestro padre vendrá a buscarnos para ir a la ciudad.

ROBERTO. — ¿A qué van ustedes allí?

ENRIQUE. — A ver la revista militar.

PEDRO. — ¿Podremos venir con ustedes?

JUANITO. — Ya lo creo. **Haremos** el viaje juntos.

En este momento el preceptor **dió** fin a la conversación, y niños y niñas fueron a sus respectivos campos.

CUESTIONARIO

1. ¿A qué hora se levantaron los muchachos? 2. ¿Qué tiempo hacía? 3. ¿A dónde fueron para el desayuno? 4. ¿Cómo se llamaba el primo de Pedro Alvarado? 5. ¿Quién le hizo conocer a Roger y Juanito? 6. ¿A dónde quieren ir los muchachos? 7. ¿Quién les dió permiso? 8. ¿Por qué tenían que esperar? 9. ¿Cuántos minutos tuvieron que esperar? 10. ¿Quién fué a la playa con los niños? 11. ¿Por dónde caminaban? 12. ¿Qué oían? 13. ¿Quiénes estaban ya en la playa? 14. ¿Para qué habían ido tantas personas a la playa? 15. ¿Quién vió el vapor en el horizonte? 16. ¿Cómo habían venido los

argentinos desde la Argentina? 17. ¿Es largo el viaje? 18. ¿Sabían nadar los muchachos? 19. ¿Quién fué el primero que entró en el agua? 20. ¿Cómo entró en el agua? 21. ¿Quiénes le siguieron? 22. ¿Cómo entró Samuel en el agua? 23. ¿Por qué se reían de él? 24. ¿Por qué es más fácil nadar en el mar que en el río? 25. ¿Cuánto tiempo estuvieron los niños en el agua? 26. ¿Para qué se tendieron en la arena? 27. ¿Quién acompañaba las niñas a la playa? 28. ¿Qué comían las niñas? 29. ¿Quién lo observó? 30. ¿Quién le invitó a participar de la comida?

TEMA

1. We washed and dressed, and went to the dining room for breakfast. 2. My name is (*me llamo*) Robert. What is your name? 3. Mr. Mason has given us permission to (*para*) go to the beach to swim. 4. They will ask him for permission, and he will give it to them. 5. I don't know the way, but Peter will know it. 6. We shall have to wait about ten minutes. 7. The steamer which they see is not moving. 8. I know how to swim. 9. I turned around to look at them. 10. When this had been done, they followed me. 11. We shall stretch out on the sand in order to get dry in the sun. 12. If you want this sandwich, I will give it to you. 13. On (*omit*) the Fourth of July we found out how beautiful the sea is.

EL CUATRO DE JULIO

(PRONOMBRES RELATIVOS E INTERROGATIVOS)

A la mañana siguiente, Juanito y sus amigos, junto con los dos amigos argentinos, se habían puesto sus mejores trajes. Estaban esperando a su padre, **quien** les había prometido llevarles a Nueva York para ver la parada militar.

Empezaban ya a impacientarse. Por fin, cuando el reloj de una iglesia vecina dió las nueve, apareció el Sr. Selwood y las niñas, a **quienes** había ido a buscar.

Todos partieron para la estación, y después de un rápido y corto viaje se encontraron en la ciudad.

Esta vez eligieron camino diferente y pasaron por el puente colgante de Brooklyn. Multitudes de personas se dirigían como ellos a ver pasar los soldados.

SAMUEL. — Nunca pensé ver tanta gente reunida.

BLANCA. — ¿ No ha aprendido usted la geografía de su país en la escuela ?

SAMUEL. — Sí, sabía que la población de Nueva York es de más de cinco millones, pero no es lo mismo leerlo que verlo.

LUISA. — Samuel, ¿ no le dí a usted mi bolsa ?

SAMUEL. — Sí, señora, ¿ la quiere usted ?

BLANCA. — Sí, la necesito por un momento.

ROBERTO. — Ahora, estamos pasando por Broadway.

ENRIQUE. — Y, ¿ qué es Broadway ?

PEDRO.—Broadway es la calle en que estamos andando ahora, y es una de las principales de la ciudad.

Estaban montados en un tranvía eléctrico, el cual iba a toda velocidad Broadway arriba. Cuando llegaron al Círculo de Colón, se apearon del tranvía, y por la calle cincuenta y nueve se dirigieron a la Quinta Avenida, que era la vía por donde tenían que desfilar las tropas. El día era espléndido y caluroso, propio del mes de julio. Todos los edificios de la ciudad estaban adornados con profusión de banderas nacionales.

El Sr. Mason y los niños tuvieron que atravesar una apretada muchedumbre de personas, que habían tomado puesto en una de las aceras de la Quinta Avenida.

Un policía, a quien el Sr. Selwood hizo una seña, vino en su ayuda y les abrió paso. El Sr. Selwood había comprado asientos en una tribuna pública, y pidió al policía el mejor modo de encontrarla. El policía le dió la información pedida, y todos le dieron las gracias, encaminándose al sitio.

LUISA. — ¡ Qué amable es este policía !

SAMUEL. — Más amable que el Sr. Young.

PEDRO. — ¿ Quién es el Sr. Young ?

ENRIQUE. — El policía de nuestro pueblo.

ROBERTO. — ¿ Es un policía muy severo ?

MARÍA. — No, es muy bueno, pero Samuel no le puede ver, porque no le deja bañarse en el río cuando debe estar en la escuela.

Pedro y Roberto rieron.

Habían llegado a la tribuna. El Sr. Selwood mostró sus billetes al empleado encargado de los asientos, quien les hizo subir inmediatamente a unos muy buenos.

EL SR. SELWOOD. — Tendremos muy buenos sitios.

ROBERTO. — Sí, señor, no nos dará el sol.

ENRIQUE. — Estaremos protegidos por la sombra que proyectan los edificios a nuestra espalda.

BLANCA. — ¿ Cuándo empezarán a pasar ?

EL SR. SELWOOD. — Pronto. A las diez empieza el desfile.

Pedro sacó su reloj y miró la hora. Enrique también la miró.

PEDRO. — Pronto darán las diez. Faltan sólo diez minutos.

MARÍA. — Y, ¿ qué pasará primero ?

JUANITO. — ¿ Sabrá usted decírnoslo todo ?

BLANCA. — Sr. Selwood, nosotros no sabremos distinguir cuáles son los generales y cuáles son los capitanes. Usted nos lo podrá decir, ¿ no ?

El Sr. Selwood no estaba muy al tanto de asuntos militares, de modo que no supo dar respuestas claras y satisfactorias.

Pero un caballero que estaba sentado a su lado se ofreció a dar la información deseada.

Todos los niños se alegraron mucho.

JUANITO. — Ahora lo sabremos.

ROBERTO. — Este caballero nos dará todos los datos.

EL CABALLERO. — Ya lo creo.

En este momento un reloj de una de las iglesias de la Quinta Avenida dió las diez. Se oyó una inmensa gritería. Era la hora señalada para empezar el desfile.

La avenida estaba animada. Todas las tribunas estaban llenas de gente. Aquí se oían cantos patrióticos; allá se agitaban miles de banderitas. A lo lejos se percibía el rumor de petardos que estallaban. Era la alegría de un pueblo sano celebrando el aniversario de su independencia.

María. — ¿ Pero no vienen ?

El Caballero. — Ya han empezado a marchar, pero están algo lejos de aquí.

Pedro. — ¿ Dónde han formado la línea ?

El Caballero. — A unas cinco millas de aquí.

María. — ¿ Y emplearán mucho tiempo para recorrer esta distancia ?

El Caballero. — A paso militar, poco más de setenta minutos.

Samuel. — ¿ Setenta minutos ?

El Caballero. — Sí, señor ; ¿ conocen ustedes el reloj ?

Todos. — Ya lo creo.

El Caballero. — ¿ Y saben ustedes leer la hora ?

María. — Naturalmente.

El Caballero. — Vamos a verlo.

Y sacó de su bolsillo un reloj de oro. Empezó a hacer preguntas.

El Caballero. — ¿ Qué ven ustedes en el reloj ?

María. — El círculo con las horas.

El Caballero. — ¿ Dónde ven ustedes las horas ?

Juanito. — Los números romanos las expresan, y van de la una a las doce.

El Caballero. — ¿ Qué son estas rayitas, en el borde entero del círculo ?

Enrique. — Son los minutos, y de hora a hora van cinco minutos.

El Caballero. — ¿ Y qué es este círculo pequeño al extremo inferior ?

Blanca. — Esto es el segundario que marca los segundos.

El Caballero. — ¿ Quién me explica el curso de una hora ?

El Sr. Selwood oía la conversación, satisfecho.

Roger. — Yo se lo diré todo.

El Caballero. — Sus amigos también querrán decir algo.

El Sr. Selwood. — Lo mejor será responder por turno.

Y siguieron el consejo.

María. — Una hora tiene sesenta minutos.

Blanca. — Y cada minuto, sesenta segundos.

Luisa. — La hora se divide en cuatro cuartos de hora.

Samuel. — **Los cuales** tienen quince minutos cada uno.

Roger. — Y el reloj tiene tres manecillas.

Enrique. — **Las cuales** son de diferentes tamaños.

Juanito. — La más larga, **que** es el minutero, marca los minutos.

BLANCA. — El horario, que marca las horas, es de medida mediana.

SAMUEL. — Y la más pequeña, que es la que marca los segundos, se llama el segundario.

EL CABALLERO. — Ahora me dirán algo más.

SAMUEL. — Si ya lo dijimos todo.

EL CABALLERO. — Todavía no me han dicho cómo se lee una hora.

MARÍA. — Sí, yo se lo dije.

EL CABALLERO. — Sí, pero no de un modo completo. Esto no me lo han dicho todavía.

LUISA. — Ah, ya comprendo. Yo se lo digo. Cuando por ejemplo el horario está antes de las cinco y el minutero en las tres, decimos que son "las cuatro y cuarto." Cuando el minutero está en las seis, decimos que son "las cuatro y media." Después, cuando el minutero está en las nueve, se dice que son "las cinco menos cuarto"; y por fin, cuando el horario está sobre las cinco y el minutero en las doce, todo el mundo dice que son "las cinco."

Al llegar a este punto oyeron los rumores de una banda militar que se acercaba tocando una marcha. A medida que se acercaba, se oía más y más distintamente.

Todo el mundo decía, "¡ Ya vienen ! ¡ Ya vienen !"

Y efectivamente, pronto apareció el general que mandaba la línea, a caballo, seguido de su estado mayor y de la escolta.

SAMUEL. — Y después de este general, ¿qué viene?

EL CABALLERO. — La infantería. La infantería está organizada en regimientos, y cada regimiento tiene unos tres mil ochocientos hombres.

El primer regimiento empezó a desfilar, con el coronel y sus oficiales a la cabeza, seguidos de la banda, los cornetas, y los tambores. Los soldados pasaban formados en columna doble.

Los otros regimientos que seguían desfilaron del mismo modo.

Después de la infantería pasaron los marinos, con sus uniformes blancos, en la misma formación.

Detrás de los marinos siguieron hasta seis escuadrones de caballería, que pasaron al galope, acabándose el desfile con la artillería.

Cuando pasaban los soldados, todo el mundo aplaudía. Al pasar las banderas, el entusiasmo del público se desbordaba. Los niños se sentían patriotas.

Los muchachos estaban entusiasmados con los cañones de la artillería, tirados por seis caballos que iban de dos en dos con un artillero montado en uno de cada par.

Así que desfiló la última pieza de artillería, el público entero vació las tribunas y se desbandó en diferentes direcciones.

La gente iba y venía y el andar se hacía algo difícil. Los niños seguían al Sr. Selwood. El Sr. Selwood oyó a Samuel que decía algo, y quiso saber lo que decía.

EL SR. SELWOOD. — ¿Qué dice usted, Samuel?

SAMUEL. — Dije que el día es muy hermoso.

BLANCA. — No dijo eso.

LA REVISTA MILITAR

SAMUEL. — Sí, señor, hablaba con Enrique y eso es lo que dijimos.

ENRIQUE. — No, yo no he dicho nada. Yo sólo he oído lo que usted decía.

EL SR. SELWOOD. — Vamos, pués, ¿qué decía usted, Samuel?

El Sr. Selwood sonreía como quien sospecha la verdad del caso.

SAMUEL. — También dije que ya era hora de ir a almorzar.

Y, al decir eso, se puso colorado.

EL SR. SELWOOD. — Vamos, veo que es usted un niño que dice la verdad. Ahora vamos a almorzar.

CUESTIONARIO

1. ¿A qué hora apareció el Sr. Selwood? 2. ¿A dónde fueron todos? 3. ¿Por qué puente pasaron? 4. ¿Cómo se llamaba la calle en que estaban andando? 5. ¿Dónde se apearon del tranvía? 6. ¿Cómo estaban adornadas las casas que vieron? 7. ¿A quién tenían que pedir información? 8. ¿Qué opinión tienen del policía? 9. ¿Quién es el Sr. Young? 10. ¿Es amigo de Samuel? 11. ¿Dónde se sentaron los niños? 12. ¿A qué hora empezará la parada? 13. ¿Qué información pidieron las niñas? 14. ¿Quién les ofreció dársela? 15. ¿De qué hablaban los niños y el caballero? 16. ¿Quién fué el primero en aparecer? 17. ¿Quiénes venían a la cabeza del primer regimiento? 18. ¿Qué pasó después de la infantería? 19. ¿Cómo pasaron los escuadrones de caballería? 20. ¿Cómo iban los caballos que tiraban de los cañones? 21.

¿ Cómo se llama la manecilla que marca los minutos?
22. ¿ Cómo se llama la que marca las horas?

TEMA

1. That boy, who has put on his best suit, is named (*se llama*) Henry.   2. The man whom you see has promised to take us to New York.   3. Who are the people (*personas*) who are here?   4. We thanked the policeman who gave us the information.   5. The seats which we have are very good.   6. The smallest of the three hands which you see is the second hand.   7. The three hands which the watch has are of different sizes.   8. It is five o'clock; it is seven o'clock; it is half past five; it is a quarter to six; it is quarter past eight; it is half past eleven.   9. Who is the man whom you see on horseback?   10. Samuel said that it was time for (*la hora de*) going to lunch.   11. What is Fifth Avenue?   12. What is (*see page 3, footnote*) the street in which we are walking?

EL RESTAURANT

(Caber y Acabar de)

Apenas el Sr. Selwood **acababa de** pronunciar estas palabras cuando les hizo entrar en un hotel.

Los niños se quedaron admirados al ver el vestíbulo. Los techos y las paredes se hallaban ricamente adornadas con molduras de realce. Vieron los ascensores subiendo y bajando a los huéspedes del hotel. Caballeros elegantes y señoras muy bien vestidas iban y venían, o estaban sentados en los sillones, sillas, y sofás, los cuales se hallaban esparcidos artísticamente por el vestíbulo.

Los niños siguieron al Sr. Selwood, que les hizo entrar en el restaurant del hotel.

¡Otra sorpresa! Nunca habían visto un comedor tan grande, con tantas mesas, cubiertas de manteles tan blancos. Las copas, los cubiertos, los platos, todo brillaba a la luz del sol.

Los argentinos quisieron retirarse, pero el Sr. Selwood se opuso.

El Sr. Selwood. — Un día es un día. Hoy es una gran fiesta. La fiesta más grande de los Estados Unidos, nuestra patria. Hay que celebrarla, y ustedes son nuestros hermanos.

Los dos primos argentinos le dieron las gracias, y se quedaron.

Mientras tanto los niños, obedeciendo las indicaciones del Sr. Selwood, habían tomado asiento alrededor de la mesa. Samuel estaba de pie.

BLANCA. — ¿ Por qué no se sienta usted, Samuel ?

SAMUEL. — Porque no **quepo**.

EL SR. SELWOOD. — Si se corren algo, le harán lugar. En esta mesa pueden **caber** todos.

ROGER. — Ya lo creo que **cabremos** todos.

Blanca y María movieron sus sillas e hicieron lugar para Samuel. Éste se sentó.

JUANITO. — ¿ Ve usted cómo **cupo** al fin ?

BLANCA. — Yo ya sabía que **cabíamos** todos.

El Sr. Selwood había encargado ya los platos del almuerzo. El mozo había ido a la cocina a encargarlos. Mientras tanto hablaban.

ROBERTO. — Éste es uno de los hoteles más grandes de Nueva York.

MARÍA. — ¿ Es éste el mejor ?

El Sr. Selwood se apresuró a responder.

EL SR. SELWOOD. — ¡ Oh, no ! Mi portamonedas no lo permite.

LUISA. — Pero este hotel parece muy grande.

EL SR. SELWOOD. — ¡ Oh, sí ! El gerente **acaba de** decirme que tendrá ochocientas habitaciones.

ENRIQUE. — ¿ Y cuántos pisos tiene ?

ROBERTO. — Creo que tiene siete pisos.

BLANCA. — ¿ Cuántas personas **cabrán** aquí ?

PEDRO. — ¡ Oh, **caben** unas mil y pico !

El mozo **acababa de** llegar con el almuerzo. El Sr. Selwood había encargado pollo asado. El mozo empezó a servir. Todos guardaban silencio. Samuel no quitaba los ojos de la fuente y del mozo, y de las raciones abundantes que servía. Cuando el mozo llegó a servir a Samuel, éste hizo observar al mozo que su plato era grande.

SAMUEL. — Me parece que aun **cabe** más pollo en el plato.

El mozo se rió y le sirvió más. Enrique, Juanito, y Roger le miraron furiosos. Pero Samuel **acabó de** comerlo todo.

Comieron con apetito. Les gustaba la comida y el sitio donde estaban ; y les interesaba la conversación. Uno de los dos muchachos argentinos hablaba, contestando a una pregunta hecha por Juanito.

PEDRO. — Cuando un viajero llega de la estación, lo primero que hace es dirigirse a la contaduría del hotel y registrar su nombre, junto con el de la ciudad de que procede, en el registro del hotel. Entonces el dependiente que está de guardia le pregunta al viajero qué habitación quiere. En seguida llama a uno de los botones, quien toma la maleta del viajero y le acompaña al ascensor. Éste para en el piso donde está la habitación que debe ocupar el viajero, y a los pocos momentos se halla en ella ; cuando quiere marcharse, pide la cuenta, paga, y se va.

Habían acabado ya **de** comer el pollo, y el mozo había traído los helados.

Samuel no perdía de vista al mozo, quien había puesto pastas y dulces sobre la mesa, los cuales tenían una apariencia muy apetitosa.

Mientras los niños hablaban y comían, Samuel comía y callaba. El resultado fué que en el tiempo que los niños comían un pastel, Samuel comía dos. El qué descubrió la trampa fué Enrique, a quien era muy difícil ocultarle algo.

Lo comunicó a los otros, quienes se enfadaron mucho.

Al **acabar de** almorzar, el Sr. Selwood pagó la cuenta, dió una propina al mozo, y abandonaron el comedor.

CUESTIONARIO

1. ¿Dónde entraron el Sr. Selwood y los niños? 2. ¿Para qué entraron en un hotel? 3. ¿Para qué sirven los ascensores? 4. ¿Qué es el restaurant del hotel? 5. ¿Por qué no se sienta Samuel? 6. ¿Quiénes le hicieron lugar? 7. ¿Qué había encargado el Sr. Selwood? 8. ¿Qué acababa de decir el gerente al Sr. Selwood? 9. ¿Cuántas personas caben en el hotel? 10. Al llegar a un hotel, ¿dónde registra el viajero su nombre? 11. ¿Qué le pregunta el dependiente? 12. ¿Quién toma pues la maleta? 13. ¿A dónde lleva el ascensor al viajero? 14. ¿Qué hace el viajero cuando quiere marcharse? 15. ¿Qué había traído mientras tanto el mozo? 16. ¿Por qué callaba siempre Samuel? 17. ¿Acabó de comer todo lo que tenía en su plato?

TEMA

1. Mr. Selwood and the children who were with him entered the restaurant. 2. The two boys, who had

wished to withdraw, remained with us. 3. There isn't room enough for me (*no quepo*) at the table. 4. There is room enough for all here. 5. If we move up (*nos corremos*), we shall make room for them. 6. There will be room enough for us all. 7. Samuel does not sit down because there is not room enough for him. 8. The waiter has just gone to order the dinner. 9. There is room enough in this hotel for many people. 10. Why don't you serve me more chicken? There is room for more on my plate. 11. I finished eating what was on my plate.

EL PUERTO

(INDEFINIDOS)

Juanito. — ¿A dónde vamos ahora, padre?
El Sr. Selwood. — Al puerto.
Pedro. — Esto es interesante.
Samuel. — No me acuerdo bien de la definición del puerto.
Roberto. — ¿Cómo? ¿No sabe usted lo que es un puerto?
Samuel. — Sí, lo sé, pero no encuentro las palabras para decirlo.
María. — Pues yo puedo decirlo. Un puerto es un pedazo de mar junto a una ciudad, y que sirve de refugio a los barcos en caso de temporal.
El Sr. Selwood. — Esta definición no es completa.
Enrique. — Es verdad. María ha olvidado la parte comercial.

Apenas acabó Enrique de decir estas palabras, cuando Roger ya explicaba que un puerto era un punto marítimo de reunión para los barcos que tenían que cargar y descargar mercancías.

Obedeciendo la dirección del Sr. Selwood habían abandonado Broadway y la Quinta Avenida. Se metieron en una calle transversal y bajaron las escaleras de una de las muchas estaciones que el tren subterráneo tiene en Nueva York.

Roberto. — Ya verán ustedes qué rápido es el tren subterráneo.

Blanca. — ¿ De veras ?

Pedro. — Va como una exhalación.

Pronto llegó el tren. Era un expreso. Se abrieron los portillos ; salieron y entraron los viajeros con gran presteza ; se cerraron los portillos de nuevo. Los conductores sonaron los timbres y el tren partió. El ruido de la vibración de los cristales era extraordinario. Por las estaciones en las cuales no se paraba el tren, pasaba tan de prisa que los niños apenas tenían tiempo de notarlas.

Al llegar a la estación donde el Sr. Selwood tenía proyectado dejar el tren, salieron del coche y subieron las escaleras.

Respiraron el aire libre con placer.

Roberto. — ¡ Qué diferencia en el aire !

El Sr. Selwood. — Ya lo creo. No hay **nada** como el aire libre.

Bajaban una calle de cuesta rápida, que iba a parar al puerto. Los niños aspiraban de nuevo el aire de mar que ya les era conocido.

Al llegar al extremo de la calle, atravesaron una avenida. El Sr. Selwood les conducía a **uno** de los muelles, donde estaba amarrado un inmenso vapor con dos altas chimeneas, pintadas de rojo y negro.

Antes de entrar en el muelle, se pararon **unos** minutos

para contemplar el vapor. El Sr. Selwood les hizo notar la instalación de la telegrafía sin hilos.

El Sr. Selwood. — ¿Ven ustedes estos tres hilos, sujetos a dos barritas, que van de un palo a otro palo?

Enrique. — Sí, señor.

El Sr. Selwood. — Bueno, pues esto es la telegrafía sin hilos.

Blanca. — ¡Qué interesante debe de ser una visita en el barco!

El Sr. Selwood. — Esto es lo que vamos a hacer.

La sorpresa de los niños fué grande y agradable. El capitán del barco era amigo del Sr. Selwood, y habían quedado en una visita al barco aquella tarde. Se dirigieron al muelle, pero como era día de fiesta, no pudieron ver a nadie.

Enrique. — Aquí no hay nadie.

Por fin apareció un hombre, que salía del vapor.

Blanca. — Aquí viene alguien.

Juanito. — Debe de ser algún marinero.

Pero se equivocaban. Era el guardián del muelle.

El Sr. Selwood. — Soy amigo del capitán Rolfe y deseo verle.

El Guardián. — Oh, usted es el caballero que debe traer a unos niños para visitar el barco.

El Sr. Selwood. — Sí, señor. Aquí traigo a los niños.

El Guardián. — El capitán me había avisado. Pasen ustedes.

Y abrió las puertas correderas del muelle. Entraron. El muelle era muy ancho y muy largo. A ambos lados del pasillo central, los niños observaban cajas y fardos, **todos** apilados, para embarcarlos en las bodegas del buque.

El Sr. Selwood dió a un marinero su tarjeta de visita. Se encontraban en la cubierta de paseo, de una superficie pulida, con **algunos** banquillos y puertas de camarote en el lado interior.

Bien pronto apareció el capitán. Era un señor alto y fornido, de cara enérgica pero bondadosa. Llevaba bigote y barba y vestía el uniforme.

El uniforme llamó grandemente la atención de los muchachos. Samuel se fijó especialmente en los galones de oro que el capitán lucía en las bocamangas.

El capitán saludó afectuosamente a su amigo, el Sr. Selwood.

El Capitán. — Por fin trajo usted a los pequeños.

El Sr. Selwood. — Sí, los he traído a **todos**.

El capitán se fijó en los dos argentinos y dijo en seguida de dónde eran.

Esto sorprendió mucho a Roberto y a Pedro.

Roberto. — ¿Ha estado usted **alguna** vez en la Argentina, Sr. Capitán?

El Capitán. — Ya lo creo. Hago la ruta entre Nueva York y Buenos Aires.

Pedro. — ¿De veras?

El Capitán. — Siempre que salgo de Buenos Aires lo hago con pena. Es una ciudad muy bonita y sus habitantes son muy simpáticos.

Les preguntó si querían comer **algo**, y el Sr. Selwood respondió que no deseaban tomar **nada**.

Samuel pensaba de diferente manera.

Inmediatamente el capitán empezó a enseñarles el buque.

Primero vieron el salón, que estaba amueblado con **mucho** lujo. Tenía sillones, sofás, y plantas verdes, y el suelo estaba tapizado con una alfombra muy gruesa. De allí pasaron al salón de música. En esta pieza había un gran piano de cola, y **todos** los muebles eran de madera blanca.

Los niños iban de sorpresa en sorpresa. No habían imaginado nunca **todo** este lujo dentro de un vapor. Naturalmente, a los dos muchachos argentinos, que habían hecho ya un viaje por mar, **todo** esto no les venía de nuevo.

El capitán preguntó si **alguna** de las niñas sabía tocar el piano, y **todos** contestaron que María era la única que sabía tocar bien. El capitán pidió a María una pieza de música melódica, y María tocó **algunos** aires populares escoceses e irlandeses.

Cuando María acabó de tocar, **todos** se dirigieron a la pieza inmediata, que era el comedor.

Este comedor les recordó el del hotel donde habían comido. Vieron un gran número de mesas con sus sillas correspondientes. La sola diferencia consistía en que las mesas no tenían manteles. Enrique quiso mover una silla, pero no pudo. Probó de mover **otra** y tampoco lo logró. Los dos argentinos le observaban sonriendo. Enrique lo notó.

ENRIQUE. — ¿ Qué tienen estas sillas ?

Roberto. — No podrá usted moverlas de su sitio.

Enrique. — ¿ Por qué ?

Pedro. — Porque están clavadas en el suelo con tornillos.

Juanito. — ¿ Con qué objeto ?

Roberto. — Porque de este modo, cuando el vapor encuentra mar fuerte y los balances son grandes, los muebles no se caen.

Pedro. — En los camarotes es **lo mismo**.

Siguiendo al capitán y al Sr. Selwood, bajaron **unas** escaleras anchas y lujosas y entraron en un corredor que tenía **muchas** puertas numeradas.

El Capitán. — Éstos son los camarotes.

Y abriendo una puerta les mostró **uno** de ellos. A Blanca le pareció que la habían traído a su casa. Allí estaba la cama, las sillas, la mesa-tocador, **todo** exactamente como lo tenía en su casa.

El capitán les explicó cómo debajo de sus pies estaban las bodegas para las provisiones, las carboneras para el carbón, las calderas donde se producía el vapor, y la caja de caudales.

De allí subieron al puente más elevado del buque, donde estaba el cuarto de derrota.

Allí vieron la brújula, el timón, y un sin fin de aparatos para la navegación.

El capitán después les hizo ver el cuarto de la telegrafía sin hilos.

En aquel momento **alguien** telegrafiaba, porque los

hilos empezaron a echar chispas, y el aparato en la instalación empezó a hacer ruido.

Dentro de breves momentos, el empleado dió al capitán un papel. El capitán lo leyó.

El Capitán. — ¡ Bravo ! Saldremos mañana por la tarde.

El Sr. Selwood. — ¿ Es ésta la noticia ?

El Capitán. — Sí. El barco que me trae el carbón que me faltaba llegará hoy.

Enrique. — ¿ No tenía usted carbón ?

El Capitán. — Me trajeron algo, pero no era bastante para el viaje. Ahora me traerán cantidad suficiente. Y ahora vamos a dar un paseo por el puerto.

Los niños dieron exclamaciones de alegría.

Una lancha de motor eléctrico les esperaba al costado del vapor. Todos bajaron y se sentaron en los banquillos.

El capitán dirigía la lancha. Pasaron por delante de una infinidad de muelles, donde estaban amarrados grandes vapores transatlánticos, pertenecientes a diferentes nacionalidades. Los había ingleses, franceses, españoles, italianos, argentinos, japoneses, chilenos, holandeses, en una palabra, de todas partes del mundo. Eran grandes, con tres o cuatro chimeneas. En su paseo por el puerto, se cruzaban con vapores más pequeños que servían para expediciones a los puntos cercanos.

Todos los buques se hallaban empavesados con las banderas americanas y de sus países, por ser la fiesta nacional de los Estados Unidos.

De pronto vieron a un gran transatlántico que entraba en puerto. Era francés, y en la popa tenía la bandera de su país, azul, blanca, y roja. Así que acabó de pasar el buque, que traía **muchos** viajeros, los niños descu-
5 brieron la Estatua de la Libertad ; una estatua colosal, construida en Francia, y que trajeron los franceses como una prueba de amistad a los Estados Unidos.

El Capitán. — Esta estatua tiene escaleras en su interior, y las personas pueden subir hasta la cabeza de
10 la estatua.

Samuel. — ¿ De veras ?

El Capitán. — Sí, pero no podemos perder tiempo. Ahora vamos a pasar por delante del arsenal marítimo, el cual es **uno** de los mejores del mundo.

15 Apenas el capitán acabó de decir esto, cuando pasó por delante de ellos un torpedero.

Era un barco largo, estrecho, de cubierta baja, con cuatro chimeneas que arrojaban grandes cantidades de un humo muy denso y muy negro.

20 Enrique. — ¿ Qué barco es éste ?

El Sr. Selwood. — Es un barco de guerra que tiene el nombre de torpedero.

Juanito. — Y ¿ para qué sirve ?

El Capitán. — Sirve para lanzar torpedos contra los
25 barcos enemigos.

Se acercaban al arsenal y tuvieron que pasar por debajo del puente colgante de Brooklyn, el cual les pareció inmenso.

El arsenal apareció a su vista.

VISTA DEL PUERTO DE NUEVA YORK

Allí vieron, al ancla, barcos de guerra de **todas** clases : inmensos acorazados de miles y miles de toneladas ; cruceros de batalla tan grandes como los acorazados, los cuales no tenían cañones tan poderosos como éstos ; cruceros-rápidos, torpederos, y, por último, submarinos.

Los submarinos llamaron la atención de los niños por la forma extraña que ofrecían.

María. — ¿ Qué clase de barco es aquél ?

El Capitán. — Es un submarino. Es un barco que navega por debajo del agua.

Blanca. — Y ¿ cómo puede ver por dónde va ?

El Capitán. — El submarino tiene un tubo muy largo con un lente que refleja los barcos que pasan por la superficie del mar, y así puede verlos.

El bote iba de regreso. Acababa de ponerse el sol, y empezaban a verse las luces eléctricas.

Luisa. — ¡ Qué interesante debe de ser la vida del marino !

El Capitán. — Sí, y es muy bonita para los amigos suyos.

Luisa. — ¿ Por qué ?

El Capitán. — Porque siempre les trae regalos de sus viajes.

Samuel. — Yo no tengo **ningún** amigo marino.

Todos rieron.

María. — Y ¿ traen ustedes **muchos** regalos ?

El Capitán. — En el viaje pasado, entre el oficial primero y yo, trajimos más de cincuenta.

JUANITO. — ¿ Le ha traído usted algo a mi padre, alguna vez ?

EL SR. SELWOOD. — Casi siempre me traía algo, hasta que tuve que prohibirlo.

EL CAPITÁN. — La última vez le traje un loro del Brasil. ¿ Quieren ustedes algo ?

Todos los niños se quedaron callados. El capitán les miró sonriendo.

EL SR. SELWOOD. — Como usted ve, capitán, saben lo que han de hacer.

EL CAPITÁN. — Sí, merecen algún regalo. No sé todavía lo que será, pero no me olvidaré de ustedes a la vuelta.

MARÍA. — A Samuel puede usted traerle un mico.

Samuel se puso muy enfadado, y sus amigos empezaron a reír.

A instancias del capitán contaron la aventura, y aquél se rió mucho.

Subieron a bordo, cenaron en el vapor, y salieron del mismo a eso de las siete.

CUESTIONARIO

1. ¿ A dónde van ahora los niños? 2. ¿ Qué es un puerto? 3. ¿ Quiénes lo explicaron? 4. ¿ Dónde estaba amarrado el vapor? 5. ¿ Por qué no pudieron los niños ver a nadie? 6. ¿ Quién era el capitán del vapor? 7. ¿ Había estado alguna vez en la Argentina? 8. ¿ Por qué? 9. ¿ Cuál es el puerto principal de la Argentina? 10. ¿ Le gustó al capitán la ciudad de Buenos Aires? 11. ¿ Cómo está amueblado el salón

del buque? 12. ¿ Dónde estaba el gran piano? 13. ¿ Sabía tocar bien el piano alguna de las niñas? 14. ¿ Qué piezas tocó ella en el piano? 15. ¿ A dónde fueron todos después? 16. ¿ Por qué están clavadas las sillas en el suelo? 17. ¿ Cómo están amueblados los camarotes? 18. ¿ Qué vieron los niños en el cuarto de derrota? 19. ¿ Cuándo saldrá el vapor? 20. ¿ Qué noticia recibió el capitán? 21. ¿ Por dónde dan todos un paseo? 22. ¿ Qué vieron en el puerto? 23. ¿ Qué es la Estatua de la Libertad? 24. ¿ Dónde está uno de los mejores arsenales del mundo? 25. ¿ Qué es un torpedero? 26. ¿ Para qué sirve? 27. ¿ Qué es un submarino?

TEMA

1. The train goes so fast that it makes a great deal of (*mucho*) noise. 2. I shall get out of the train and ascend those stairs. 3. The steamer which we shall visit is moored to the pier. 4. Have you some calling-cards with you? I shall give one to one of the men. 5. I don't wish to eat anything, for I have just (*acabo de*) eaten supper. 6. All the tables and chairs are fastened to the floor. 7. Do you want to see some submarines? 8. When do you leave (*sale usted*)? 9. I shall leave to-morrow afternoon. 10. No one came out of the boat. 11. All went to the dining room.

SUD AMÉRICA

(USO DEL ARTÍCULO DETERMINADO)

Se hallaban ya en sus respectivos campos. **Los niños,** de regreso, habían empezado a hablar de Sud América, y Roberto y Pedro les habían prometido continuar **la** conversación.

Todavía tenían una hora antes de irse a la cama. Se sentaron, pues, sobre la hierba, formando corro ; y empezaron a hablar.

JUANITO. — ¿ Es la Argentina muy grande ?

PEDRO. — Ya lo creo.

ENRIQUE. — ¿ Cuántas repúblicas hay en Sud América ?

ROBERTO. — La Argentina, Chile, el Brasil, el Uruguay, el Paraguay, el Perú, Bolivia, el Ecuador, Colombia, y Venezuela.

SAMUEL. — Y ¿ todas estas repúblicas son muy grandes ?

PEDRO. — Oh, no. La más grande es el Brasil ; después vienen la Argentina y el Perú.

ROGER. — Y ¿ cómo saben ustedes todo esto ?

PEDRO. — Hombre, por la geografía. La estudiamos en la escuela.

ENRIQUE. — ¿ Cómo aprenden ustedes la geografía en su país?

Roberto. — De la misma manera que la aprenden ustedes aquí.

Juanito. — ¡ Ah, ya sé El área, la población, los límites geográficos, y todo lo demás.

Pedro. — Exacto. De este modo supimos que el Brasil tiene una área de 3,000,000 de millas cuadradas y una población de unos 25,000,000 de habitantes, más que menos.

Roger. — Entonces debe de ser más grande que la Argentina.

Roberto. — Ya lo creo. La Argentina tiene una área de 1,083,595 millas cuadradas y unos 10,000,000 de habitantes.

Enrique. — Y después de estas dos repúblicas, ¿ cuál es la más importante ?

Pedro. — El Perú.

Roberto. — ¡ Oh, no ! El Perú es más grande que Chile, pero Chile es más importante.

Juanito. — ¿ Por qué ?

Pedro. — Porque es más moderna. Su vida política ha sido más intensa, y tiene más comercio y sus habitantes son más activos.

Samuel. — ¿ Cuáles son la población y el área de Chile ?

Pedro. — El área es de 281,800 millas cuadradas y la población es de unos 4,000,000.

Enrique. — Y ¿ el Perú ?

Roberto. — El Perú tiene una área de 463,767 millas cuadradas y su población pasa de cuatro millones y medio de habitantes.

ENRIQUE. — ¿ Y en todas las repúblicas se habla el español ?

ROBERTO. — En todas excepto en el Brasil, donde hablan el portugués.

JUANITO. — ¿ Y tienen ustedes los mismos juegos que nosotros ?

ROBERTO. — Casi todos. El *tennis;* el *football*, que algunos lo llaman balompie ; el *golf* también lo tenemos.

SAMUEL. — ¿ Tienen ustedes el *baseball* ?

PEDRO. — No, éste no lo tenemos.

ENRIQUE. — Creo que lo juegan en Cuba.

ROBERTO. — En Cuba y en Puerto Rico. Pero tenemos otro juego de pelota, un juego español, que los jugadores lo juegan a cesta.

PEDRO. — Y el sitio donde lo juegan se llama frontón.

JUANITO. — ¿ Y en la Argentina recogen ustedes mucho trigo ?

PEDRO. — ¡ Oh, ya lo creo ! Si algún día van ustedes a la Argentina, verán ustedes campos y más campos de trigo.

SAMUEL. — ¿ Y también podremos ver los *cow-boys?*

PEDRO. — Sí, sólo que allí tienen un nombre diferente. Les llaman gauchos.

ROBERTO. — Yo, una vez, fuí a la hacienda del padre de un amigo mío, y éste señor me dijo que tenía más de cuarenta mil cabezas de ganado, contando bueyes, vacas, y caballos.

PEDRO. — También tenía ovejas y cabritos.

ENRIQUE. — Y ¿ todas las repúblicas tienen los mismos productos ?

ROBERTO. — No. En el Brasil, por ejemplo, los dos productos más importantes son el café y el caucho. En
5 Chile, es el guano y el salitre. Pero casi todas las repúblicas producen legumbres y minerales como aquí. Por ejemplo, el Perú es muy rico en minerales. Chile tiene unas minas de carbón que se prolongan debajo del mar.

10 SAMUEL. — Y ahora tienen el invierno allí.

PEDRO. — Eso sí, porque esas repúblicas están al sud del ecuador, y nosotros estamos al norte.

JUANITO. — Y ¿ tienen ustedes ríos y montañas grandes ?

15 PEDRO. — Ya lo creo. Tenemos la cordillera de los Andes, que atraviesa todo el continente sudamericano.

ROBERTO. — Y el río más grande de todos es el Amazonas en el Brasil.

Al llegar a este punto de la conversación, los niños
20 oyeron el toque de silencio dado por uno de los inspectores, y se fueron a dormir.

CUESTIONARIO

1. ¿ Cuánto tiempo tenían los niños antes de irse a la cama? 2. ¿ En qué continente está situada la Argentina? 3. ¿ Es república o monarquía? 4. ¿ Hay otras repúblicas en Sud América? 5. ¿ Son grandes todas las repúblicas? 6. ¿ Cuáles son las más importantes? 7. ¿ Cuál es la más grande? 8. ¿ Por qué es Chile más importante que el Perú? 9. ¿ En

cuál de esas repúblicas se habla el portugués?
10. ¿ Cuáles son algunos de los productos de los países de Sud América?

TEMA

1. Uruguay, Paraguay, and Bolivia are republics.
2. I know that Brazil is the largest of the republics.
3. Spanish is the language (*el idioma*) which is spoken in Colombia and Ecuador. 4. What game do you play in Peru? 5. What are the most important products of Chile? 6. Do you study geography in school? 7. He went to bed.

EL JARDÍN ZOOLOGICO

(VERBOS QUE RIGEN AL INFINITIVO SIN PREPOSICIÓN)

A la mañana siguiente tenían una cita con las niñas para ir todos juntos al Parque del Bronx. **Debían encontrarse** en una de las estaciones del subterráneo.

Cubrieron la distancia entre la estación de la ciudad y la del Parque en muy breves instantes. Esta vez el acompañante de la expedición era el Sr. Mason. Este señor **quería saber** si los niños conocían las diferentes clases de animales.

EL SR. MASON. — ¿ Ya saben ustedes en cuántos grupos se dividen los animales ?

JUANITO. — Ya lo creo. Se dividen en cuadrúpedos, aves, peces, reptiles, y anfibios.

EL SR. MASON. — Ahora **deseamos oír** las definiciones.

BLANCA. — Esto es fácil. Todo el mundo sabe lo que es un cuadrúpedo. Un cuadrúpedo es un animal que vive sobre la tierra y que tiene cuatro patas, con las cuales anda, corre, y salta; algunos tienen el cuerpo cubierto de pelo y **pueden nadar**.

EL SR. MASON. — Y ¿ qué son las aves ?

MARÍA. — Las aves son animales con dos patas solamente. Tienen el cuerpo cubierto de plumas y poseen alas, con las cuales **pueden volar**. Algunas nadan.

El Sr. Mason. — Y ¿ los peces ?

Luisa. — Los peces son animales cubiertos de escamas, con aletas para nadar ; y viven en el agua.

El Sr. Mason. — Ahora **falta decir** algo sobre los reptiles.

Roger. — Los reptiles, cuando se mueven, se arrastran sobre la tierra. Algunos son anfibios, **es decir, pueden vivir** dentro del agua y sobre la tierra.

Samuel. — Esta definición me tocaba a mí.

El Sr. Mason. — ¡ Bueno, hombre ! no riñan ustedes por una cosa tan insignificante. Veo que .merecen ustedes **ver** el Jardín Zoológico.

Y entraron en él. La primera sección que fueron a visitar fué la de las aves. Allí **pudieron ver** todos los tipos que constituyen esta familia animal.

Samuel. — Las aves se dividen en dos grupos. Las aves de rapiña y las domésticas.

Enrique. — Vamos, Samuel está ya satisfecho. **Ha podido decir** algo de lo que sabe.

Samuel. — Porque no lo decía usted antes.

Estaban en frente de las jaulas que contenían las águilas.

Blanca. — Vuelan muy alto, ¿ verdad ?

El Sr. Mason. — Ya lo creo ; y es el único ser viviente que **puede mirar** fijamente al sol.

Samuel. — Les gustan mucho los conejos y las liebres.

Enrique. — ¿ Cómo lo sabe usted ?

Samuel. — Mi padre me dijo una vez que cuando

él era un muchacho, dos águilas bajaron donde mi abuelo guardaba los conejos y se llevaron cuatro o cinco.

Pasaron a la jaula de las lechuzas. Ya sabían que aquellos animales sólo veían de noche. Delante de los 5 buitres se detuvieron solamente unos instantes. Les encontraron muy feos.

SAMUEL. — Estas aves son calvas.

Todos los niños rieron. Por último, **pudieron contemplar** al ave de rapiña más grande, al cóndor, al ave 10 de los Andes.

Al lado había una gran pajarera donde se hallaban reunidos todos los pájaros de los países tropicales. Los niños no habían imaginado nunca tantos pájaros con plumas de colores tan vistosos. En aquella pajarera 15 había loros, cotorras, cacatúas con plumajes verdes, amarillos, azules, rojos, en combinaciones de dos, tres, y hasta cuatro colores por pájaro.

En frente había un gran lago con aves acuáticas. Los cisnes, blancos y negros ; los patos ; los pelícanos, con 20 grandes bolsas en sus largos picos.

ENRIQUE. — Y éstos con las patas rojas tan largas, ¿ qué son ?

EL SR. MASON. — Son los flamencos.

SAMUEL. — Pero, ¿ dónde están los animales gran-25 des ?

EL SR. MASON. — Ahora los veremos.

Y entraron en el pabellón de los monos. Allí se encontraron con una gran variedad de micos, desde los de tamaño muy pequeño con largas colas, los cuales nacen en el Brasil, hasta el gigante y fuerte gorila, que viene del África.

Todos los niños, al ver los micos, recordaron el episodio de Samuel y el mico que le tomó la banana. Samuel se enfadó al oírles hablar de ello.

SAMUEL. — Ya sé yo que nunca se cansarán de contarlo.

Al salir del pabellón vieron a los elefantes con sus colmillos y sus largas trompas.

EL SR. MASON. — El hombre saca el marfil de estos colmillos. Y la industria del marfil es una de las más importantes.

Al lado de los elefantes estaban los camellos, y un poco más lejos los avestruces.

El Sr. Mason les explicaba, a medida que veían los diferentes animales, las costumbres que éstos tenían, y qué beneficios el hombre sacaba de los mismos.

BLANCA. — ¡ Oh, los avestruces ! Las plumas de avestruz son muy caras.

EL SR. MASON. — Sí, tiene usted razón.

Por fin, empezaron a visitar la sección de las fieras, de los animales realmente salvajes.

Allí había los leones con sus melenas espesas y largas, coronando sus enormes cabezas ; los tigres con sus hermosos pieles ; las panteras y los leopardos. Tampoco faltaba el puma de Sud América.

ENRIQUE. — ¡ Qué piel tan hermosa tiene el tigre !

BLANCA. — ¡ Y qué zarpas tan poderosas!

En esto, uno de los leones bostezó.

EN EL PARQUE DEL BRONX

Roger. — Mire qué colmillos tan blancos y tan fuertes.

Pasaron allí un largo período de tiempo. El Sr. Mason explicaba las costumbres de aquellos animales feroces, y cómo los salvajes, auxiliados por los hombres civilizados, organizaban cacerías para disminuir su número.

Por fin, pasaron a otra sección. Allí, en una jaula construida en un foso, vieron a los osos. En una jaula separada había una pareja de osos blancos, del Polo Norte. Un empleado del Jardín, provisto de una manguera, les echaba una ducha de agua fría, para refrescarles.

Blanca. — ¿ Por qué les moja de esta manera ?

María. — Porque sufren demasiado con el calor. ¿ No es verdad ?

El Sr. Mason. — Ya lo creo, están demasiado acostumbrados a vivir continuamente en los hielos eternos.

Cuando salieron de este pabellón, vieron una especie de caballo que **parecía tener** la piel pintada de listas blancas y negras.

Roger. — ¿ Qué clase de caballo es éste ?

El Sr. Mason. — No es un caballo, es una zebra. Y ahora vamos a ver los ciervos.

Había una gran variedad de esta clase de animales, algunos con astas muy grandes. Después, en un encierro especial, **pudieron ver** el bisonte, corpulento y de cabeza fuerte.

Y por fin pusieron término a la visita, visitando al

rinoceronte y al hipopótamo. Los niños se quedaron sorprendidos ante la inmensa boca del hipopótamo. Cuando la abrió, Samuel se entusiasmó.

SAMUEL. — Este animal **puede comer** más que todos los animales del Parque a la vez.

Todos se rieron, y fueron a almorzar en uno de los restaurants que hay cerca del Parque.

CUESTIONARIO

1. ¿Dónde debían encontrarse los niños? 2. ¿Quién les acompaña al Jardín Zoológico? 3. ¿En cuántos grupos se dividen los animales? 4. ¿Cuáles son? 5. ¿Cuáles son los grupos principales de las aves? 6. ¿Qué comen las águilas? 7. ¿Quién sabe explicar esto? 8. ¿Cuál es el ave de rapiña más grande? 9. ¿De dónde vienen los loros? 10. ¿De dónde vienen los micos? 11. ¿Cuál es el cuadrúpedo más grande? 12. ¿De dónde viene el puma? 13. ¿Qué osos son los que sufren mucho con el calor? 14. ¿Por qué? 15. ¿Qué animal tiene la boca más grande?

TEMA

1. All birds have wings with which they can fly. 2. Fishes live in the water; they have fins for swimming; they cannot live on the land. 3. I hear them talking of the animals which come from Africa. 4. The two white bears which you want to see come from the North Pole. 5. Some animals were not in their cages and we could not see them. 6. They deserve to see the Park.

LA CIUDAD

(VERBOS QUE RIGEN AL INFINITIVO MEDIANTE PREPOSICIÓN O *QUE*)

Se aproximaba la fecha que el Sr. Selwood había fijado para regresar al pueblo.

Los niños aprovechaban los últimos días para visitar la ciudad y sus monumentos y edificios más famosos.

Habían ido al Museo Metropolitano, donde existen cuadros de los mejores pintores del mundo. Allí el Sr. Selwood les **enseñó a apreciar** los méritos de dos de las Bellas Artes, la escultura y la pintura.

BLANCA. — El pintar **debe de ser** muy interesante.

ENRIQUE. — **Hay que estudiar** mucho, ¿ no es verdad, Sr. Selwood ?

EL SR. SELWOOD. — Mucho. No se **aprende a pintar** sin mucho esfuerzo.

A los muchachos les gustaban mucho los cuadros de asuntos militares y aquéllos en que se veían barcos.

Las niñas demostraron su predilección por los cuadros que reproducían jardines o paisajes.

El Sr. Selwood les había prometido la visita a uno de los edificios altos de la ciudad. Habían elegido el edificio Woolworth, que es el más alto de todos. Al salir, pués, del Museo Metropolitano, tomaron un ómnibus eléctrico que les **iba a llevar** hasta la parte baja de la ciudad.

Subieron todos al imperial, porque les gustaba mucho ver a las gentes por las aceras. **Trataban de mirar** todos los escaparates de las tiendas.

ENRIQUE. — ¡ Cuánta gente !

MARÍA. — ¡ Y las señoras, qué bien vestidas !

JUANITO. — ¡ Miren ustedes qué templo tan hermoso !

Todas estas exclamaciones y otras muchas salían de los labios de nuestros amigos. Samuel, que hasta entonces no había abierto la boca, hizo una pregunta.

SAMUEL. — Sr. Selwood, ¿ puede usted decirme cuánto dinero gastan en un día todas las personas que viven en Nueva York ?

El Sr. Selwood se rió, pero no le dejó sin respuesta.

EL SR. SELWOOD. — Esta pregunta es muy oportuna, Samuel, pero no **trataré de contestar**la. Estoy seguro que todavía no se le ha ocurrido a nadie intentar la solución del problema.

Por fin llegaron al término del viaje y se encaminaron al edificio famoso.

Antes de entrar en él, contaron los pisos que tenía. **Llegaron a contar** más de treinta. Había ventanas hasta en las cúpulas.

Penetraron en el edificio. Notaron el movimiento de muchas personas entrando y saliendo.

El Sr. Selwood habló con el superintendente del edificio y le expuso el objeto de su visita. **Tuvo que pagar** por el privilegio, y se metieron en un ascensor expreso hasta el piso veinte. Allí cambiaron de ascensor para tomar otro que **empezó a llevar**les hasta el terrado.

El subir a una altura tan grande, encerrados en una caja de hierro, les producía a los niños una gran impresión.

Por fin salieron al terrado. La vista era magnífica. Tenían la ciudad a sus pies. A un lado tenían el río del Este, con sus cinco puentes tan grandes y que ahora les parecían muy pequeños a causa de la distancia. Los tranvías y automóviles, que circulaban por los puentes, parecían rayas negras que se movían. Las personas, solamente puntos. Al otro lado estaba el rió Hudson. Los barcos y vapores que navegaban en él no parecían más grandes que botes de río para pescar.

Podían ver fácilmente los terrados de los demás edificios, y hasta vislumbraron un fragmento de la calle, por donde transitaban personas y vehículos, pero algunas de las niñas apartaron la vista prontamente, porque les daba vértigo.

Echaron a mirar el horizonte, y pudieron ver la ciudad en toda su longitud.

Descubrieron la mancha verde de los árboles y las plantas que formaban el Parque Central, y más allá los picos de las montañas.

No podían contar el número de chimeneas de tantas fábricas y talleres. De cada chimenea salía una columna de humo. El humo se desvanecía en el espacio, bajo un cielo azul, en el cual brillaba el sol.

Volvieron a los ascensores, que les bajaron del mismo modo que subieron.

BLANCA. — El visitar una ciudad como Nueva York es un recuerdo que no se olvida nunca.

CUESTIONARIO

1. ¿ Quién enseñaba a los niños a apreciar la pintura? 2. ¿ Aprende usted a pintar? 3. ¿ En qué parte de la ciudad está el edificio Woolworth? 4. ¿ A qué pregunta no trató de contestar el Sr. Selwood? 5. ¿ Cuántos pisos tiene el edificio Woolworth? 6. ¿ Hasta qué piso les llevó el primer ascensor? 7. ¿ Por qué parecen los puentes tan pequeños? 8. ¿ Cómo se llaman los dos ríos de Nueva York? 9. ¿ Por qué no quieren las niñas mirar a la calle?

TEMA

1. It is necessary to return to-day. 2. Working is a thing which I do not like. 3. We began to visit some of the highest buildings. 4. I shall try to tell you how much money I have spent. 5. We have to change elevators in order to go up to the roof. 6. They succeed in counting the people who are moving about in the streets.

EL INCENDIO

(PARTICIPIO PRESENTE)

La víspera de abandonar a Nueva York había llegado. Los niños aprovecharon el día para pasear por el Parque Central y visitar los grandes bazares, donde venden de todo.

Entraron en uno de ellos y visitaron todos los departamentos. Estuvieron por largo tiempo en el departamento de juguetes. Allí permanecieron satisfechos, **mirando** los automóviles en miniatura, las cajas de soldados, los ferrocarriles mecánicos, los vapores que van por medio de cuerda. Las niñas no cesaban de admirar a las muñecas, **diciendo** cuáles eran las que les gustaban más. También examinaban las cocinas y las casas de muñecas que estaban expuestas a la vista del público.

Por fin, el Sr. Selwood les pudo arrancar de allí. Mientras pasaban de un piso a otro, observaban los diferentes departamentos.

SAMUEL. — Miren, aquí venden guantes.

BLANCA. — ¿ Qué departamento es éste ?

MARÍA. — ¿ No lo ve usted ? El de sombreros para señoras.

JUANITO. — Y aquí venden muebles.

ENRIQUE. — Oigo un piano.

El Sr. Selwood.—Éste es el departamento donde venden piezas de música.

Lo que más les llamó la atención fué el sistema de escaleras que tenía el bazar para los clientes. Consistían éstas en unas planchas movibles, de barritas de hierro, **formando** pequeñas plataformas. Las planchas se movían en sentido ascendente, y las usaban los clientes que deseaban ir a los pisos de arriba. **Moviéndose** en sentido descendente, las planchas transportaban las personas que deseaban abandonar el bazar.

En el piso de la calle pudieron observar el salón de peluquería. Estaba lleno. Los dependientes estaban ocupados, ya **afeitando**, ya **cortando** el pelo, ya **lavando** la cabeza de los parroquianos, que se hallaban sentados frente a los espejos.

Por fin salieron a la calle. Pronto observaron que pasaba algo extraordinario. Vieron los transeuntes co-**rriendo** todos por las aceras en una dirección determinada. Notaron que los policías habían parado el tráfico de la calle. Coches y automóviles, carros y camiones permanecían inmóviles. El arroyo de la calle se hallaba completamente despejado. Por él avanzaban, **galopando** a toda fuerza, troncos de hermosos caballos que tiraban de unas máquinas pintadas de rojo. Dentro de las mismas se veían unos hombres con impermeables y yelmos grandes en la cabeza.

Enrique. — ¿ Qué es esto ?

El Sr. Selwood. — Es un incendio. Vamos a verlo. Debe estar cerca.

EL INCENDIO

MARÍA. — Estas máquinas son las bombas, ¿ no es verdad ?

JUANITO. — Sí, y los hombres que van en ellas son los bomberos.

Al doblar la esquina de la calle, el gentío era inmenso. Allí estaba el incendio. En un edificio bastante alto, en los dos últimos pisos, podían verse espesas columnas de humo negro, **saliendo** por las ventanas.

Desde la calle se oía el ruido de cristales rotos. Los bomberos los rompían con las hachas para abrirse paso, y de este modo combatir el incendio. Bien pronto empezaron a surgir las llamas por las ventanas.

Las niñas estaban asustadas. Los niños estaban profundamente interesados, **presenciando** las maniobras de los bomberos y **oyendo** el ruido de la máquina de vapor que servía para hacer llegar el agua a aquella altura.

De repente, los niños vieron cómo los bomberos armaban una escalera portátil de una altura inmensa, y cómo, poco después, los bomberos trepaban por dicha escalera, ya para arrojar agua con las mangueras, ya para entrar por las ventanas a través del humo y de las llamas.

BLANCA. — ¡ Qué valientes son estos bomberos !

EL SR. SELWOOD. — Y ésta es su obligación diaria.

LUISA. — Y corren mucho peligro.

ENRIQUE. — Ya lo creo. Tienen el peligro de las caídas, de las quemaduras, y de la asfixia por el humo.

Un aplauso estalló en la muchedumbre. Un bombero acababa de salir por una de las ventanas con una mujer

desvanecida en los brazos, y bajaba con ella por la escalera alta. Pronto aparecieron otros bomberos, **llevando** otras personas. Un bombero sacó a una niña pequeña que apretaba a un perrito contra su seno.
5 El perrito ladraba.

Como habían llegado más bombas, los bomberos dominaron el incendio poco a poco. Las llamas disminuían en intensidad y en volumen. Poco después se veía sólo humo. El gentío inmenso empezó a des-
10 bandarse. Las bombas volvieron a sus cuartelillos. Sólo quedaron los marcos ennegrecidos de las ventanas en los pisos donde había habido el incendio . . .

Al día siguiente los niños salieron para el pueblo.

CUESTIONARIO

1. ¿Quiénes han parado el tráfico de la calle? 2. ¿Cómo vienen los caballos por el arroyo de la calle? 3. ¿De qué tiran los caballos? 4. ¿Cómo se llaman las máquinas? 5. ¿Quiénes son los hombres con impermeables y yelmos? 6. ¿Dónde estaba el incendio? 7. ¿Para qué rompían los bomberos las ventanas? 8. ¿Para qué armaban los bomberos la escalera portátil? 9. ¿Cuáles son los peligros de la vida de los bomberos? 10. ¿A quién llevó uno de los bomberos por la escalera? 11. ¿A quién llevó otro bombero? 12. ¿Cuándo empezó a desbandarse el gentío?

TEMA

1. He looked at the toys, telling me which was the one he liked best. 2. Running with all our might,

we reached (*llegamos a*) the station.   3. The horses were drawing the engine.   4. A column of smoke could be seen coming out of the windows.   5. Breaking the windows with their axes, the firemen entered (*entraron en*) the building.   6. A fireman, carrying a child in his arms, came out of the building.

TERCERA PARTE

EL OTOÑO

EL SASTRE

(FORMA PROGRESIVA DEL PRESENTE. *Volver a*)

La estación del otoño empieza el veintidós de septiembre, dura todos los meses de octubre y noviembre, y concluye el veintidós de diciembre. En esta estación los días son, generalmente, tan largos como las noches.

La tierra ofrece las frutas y las legumbres propias de la estación mencionada. Esto es, las manzanas, las peras, las uvas, y los membrillos, que han estado madurando durante el verano, y las calabazas, los nabos, la coliflor, el apio, y las zanahorias, que ya han llegado a su completo desarrollo.

Las escuelas empiezan los cursos. La temperatura empieza a ser más fresca, y al final hace frío.

Las hojas de los árboles toman un tono cobrizo a mediados de octubre, presentando los bosques un aspecto muy hermoso. En los últimos días de diciembre, los vientos fríos del norte, poco a poco, despojan a los árboles de sus hojas.

Se aproximaban los días en que los niños tenían que **volver a** la escuela.

Las madres se hallaban muy ocupadas en comprar ropas y zapatos para sus hijos.

Las niñas y los niños no hacían tantas expediciones y se quedaban en casa con más frecuencia para repasar los libros.

Un día Enrique y Juanito, que se dirigían al pueblo seguidos de Leal, encontraron a Samuel.

ENRIQUE. — ¿A dónde va usted?

SAMUEL. — A casa del sastre.

JUANITO. — ¡Qué casualidad! Nosotros **estamos haciendo** lo mismo.

Y se dirigieron todos a la sastrería del pueblo. Leal corría en todas direcciones, pero siempre terminaba sus expediciones **volviendo al** lado de Juanito.

Como de costumbre, mientras andaban, hablaban.

ENRIQUE. — ¿Por qué no vino usted ayer a casa de la tía Ana?

SAMUEL. — No pude. **Estoy ayudando a** mi padre. Ahora viene la época en que **estamos trabajando** siempre.

JUANITO. — Sí, es verdad. Mi padre me ha dicho que en los campos se **están preparando** para recoger las manzanas y las peras.

SAMUEL. — Este año es un buen año para las manzanas.

JUANITO. — ¿Hay muchas?

SAMUEL. — Ya las verán ustedes.

ENRIQUE. — ¡Oh, sí! Vendremos a ayudarles, ¿no es verdad?

SAMUEL. — Ya lo creo.

JUANITO. — Y Roger, ¿dónde está?

SAMUEL. — Le ví en su casa. **Está estudiando** los problemas de matemáticas.

ENRIQUE. — Yo los empecé a estudiar la semana pasada y los **estoy repasando** dos horas todos los días.

Juanito tuvo que llamar a Leal que ladraba a un gato. El gato, con las patas juntas y su cuerpo formando un arco, miraba a Leal de hito en hito. Leal obedeció la voz de Juanito.

JUANITO. — ¿**Ha vuelto** usted **a tocar** los libros?

SAMUEL. — Desde que hemos vuelto de Nueva York, no **he vuelto a tener** tiempo para nada.

ENRIQUE. — Puede usted estudiar por la noche.

SAMUEL. — Tengo demasiado sueño. Además, ya **volveremos a tocar** los libros en la escuela, durante el invierno.

JUANITO. — Pues, yo no soy así. Tan pronto como llegan los últimos días de agosto, yo **vuelvo a abrir** los libros.

ENRIQUE. — Y yo también.

Estaban delante de la sastrería. Samuel abrió la puerta, y entraron.

SAMUEL. — Buenas tardes, Sr. Stevens.

Juanito y Enrique también dieron las buenas tardes.

EL SASTRE. — Buenas tardes.

JUANITO. — Venimos a buscar los trajes.

EL SASTRE. — Voy a ver si están listos. Una de mis costureras trabajó en ellos toda la mañana.

Entró en la trastienda, y a poco volvió con los tres trajes. Los trajes constaban de tres piezas. Los pantalones, el chaleco, y la chaqueta, y cada traje era de color diferente. El traje de Juanito era azul obscuro; el de Enrique, gris; y el de Samuel era de una mezcla verde y morena.

Los niños miraban y tocaban sus trajes con verdadero placer.

El Sastre. — He tenido que ensanchar la cintura de sus pantalones, Samuel.

Enrique. — ¡ Claro, como es tan gordo !

Samuel (*sonriendo*). — Esto es porque como mucho.

El Sastre. — Esto es bueno.

Los niños continuaban examinando los trajes.

Enrique. — Y todo esto ha salido de una planta.

Samuel. — ¿ Una planta ?

Enrique. — Sí, hombre, la planta de algodón.

Samuel. — No, hombre, este traje se debe a las ovejas. Esta tela es de lana.

Enrique. — Es de algodón.

El Sastre. — Ni el uno ni el otro tienen razón. Estos trajes son una mezcla de lana y de algodón.

Juanito. — Y ¿ en qué proporción entran estos dos productos ?

El Sastre. — Dos terceras partes es lana, y una tercera parte algodón.

Samuel. — ¿ Y cómo hace usted la mezcla ?

El Sastre. — Yo no hago la mezcla. Esta mezcla se hace en las fábricas. Allí reciben el algodón y la lana en rama. Tan pronto como reciben los materiales, los lavan, los ponen a secar, y los separan según la calidad. Después, los **vuelven a lavar** y **a secar**. Después, los ponen en las máquinas hilanderas, que convierten el algodón y la lana en rama, en hilo delgado y fino.

SAMUEL. — ¿De qué color queda el hilo?

ENRIQUE. — Blanco, naturalmente.

JUANITO. — Pues, ¿cómo es que nuestros trajes no son blancos?

EL SASTRE. — Porque, una vez han logrado convertir el algodón y la lana en hilo, les dan un baño en la tintura del color que los fabricantes quieren. Es un baño bastante largo. Después los **vuelven a secar**, y entonces pasan a la sección de las máquinas telares. Estas máquinas, combinando la trama con la urdimbre, forman la tela.

ENRIQUE. — Y entonces las telas pasan a los sastres.

EL SASTRE. — Exactamente. Los sastres, entonces, cortan las telas para hacer trajes para los niños buenos.

SAMUEL. — Y los padres de los niños buenos pagan a los sastres por los trajes que hacen.

JUANITO. — Queremos llevarnos los trajes.

EL SASTRE. — Muy bien. Ahora los pondré en unas cajas.

Los niños observaron cómo el sastre doblaba las diferentes piezas de cada traje cuidadosamente, y las depositaba en la correspondiente caja de cartón.

ENRIQUE. — ¿Ha corregido usted todos los defectos?

EL SASTRE. — Ya lo creo.

JUANITO. — De modo que no tendremos que volver por aquí.

El Sastre. — No, señor.

Cada uno de los tres muchachos tomó la caja que contenía su traje, y después de dar las buenas tardes al sastre, salieron a la calle.

CUESTIONARIO

1. ¿En qué estación deben volver los niños a la escuela? 2. ¿Qué hacen los niños en estos días? 3. ¿A dónde se están dirigiendo Enrique y Juanito? 4. ¿Quién les está acompañando? 5. ¿Por qué está trabajando siempre Samuel? 6. ¿Quiénes le vendrán a ayudar? 7. ¿Por qué no puede Samuel repasar los libros? 8. ¿Cuándo volverá a hacerlo? 9. ¿Quién está trabajando en los trajes? 10. ¿Cuáles son las tres piezas del traje? 11. ¿Por qué es Samuel tan gordo? 12. ¿De dónde viene la lana? 13. ¿De dónde viene el algodón? 14. ¿Dónde se hace la tela? 15. ¿Para qué sirven las máquinas hilanderas? 16. ¿Para qué sirven las máquinas telares?

TEMA

1. Jack is going to the tailor's, and Samuel is doing the same thing. 2. We cannot go with you, because we are working in the fields. 3. My father is getting ready to gather the apples, and I am helping him. 4. They are studying their problems. 5. When shall you touch your books again? 6. I don't know when (*no sé cuándo*) I shall open my books again. 7. The tailor is working on the suits. 8. The boys are looking at their jackets. 9. The tailor is putting the trousers into a box. 10. The seamstress is cutting the cloth.

EL ZAPATERO

(FORMA PROGRESIVA DEL IMPERFECTO)

Mientras los muchachos **estaban hablando** con el sastre, María con sus amigas **estaba pensando** en ir a la zapatería para comprar calzado nuevo.

BLANCA. — Pronto va a empezar el otoño.

MARÍA. — Sí, a mí no me gusta.

LUISA. — ¿ Por qué ?

MARÍA. — Porque obscurece muy pronto.

BLANCA. — Eso no me disgusta. Enciendo la luz y estudio.

MARÍA. — ¿ Han empezado ustedes a estudiar ?

BLANCA. — Sí, ayer volví a abrir los libros.

LUISA. — Yo empezaré mañana. Tendré que volver a repasar mis libros de inglés.

MARÍA. — ¿ Los libros de inglés ?

LUISA. — Sí. ¿ No se acuerda usted de que el inglés es mi punto flaco ?

BLANCA. — ¡ Oh, sí ! ya me acuerdo.

Estaban hablando de sus estudios, cuando llegaron a la zapatería. La tienda era de reducidas dimensiones. Las estanterías, llenas de cajas conteniendo el calzado, estaban arrimadas a las paredes. En el centro de la tienda, había bancos para los clientes.

Las niñas se sentaron para aguardar turno. Había otras personas que habían llegado antes y estaban aguardando turno.

Mientras estaban esperando, ocuparon el tiempo volviendo a hablar de sus estudios.

Por fin el zapatero, que era el dueño de la zapatería, se acercó a ellas, saludándolas cariñosamente. Las conocía.

El Zapatero. — ¡ Hola, amiguitas ! ¿ Cómo están ustedes ?

Las tres niñas respondieron muy amables, y manifestaron el propósito que las llevaba allí.

El Zapatero. — Vamos, ¿ quieren ustedes zapatos bajos como los que llevan ?

María. — No, señor, queremos botas altas.

Blanca. — Ya no volveremos a comprar zapatos bajos hasta la primavera que viene.

El Zapatero. — ¡ Bien hecho ! Las botas abrigan el pie mucho mejor que los zapatos bajos.

El zapatero las hizo descalzar, y con la regla de medir les tomó la medida del pie. Después de esta operación, se dirigió al fondo ; y las niñas, que le siguieron con los ojos, vieron cómo, parado delante de las estanterías, estaba buscando el calzado de medida justa. Después de un buen rato, volvió con varias cajas.

Luisa. — Estábamos temiendo no poder comprar.

El Zapatero. — ¡ Oh, no hay cuidado ! Tengo un buen surtido.

Y empezó a destapar las cajas y a mostrar los pares de botas que aquéllas contenían.

LA ZAPATERÍA

Eran de modelos variados. Unas botas eran de botones y otras de cordones. Unas tenían el cuero de color ; el cuero de otras era enteramente negro.

BLANCA. — ¡ Qué bonitas son éstas !

MARÍA. — Sí, pero son demasiado pesadas.

LUISA. — Y son de color.

EL ZAPATERO. — Son propias para andar por la nieve.

MARÍA. — Pero nosotras queremos botas negras.

Cada niña había escogido el par que más le gustaba y lo estaba probando con la ayuda del zapatero.

MARÍA. — ¡ Qué piel tan fina es la de mis botas !

EL ZAPATERO. — Sí ; se llama cabritilla.

MARÍA. — Y ¿ de qué animal la sacan ?

EL ZAPATERO. — De la cabra.

MARÍA. — ¿ Todo el calzado lo hacen de las pieles de cabra ?

EL ZAPATERO. — No ; por ejemplo, la piel de las botas que ha comprado su amiga Luisa es mas gruesa y es de becerro.

LUISA. — Y las mías, que son tan brillantes, ¿ de qué son ?

EL ZAPATERO. — Las de usted son de charol, y generalmente se hace el charol de piel de caballo.

MARÍA. — Tengo muchos deseos de visitar una fábrica de calzado, para ver cómo hacen esto.

EL ZAPATERO. — Los fabricantes de calzado no preparan las pieles.

BLANCA. — Pues, ¿ quiénes son ?

El Zapatero. — Los curtidores, que en sus tenerías las curten.

Luisa. — Y de allí, ¿ las pieles pasan a las fábricas ?

El Zapatero. — Exactamente. Y el fabricante con sus máquinas las corta, cose, y monta en las hormas, hasta que la bota está completa.

Mientras hablaba, el zapatero **estaba envolviendo** las botas en papel de seda y las **estaba metiendo** en las respectivas cajas.

De repente, Luisa miró el reloj.

Luisa. — Miren, las cuatro. **Estábamos hablando** aquí sin pensar que tenemos que volver a ver a la maestra antes de irnos a casa.

María. — ¡ Es verdad !

Blanca. — ¡ María tiene razón !

Y las tres niñas se levantaron, teniendo ya los paquetes en las manos. Dos de ellas pagaron el valor de las botas, que era cuatro pesos por par ; pero la tercera, que era María, no tenía dinero. Así se lo dijo al zapatero.

María. — Yo no tengo dinero, pero mañana mi madre pasará por aquí, y le pagará a usted.

El Zapatero. — Lo mismo da. Está muy bien.

Y el zapatero las acompañó hasta la puerta. Llevaban muchos paquetes, que eran encargos que sus madres les habían hecho : telas para vestidos, agujas de coser, hilo, y otras cosas necesarias para las casas.

Ahora iban a ver a la maestra y **estaban pensando** en el trabajo que aquélla les iba a dar.

EL ZAPATERO

CUESTIONARIO

1. ¿A qué tienda iban las niñas?　2. ¿De qué estaban hablando?　3. ¿Quiénes estaban esperando en la tienda?　4. ¿Quién se les acercó?　5. ¿Qué les preguntó?　6. ¿Por qué no quieren zapatos bajos?　7. ¿Qué estaba buscando el zapatero?　8. ¿De qué se hacen los zapatos?　9. ¿De qué animal se saca la cabritilla?　10. ¿De qué se hace el charol?　11. ¿Quiénes preparan las pieles para el calzado?　12. ¿Por qué no pagó María el valor de las botas?　13. ¿Cuánto era el valor de las botas?　14. ¿Qué otras cosas habían comprado las niñas?

TEMA

1. I was reviewing my lessons when my mother called (*llamó*) me.　2. Other customers were looking at the shoes when the girls arrived.　3. While we were talking about our studies, the shoe dealer approached us.　4. He was looking for the shoes which he had put in a box.　5. While he was wrapping up the shoes, I was talking with the customers.

EL CARPINTERO

(Ponerse a)

El Sr. Selwood había comprado, al empezar la primavera, la casa que habitaba con su familia. Como era hombre previsor, quería protegerse contra los fríos del invierno. Por lo tanto llamó al carpintero y le encargó puertas dobles de quita y pon, para el invierno. En la misma mañana que el carpintero debía ir a la casa del Sr. Selwood, Juanito y María no salieron. Se levantaron a la hora de costumbre, se desayunaron, y en seguida **se pusieron a** estudiar.

MARÍA. — Yo siempre **me pongo a** trabajar con más gusto por la mañana.

JUANITO. — Naturalmente, porque no está usted cansada todavía.

Estudiaron dos horas, y entonces llegó el carpintero. Como las puertas dobles eran tan gruesas y pesadas, las tuvo que traer en un vagón, del que tiraba un caballo.

María fué la primera que le oyó llegar. Cerró el libro y **se puso a** buscar a su madre. Ésta estaba cocinando la comida. Al punto salió a ver al carpintero. Los dos hermanos la siguieron.

EL CARPINTERO. — Buenos días, Sra. Selwood. Aquí le traigo las puertas.

La Sra. Selwood. — Buenos días. ¿ Cuántas puertas ha traído usted ?

El Carpintero. — Dos. Una para la puerta de la fachada principal y otra para la puerta trasera.

Juanito. — ¿ Las va a poner ahora ?

El Carpintero. — Las voy a probar, para ver si las medidas son exactas, pero después las bajaré al sótano.

María. — Y ¿ por qué no las deja puestas ?

Juanito. — Porque hace demasiado calor para tener estas puertas dobles.

El Carpintero. — Exactamente.

La Madre. — ¿ No van ustedes a estudiar ?

Juanito. — Si usted nos da permiso, nos estaremos aquí viendo cómo el carpintero trabaja.

La Madre. — Pero, ¿ y sus lecciones ?

María. — **Nos pondremos** a estudiar después de haber visto el trabajo.

La madre accedió.

El carpintero, con la ayuda de un aprendiz, había transportado la puerta al pórtico de la casa. Los niños observaron que la puerta era recia, de madera de grande espesor, formada por dos tablones.

María. — Y ¿ cómo juntan estos tablones ?

Juanito. — Por medio de la cola, ¿ no ?

El Carpintero. — Así es. Pero como la cola no es de bastante seguridad para tablones de este grueso, ayer tarde puse estos travesaños de refuerzo.

Y les mostró dos travesaños de madera, que ayudaban a mantener las partes de la puerta compactas y unidas.

MARÍA. — ¿ A qué hora **se pone** usted a trabajar ?

EL CARPINTERO. — Muy temprano. A eso de las siete.

JUANITO. — Y ¿ no para usted en todo el día ?

El carpintero y el aprendiz se rieron.

EL CARPINTERO. — No es posible hacer esto que usted pregunta. Hay que comer y descansar.

MARÍA. — A mediodía come usted, ¿ no es verdad ?

EL CARPINTERO. — Sí, como y descanso ; y después vuelvo a trabajar.

MARÍA. — Y ¿ cuándo concluye usted ?

EL CARPINTERO. — Depende del trabajo. Yo estoy trabajando hasta que el trabajo ha concluido. Ayer trabajamos hasta las cinco y cuarto.

El aprendiz hizo observar que trabajaron hasta las cinco y media.

Los niños **se pusieron a** hacerle preguntas sobre el oficio de carpintero, y el hombre las respondía mientras estaba haciendo su trabajo.

De este modo se enteraron de que el carpintero trabaja principalmente la madera, que la madera sale de los troncos de los árboles que crecen en los bosques, y que dichos troncos pasan a los aserraderos para ser cortados en tablones de diferentes medidas y tamaños, por medio de sierras enormes movidas al vapor, o por la fuerza eléctrica.

MARÍA. — Y ¿ cómo transportan estos troncos ?

EL CARPINTERO. — De varias maneras. Por medio de mulos, o de locomotoras ; y, cuando se puede, aprovechan las corrientes rápidas de agua.

Juanito. — ¡Oh, sí! Recuerdo haber visto esto en una película de cinematógrafo.

María. — Y yo también.

El carpintero continuó contestando a las preguntas que los niños volvían a hacerle.

De este modo supieron que él sabía hacer toda clase de muebles : camas, armarios, mesas-tocadores, cómodas, sillas, marcos para espejos, ventanas, y cuadros. El hombre iba enumerando, pero María le interrumpió.

María. — ¿Necesita usted muchas herramientas para trabajar?

El Carpintero. — Necesito bastantes y muy diferentes las unas de las otras. Por ejemplo, ya saben que la sierra de mano sirve para cortar la madera de un modo igual. El martillo sirve para clavar clavos, el escoplo para agujerear la madera, y el cepillo para alisar y suavizar la superficie de la madera.

Juanito. — Y esto, ¿qué es?

El muchacho pronunció estas palabras apuntando con el dedo la herramienta que el carpintero tenía en la mano.

El Carpintero. — Esto es el atornillador que sirve para asegurar los tornillos.

María. — ¡Qué grandes son!

El Carpintero. — Son necesarios de este modo, porque la puerta es muy pesada.

El carpintero continuó trabajando todo el tiempo que mantuvo conversación con los dos hermanos. Estos últimos le observaban atentamente. Pero al fin se acordaron de la promesa hecha a su madre.

María. — Vamos a estudiar ahora.

Así lo hicieron. Entraron en el estudio y **se pusieron a** estudiar sus lecciones. Entonces quisieron decirlo a su madre y el hermano lo dijo gritando.

Juanito. — Mire, mamá. Estábamos hablando con el carpintero y ahora **nos ponemos a** estudiar, conforme le prometimos.

A la madre le gustó mucho, y desde la cocina expresó su satisfacción.

La Madre. — Está bien, hijos míos.

CUESTIONARIO

1. ¿Cuándo había comprado su casa el Sr. Selwood? 2. ¿Qué le encargó al carpintero? 3. ¿Por qué? 4. ¿Por qué no salieron Juanito y María? 5. ¿Cuándo se pusieron a estudiar? 6. ¿Cómo trajo el carpintero las puertas? 7. ¿Qué hizo María cuando le oyó llegar? 8. ¿Qué estaba haciendo la madre? 9. ¿Se puso el carpintero a probar las puertas? 10. ¿Por qué no quiso el carpintero dejar las puertas puestas? 11. ¿Quién estaba ayudando al carpintero? 12. ¿A qué hora se pone a trabajar el carpintero? 13. ¿A qué hora se pone usted a estudiar? 14. ¿Por qué no trabaja el carpintero todo el día? 15. ¿Qué hace él a mediodía? 16. ¿De dónde sale la madera? 17. ¿De qué herramientas se sirve el carpintero?

TEMA

1. While they were breakfasting, I set about my work. 2. When I was studying my lesson, I heard him come. 3. They set about hanging the doors. 4. I have

brought the doors and shall hang them now.   5. The carpenter had brought the doors in his wagon.   6. I start work at seven o'clock.   7. We go to work again at noon.   8. The man kept on answering the questions.   9. While he was hanging the door, the children began talking with him.

EL ALBAÑIL

(FORMA PROGRESIVA DEL PASADO INDEFINIDO. *Hacerse*)

El padre de Enrique deseaba levantar una pared para proteger su pequeño huerto. Y había dado sus órdenes al albañil.

Éste llegó un poco retrasado y Enrique le recibió.

5 ENRIQUE. — Le **he estado esperando** a usted desde las siete de la mañana. ¿ Qué **ha estado** usted **haciendo** ?

EL ALBAÑIL. — El aprendiz y yo **hemos estado acabando** un trabajo que empezamos ayer. Pero ya estamos aquí.

10 Enrique condujo al albañil a la parte trasera de la casa, y le explicó la clase de trabajo que su padre quería.

EL ALBAÑIL. — Ya comprendo. Quiere una pared para separar su huerto del de su vecino.

ENRIQUE. — Exactamente. Los dos pagan el trabajo, 15 mitad y mitad.

EL ALBAÑIL. — ¿ De qué altura quieren ustedes la pared ?

ENRIQUE. — Unos dos pies y medio. Es tan sólo para separar las plantas.

20 El albañil tomó la medida del largo de la pared, y atando un cordón a dos clavos largos y pesados, los hundió en la tierra. El cordón formaba una línea recta, indicando el sitio donde debía levantarse la pared.

El Albañil. — Esta tarde volveremos.

Enrique. — ¿ No trabajan ahora ?

El Albañil. — No podemos. Nos faltan las herramientas, los ladrillos, y los ingredientes para formar la argamasa.

Enrique. — ¡ Ah ! ya comprendo.

A la hora de almorzar, el padre de Enrique volvió a su casa, y preguntó si el albañil había venido. Enrique le dió una información completa.

Enrique. — Ha venido esta mañana. Ha estado tomando las medidas del largo y ha dicho que volverá esta tarde.

El Padre. — Muy bien.

Enrique. — ¿ Puede usted darme dinero, padre ?

El Padre. — ¿ Para qué ?

Enrique. — Quiero hacerme cortar el pelo.

El Padre. — Si usted va a la peluquería a las seis, yo estaré allí también, y nos lo haremos cortar juntos.

Enrique. — No será usted puntual. Va usted al pueblo inmediato, y no tendrá tiempo de estar de vuelta a las seis.

El Padre. — Seré puntual. Ya sabe que, siempre que voy a ver al Sr. Stanton, al volver me hago llevar en su automóvil.

Y el padre de Enrique se fué.

Veinte minutos más tarde volvía el albañil con su aprendiz. Esta vez venían en un carro. En el carro traían todo lo necesario para levantar la pared.

Enrique. — Vamos, ya están de vuelta.

El Albañil. — Sí, **hemos estado cargando** los ladrillos y lo demás.

Enrique examinaba los ladrillos, de color rojo y endurecidos al fuego, las paletas, las palas grandes ; también se fijó en el aprendiz, que transportaba sacos de cal y arena al lugar donde tenían que levantar la pared.

Enrique. — ¿ Para qué son estos sacos ?

El Albañil. — Estos sacos contienen la cal y la arena que, mezclándolas en las debidas proporciones y añadiendo agua a las mismas, forman la argamasa o el mortero.

Enrique. — ¿ Es decir que el resultado de la mezcla tiene dos nombres ? Y los ladrillos, ¿ de dónde los ha sacado usted ?

El Albañil. — **Me** los **hago** traer del pueblo vecino, donde hay un horno donde los cuecen muy bien.

Enrique. — ¿ En el horno ?

El Albañil. — Naturalmente.

Enrique. — ¿ Cómo **se hacen** los ladrillos ?

El Albañil. — Pues se toma una cantidad de arcilla, se la pone en un molde, y se la encierra en el horno, que se mantiene a una temperatura muy elevada. Después que **se ha hecho** esto, los ladrilleros sacan los moldes, y el ladrillo solidificado empieza a enfriarse.

Enrique. — ¿ Ha visto usted hacer ladrillos ?

El Albañil. — Ya lo creo, y **me hice** explicar todo lo que ví, para poderlo comprender bien.

Enrique. — Es una buena idea esto de **hacerse** explicar lo que no se entiende.

El Albañil. — Ya lo creo.

Enrique. — Después que he estudiado las lecciones, siempre me las hago tomar por mi madre. Así estoy seguro de que las he aprendido muy bien.

El Albañil. — Es una costumbre muy buena.

Mientras hablaban, el albañil, ayudado del aprendiz, trabajaba. Siguiendo la línea que le marcaba el cordón, después de derramar una paletada de argamasa sobre la tierra, apretaba un ladrillo contra la argamasa. Cuando tuvo lista la primera línea de ladrillos, empezó a echar argamasa sobre la fila de ladrillos, y de este modo, alternando los ladrillos con la argamasa, el albañil levantaba el muro, poco a poco.

Enrique entró en la casa para estudiar, y así empleó dos horas. Eran ya las cinco cuando salió de nuevo para ver qué hacía el albañil. Éste había levantado ya más de la mitad de la pared.

Enrique. — ¿Sabe usted que han estado trabajando ustedes durante dos horas, sin parar?

El Albañil. — Y bien, ¿qué le parece a usted el resultado?

Enrique. — Muy bueno.

El Albañil. — ¿Hemos estado perdiendo el tiempo?

Enrique. — De ningún modo. La pared está casi terminada.

El Albañil. — Mañana la acabaremos en media hora.

Enrique. — ¿Sabe usted que me ha dado un consejo muy bueno?

El Albañil. — ¿Cuál?

EL ALBAÑIL

EL ALBAÑIL

Enrique. — El **hacerse** explicar una cosa cuando uno no la comprende bien.

El Albañil. — Me alegro de haberlo hecho. Ahora a usted le toca seguirlo.

Enrique. — Ya lo creo. Desde mañana, si no comprendo una cosa, **me la haré** explicar en seguida.

CUESTIONARIO

1. ¿Por qué llegan retrasados el albañil y el aprendiz? 2. ¿Quién les ha estado esperando? 3. ¿Por qué no empieza el albañil a trabajar? 4. ¿Cuándo volverá? 5. ¿Para qué quiere Enrique dinero? 6. ¿A qué hora tiene que ir a la peluquería? 7. ¿Quién estará allí? 8. ¿Cuándo vuelve el albañil? 9. ¿Qué trae en el carro? 10. ¿De qué se forma la argamasa? 11. ¿Dónde se cuecen los ladrillos? 12. ¿De qué se hacen los ladrillos? 13. ¿Qué se hace explicar Enrique? 14. ¿Cuánto tiempo emplea Enrique estudiando? 15. ¿A qué hora sale de nuevo? 16. ¿Cuánto tiempo ha estado trabajando el albañil? 17. ¿Ha terminado la pared? 18. ¿Cuándo la acabará?

TEMA

1. We wish to have our hair cut. 2. They have been building the wall. 3. He will have himself taken in his father's automobile. 4. Henry has been examining the sacks which the mason has brought. 5. I need more bricks, and I shall have them brought from the kiln. 6. All that we see, we have explained to us.

LA APERTURA DEL CURSO

(PRONOMBRES PERSONALES DESPUÉS DE LA PREPOSICIÓN)

Había llegado por fin el primer día de escuela. Juanito, María, y los amigos que ya conocemos se dirigían a la escuela. Leal estaba también **con ellos**. Llevaba en la boca el cesto consabido conteniendo los libros y las meriendas de los dos hermanos. Todos iban con sus vestidos y calzados nuevos. Los muchachos se habían hecho cortar el pelo. Las niñas llevaban grandes lazos nuevos en el cabello.

SAMUEL. — Se ha acabado la tranquilidad.

MARÍA. — Es verdad. Ahora a trabajar otra vez.

Samuel, que había ayudado a su padre toda la tarde del día anterior, protestó.

SAMUEL. — ¿ Trabajar otra vez ? Ayer trabajé todo el día.

ENRIQUE. — Pues entonces, ¿ de qué se queja usted ?

BLANCA. — Sí, el trabajo no será una novedad **para usted**.

SAMUEL. — Es la clase de trabajo que no me gusta. Siempre que hay alguna pregunta difícil, **a mí** me toca responderla. Cuando alguien hace algo, la primera mirada de la maestra es **para mí**, y yo nunca hago nada. La maestra se va de la clase y dos **de ustedes** se pelean; vuelve la maestra, y ya se sabe, yo pago **por ustedes**.

Los amigos se reían y Leal saltaba, porque no podía ladrar. No podía hacerlo porque llevaba el cesto en la boca.

Camino de la escuela, convinieron todos en que se habían divertido mucho durante el verano. Recordaron el viaje a Nueva York, y las cosas que habían visto durante su permanencia en la ciudad.

Roger. — El capitán del vapor que visitamos debe estar navegando ahora.

Blanca. — Ya lo creo.

Samuel. — A ver si se acordará de nosotros.

Juanito. — Usted ya está pensando en los regalos que nos prometió.

Samuel. — Naturalmente.

Luisa. — La verdad es que yo también estaba pensando en ellos.

Enrique. — Yo creo que no se olvidará de nosotros.

María. — Pero tardará tiempo en traérnoslos.

Juanito. — Eso sí. Ya oyeron ustedes lo que dijo. Un viaje de tres semanas para ir y otras tres semanas para volver.

Este año el camino a la escuela era más largo. Todo el invierno anterior habían ido a la escuela pequeña, cerca del bosque. En el presente curso iban a otro edificio más grande, que estaba en el mismo pueblo. Estaban en un grado más adelantado. Por el mismo camino se encontraban con compañeros del año pasado y empezaron a hablar con ellos. Todos se dirigían al mismo sitio. La escuela estaba situada en una plaza con árboles y bancos. Tenía una escalera muy ancha para subir a la puerta principal, y ésta había estado abierta desde las ocho de la mañana. Nuestros amigos no fueron los primeros en llegar. Desde que se habían abierto las puertas, un número interminable de muchachos y muchachas habían entrado en el edificio. Así que nuestros amigos entraron, un maestro les indicó el camino al " Salón de Actos."

Entraron en él y vieron a maestros y maestras que estaban indicando sitio a los niños, conforme éstos entraban.

Nuestros amigos se detuvieron a la puerta, y examinaron el salón.

SAMUEL. — ¡ Qué grande es !

BLANCA. — ¡ Y cuántos niños y niñas !

Una maestra se les acercó y les dijo que tenía un banco para ellos.

Todos la siguieron en fila y se sentaron en uno de los bancos más cerca de la tarima.

JUANITO. — Lo menos somos doscientos entre muchachos y muchachas.

Por fin apareció el director de la escuela, que subió a la tarima. Los niños, en cuanto vieron al director, se callaron inmediatamente.

Éste, después de darles la bienvenida, les dijo que les iba a organizar por secciones, cada una bajo la dirección de un maestro. Así lo hizo. Llamaba a los niños y a las niñas por sus nombres respectivos. Los llamados se colocaban en fila a lo largo de una de las paredes, y cuando la sección estaba completa, es decir, tenía cuarenta discípulos, salían del salón, guiados por un maestro o una maestra.

Nuestros amigos tuvieron la suerte de entrar todos en la misma sección, que fué una de las últimas en formarse.

Este año les tocó un maestro en vez de una maestra. Era un señor de unos cincuenta y cinco años, calvo, gordo, y bajo ; y llevaba anteojos ahumados.

Samuel, al verle, pensó en los buhos que había contemplado, más de media hora, en el parque zoológico del Bronx.

De repente los cristales ahumados del maestro se fijaron en Samuel, y éste dirigió la vista hacia otra parte.

En fila, niños y niñas siguieron al maestro. Una vez en la clase, éste les indicó sus respectivos pupitres. Se sentaron muy callados. Samuel tenía un pupitre detrás del de María y delante del de Enrique. El pupitre de Roger estaba a su lado.

El maestro tomó sus nombres, los entró en el registro, y les dió los libros que debían de usar durante los primeros meses del año.

El maestro les dijo que sabía lo que habían estudiado el año anterior, y les habló del trabajo que les estaba esperando durante el año escolar que empezaba en aquel día. Les señaló las lecciones para el día siguiente y les despidió.

Era mediodía y comieron en la sala de clase. Después se fueron. Al salir a la plaza, los muchachos y las muchachas se reunían en grupos.

JUANITO. — ¿ Qué les parece el nuevo maestro ?
MARÍA. — Me gusta.
ENRIQUE. — Parece que es justo y bueno.
SAMUEL. — Pues a mí no me gustan sus anteojos de
cristales ahumados. De este modo nunca sabré si me
mira a mí o si mira a otro.
Los muchachos se rieron.
BLANCA. — Usted no debe tener miedo, porque usted
es un buen muchacho.
SAMUEL. — Esto no me salva.
ROGER. — ¿ Han oído ustedes lo que ha dicho ? Sabía lo que habíamos estudiado durante el año pasado.
LUISA. — Naturalmente. Todos los maestros están
enterados de todos los cursos.
SAMUEL. — Y ¿ han visto ustedes la lección de inglés ?
Tres páginas.
JUANITO. — Oh, esto no es nada.
SAMUEL. — No será nada **para usted**, pero lo es **para mí**.
Al despedirse los niños, se dieron cita para la tarde.
Samuel se excusó. Tenía que acabar su trabajo en el
campo aquella tarde.

Cada uno tomó el camino de su casa. Juanito y
María, seguidos de Leal, que había ido a buscarles, se
dirigieron a la suya. Llegaron tarde, porque durante
el camino habían hojeado los libros.

CUESTIONARIO

1. ¿ De qué se queja Samuel? 2. ¿ Qué dice
Roger acerca del capitán? 3. ¿ Quiénes habían estado

LA APERTURA DEL CURSO

pensando en los regalos? 4. ¿A qué escuela iban los niños? 5. ¿Dónde estaba situada la escuela? 6. ¿Desde cuándo habían estado entrando muchachos y muchachas en la escuela? 7. ¿Dónde se sentaron nuestros amigos? 8. ¿Cómo organizó el director a los discípulos? 9. ¿Cuántos forman una sección? 10. ¿En qué piensa Samuel cuando ve al maestro? 11. ¿Por qué dirige Samuel la vista hacia otra parte? 12. ¿Qué libros les da el maestro a los niños? 13. ¿A qué hora les despide? 14. ¿Por qué no le gustan a Samuel los anteojos del maestro? 15. ¿Por qué no debe tener miedo? 16. ¿Cómo le gusta a Samuel la lección de inglés? 17. ¿Qué tiene Samuel que hacer durante la tarde?

TEMA

1. We had studied with them all day. 2. We had worked in the fields all the afternoon. 3. It is his turn to answer. 4. I shall not forget you. 5. Samuel and Roger remember us. 6. The master had thought of them.

LA RECOLECCIÓN DE LAS MANZANAS

(FORMA PROGRESIVA DEL FUTURO. *Ir a*)

Han pasado ya seis semanas desde la apertura del curso. Ya empieza a notarse que los días son más cortos. Las mañanas son frescas y las hojas empiezan a tomar el tinte rojizo.

5 Un sábado Enrique, con los dos hermanos, Juanito y María, están ya de camino, en dirección a la hacienda del padre de Samuel.

JUANITO. — Y ¿ dónde están los otros ?

ENRIQUE. — **Estarán andando** ya en la misma direc-
10 ción que vamos nosotros.

MARÍA. — Seguramente.

ENRIQUE. — El curso ha empezado bien para nosotros.

JUANITO. — Sí. Hasta ahora hemos respondido a todo lo que nos ha preguntado el maestro.

15 MARÍA. — Hasta Samuel ha tenido suerte.

ENRIQUE. — Sí, el otro día oí al maestro que hablaba muy bien de él.

JUANITO. — ¿ De veras ? Me alegro.

MARÍA. — ¿ Oyó usted si hablaba de alguien más ?

20 JUANITO. — La señorita ya quiere saber si el maestro habló de ella.

MARÍA. — Naturalmente.

ENRIQUE. — No, pero de todas maneras todos podemos estar seguros de que está satisfecho con nosotros.

Andaban despacio y notaban todo lo que veían en el camino. Notaban cómo las flores silvestres desaparecían. Veían el suelo del camino cubierto de hojas caídas y respiraban con placer el aire vivo, propio del otoño. Oían el ruido producido por las ardillas al correr entre las ramas de los árboles.

De pronto notaron que Leal se paraba bruscamente, mirando al espacio, en actitud agresiva.

MARÍA. — ¿ Qué le pasa a Leal ?

Oyeron el ruido de alas poderosas de una ave grande, batiendo el aire. Levantaron los ojos y vieron a un halcón, volando con la rapidez de un rayo hacia el bosque. Los niños se pararon. El halcón se hundió entre los arbustos; se oyó un grito de agonía; y bien pronto vieron al ave de rapiña remontarse en el aire, teniendo en sus garras a un pobre conejo. María se tapó los ojos con las manos.

Leal ladraba, indignado de no poder atacar al halcón. Éste se perdió de vista.

Reanudaron su camino y llegaron a la hacienda. Se dirigieron a la sección de los árboles frutales, que ya conocemos.

Allí pudieron ver a los manzanos, fuertes y hermosos, cubiertos por las enormes bolas rojas del fruto, las manzanas. Varios hombres, junto con Samuel, Roger, Blanca, y Luisa, cogían las manzanas, bajo la dirección del padre de Samuel.

Éste, al verles, les saludó sonriendo.

EL SR. PERKINS. — ¡ Ah, perezosos, que llegan ustedes tarde !

María le refirió el episodio del halcón. Todos le prestaron mucha atención, y los muchachos que trabajaban sintieron no haberlo podido ver.

SAMUEL. — Si no empiezan ustedes pronto, **estaremos acabando** cuando querrán ustedes empezar.

María notó la ausencia de Leal.

MARÍA. — ¿ Dónde ha ido Leal ?

JUANITO. — **Estará jugando** con los perros de la casa.

Mientras tanto algunos de los recién llegados se habían puesto a trabajar. **Iban a** recuperar el tiempo perdido.

Había hombres, también, que cogían las manzanas. Algunos, provistos de cogedores, que consistían en palos muy largos con copas de hoja de lata, colocaban la manzana dentro de la copa, y retorciendo la fruta la arrancaban del árbol.

Las niñas se fijaron mucho en esta operación. Era trabajo nuevo para ellas ; y como **iban a** hacer lo mismo, querían aprenderlo bien.

EL SR. PERKINS. — ¿ Han comprendido como se hace ?

LUISA. — Sí, señor, por mí, ya pueden ustedes empezar.

MARÍA. — Y por nosotras también.

Blanca era de la misma opinión ; y empezaron a coger manzanas con los cogedores, depositándolas después en grandes barriles que allí se tenían para este propósito.

El trabajo de los muchachos era diferente. Estaban

subidos en escaleras de mano. Cogían el fruto con las manos, y lo depositaban en un zurrón que llevaban colgado al hombro. Cuando el zurrón contenía manzanas suficientes, bajaban de la escalera y depositaban las manzanas en uno de los barriles.

Estuvieron cogiendo manzanas por espacio de tres horas. Había unos seis hombres que no hacían otra cosa sino tapar barriles cuando estaban ya llenos.

Mientras trabajaban, los niños vieron venir un carro de transportes, muy grande, que cargó como unos cincuenta barriles de manzanas, para llevarlos a la estación. Los caballos que tiraban de este carro, eran dos hermosos caballos blancos.

A los niños les gustaba este trabajo al aire libre, templado por los rayos del sol, todavía caliente. Se hablaban a gritos los unos con los otros, cantaban y se reían. Poco antes de mediodía, hora señalada para el almuerzo, apareció la Sra. Perkins a la puerta de la casa y les dijo que era tiempo de ir a lavarse para sentarse a la mesa.

Al oírla, todos la saludaron con gritos de alegría y dejaron prontamente el trabajo.

Samuel lo hizo con tanta precipitación, que al bajar resbaló, y se cayó de la escalera donde estaba subido. Como el terreno era blando y había todavía bastante hierba, recibió solamente un coscorrón. Todas las manzanas que guardaba en el zurrón se desparramaron por el suelo. Tuvo que cogerlas, una por una, y meterlas en el barril. Los niños, al verle caer, se rieron a carcajadas.

Poco después, todos sentados a la mesa, comían el almuerzo abundante que la Sra. Perkins les había estado preparando. Naturalmente, mientras comían, hablaban, y lo hacían sobre las manzanas.

JUANITO. — ¿A dónde manda usted las manzanas?

EL SR. PERKINS. — A la ciudad.

MARÍA. — A todo el mundo le gustan las manzanas.

ENRIQUE. — Sí, yo creo que todas las personas las comen.

LA SRA. PERKINS. — Los médicos las recomiendan mucho.

LUISA. — Y se pueden comer de diferentes maneras.

SAMUEL. — Ya lo creo. Se pueden hacer en forma de pastel; se pueden comer cocidas o en conserva; y, por último, al natural.

ROGER. — Y ¿cómo le gustan a usted más?

SAMUEL. — La forma es lo de menos para mí. La cuestión es verlas sobre la mesa.

Juanito quiso enfadar a Samuel.

JUANITO. — Estoy seguro que a Samuel les gustan más las manzanas que las bananas.

Todos promovieron una gran algazara, y Juanito tuvo que explicar al padre de Samuel el episodio de la banana y del mico, a pesar de las protestas de Samuel. Después continuaron hablando de las manzanas.

ENRIQUE. — ¿Deben emplear mucho tiempo para llegar a la ciudad?

EL SR. PERKINS. — No lo crea usted. Estas manzanas que han cogido ustedes esta mañana llegarán a la ciudad

LA RECOLECCIÓN DE LAS MANZANAS

mañana por la mañana, a las cuatro. El lunes, a las cinco de la mañana, los compradores **estarán destapando** ya sus barriles. A la hora que estarán ustedes en la escuela y nosotros **estaremos cogiendo** más manzanas, en la ciudad estarán vendiendo estas manzanas en el mercado.

SAMUEL. — Y por la noche las **estarán comiendo**.

EL SR. PERKINS. — Eso es.

ENRIQUE. — Y ¿ los manzanos sólo crecen en determinados países ?

EL SR. PERKINS. — No, el manzano es un árbol casi universal, y generalmente crece en los climas como el nuestro.

BLANCA. — ¿ Necesita el frío ?

LA SRA. PERKINS. — No lo necesita, lo tolera.

EL SR. PERKINS. — Exactamente. Este otoño ha sido muy bueno. Nos ha permitido coger las últimas manzanas antes de las heladas.

JUANITO. — Ya recuerdo que usted dijo que las heladas eran muy malas para los árboles frutales.

EL SR. PERKINS. — Sí, señor ; mucho.

ENRIQUE. — Y para las plantas.

MARÍA. — Y para las flores.

SAMUEL. — Y para nosotros.

ROGER. — ¿ Para nosotros ? ¿ Por qué ?

SAMUEL. — Porque cuando el suelo está helado, al andar podemos caer y hacernos daño.

ENRIQUE. — Tiene razón.

MARÍA. — Pero podemos patinar.

Juanito. — Todavía faltan días. ¿Vamos a trabajar?

Habían acabado de almorzar, y todos aceptaron la propuesta de Juanito. Dieron las gracias a la Sra. Perkins, y salieron corriendo hacia donde estaban los manzanos.

Iban a coger las manzanas de los manzanos que formaban las últimas hileras.

Enrique. — Voy a acabar cuatro árboles, yo solo.

Juanito. — Yo cinco.

Samuel se rió al oírles. Todos le preguntaron de qué se reía.

Samuel. — Porque estos dos no saben de lo que hablan.

Enrique. — Hable usted, sabio.

Samuel. — Naturalmente, que hablaré. Esta mañana, al empezar, pensé que iba a acabar cinco árboles. Empleé toda la mañana para acabar dos y medio.

María. — Y ¿cuál es la razón de todo esto?

Samuel. — Consiste en el número de manzanas que tiene el manzano. Si hay mucha fruta, uno necesita más tiempo; si hay poca fruta, uno lo despacha pronto.

Empezaron a trabajar sin más palabras; y cuando el crepúsculo vespertino marcó sus primeras sombras, cesaron de coger manzanas. No quedaba ya ni un manzano sin haber contribuido a la recolección.

Este otoño había sido muy bueno. El Sr. Perkins había podido vender más de mil barriles. Hizo un presente de dos pesos a cada uno de los niños, que quedaron muy contentos. Todos prometieron ponerlos en el banco. Ya había anochecido cuando emprendieron el camino de regreso a sus casas, seguidos de Leal.

CUESTIONARIO

1. ¿A dónde van tres de los niños?   2. ¿En qué dirección estarán andando los otros?   3. ¿Qué iban a hacer?   4. ¿Hacia dónde estaba volando el halcón?   5. ¿Qué oyeron los niños?   6. ¿Qué tenía el halcón en las garras?   7. ¿A qué sección de la hacienda se estaban dirigiendo nuestros amigos?   8. ¿Quiénes estaban cogiendo las manzanas?   9. ¿Para qué sirven los cogedores?   10. ¿Cómo subían los muchachos a los árboles?   11. ¿Dónde depositaban las manzanas?   12. ¿Cómo se llevaron los barriles a la estación?   13. ¿Cuándo apareció la Sra. Perkins a la puerta?   14. ¿De dónde se cayó Samuel?   15. ¿Por dónde se desparramaron las manzanas?   16. ¿Dónde tuvo Samuel que meterlas?   17. ¿A dónde manda el Sr. Perkins las manzanas?   18. ¿Quién explicó el episodio del mico?   19. ¿En qué países crecen los manzanos?   20. ¿Cuántos árboles había acabado Samuel?   21. ¿Cuánto dinero dió el Sr. Perkins a cada muchacho?   22. ¿Dónde ponen los niños el dinero?

TEMA

1. To-morrow we shall be walking through the woods.   2. We shall be working with Samuel's father.   3. The men will be gathering apples all day.   4. Leal must be (*estará*) playing with the other dogs.   5. I am going to send three barrels of apples to the city at five o'clock in the morning.

EL CARBÓN

(FUTURO DE PROBABILIDAD. *Poder*)

En los últimos días de octubre las familias no **podían** sentarse en los pórticos de las casas para tomar el fresco. Hacía demasiado frío.

Las familias se quedaban dentro de las casas, al amor del fuego.

Así estaba, una noche, la familia del Sr. Selwood. Era sábado, y por consiguiente a Juanito y María se les permitía quedarse un rato con la familia, antes de irse a la cama.

Estaban todos en la sala, donde había la chimenea. En el hogar de la misma ardían dos hermosos troncos de encina. Todos tenían sus ojos fijos en las llamas. Leal, tendido todo lo largo que era, junto al fuego, dormía apaciblemente. Los niños rompieron el silencio.

María. — ¡ Cómo me gusta mirar el fuego !

Juanito. — ¡ Quién sabe dónde **habrán cortado** la leña que arde aquí !

María. — Lejos en el bosque.

El Padre. — No lo creo. Hay abundancia de árboles en esta comarca para hacer leña.

Juanito. — Y también para hacer madera.

El Abuelo. — No. Los árboles que dan la madera están más lejos.

María. — ¿Cuál es la diferencia entre leña y madera?

El Abuelo. — La madera es la parte que se usa con fines industriales; como, por ejemplo, para construir muebles, edificar casas, andamiadas, y cosas por el estilo. La leña es aquella parte del árbol que cortamos para hacer fuego.

María. — Ya veo la diferencia.

Juanito. — El abuelo ha olvidado otro producto que sirve para calentarnos.

El Abuelo. — ¿El carbón?

Juanito. — Sí, señor.

El Padre. — Éste es elemento más moderno.

La Abuela. — Da más calor que la leña.

El Abuelo. — Sí, el carbón mineral lo da.

Juanito. — ¿Cuántas clases de carbón hay?

El Padre. — Dos, vegetal y mineral.

El Abuelo. — Y en el mismo carbón mineral hay diferentes clases, las unas siendo superiores a las otras.

María. — ¿Puede usted distinguirlas?

El Abuelo. — Éste no es nuestro ramo, Juanito.

El Padre. — Podemos notar la diferencia entre el carbón vegetal y el mineral.

Entonces el abuelo explicó cómo el carbón vegetal se hace de troncos de determinados árboles, que los peritos pueden distinguir hábilmente. Entre el padre y el abuelo, explicaron cómo hacen arder los troncos hasta cierto punto, lo que los hace a propósito para carbón.

María. — Y ¿el carbón mineral?

Juanito. — Éste estará en las minas, ¿no es verdad?

El Abuelo. — Sí, ya saben ustedes lo que es una mina.

Juanito. — Sí, una mina es un lugar subterráneo, donde se trabaja la explotación de un mineral.

La Madre. — Buena definición.

El Abuelo. — Pues en una clase de estas minas se halla el carbón.

María. — Y ¿ cómo se forma el carbón ?

El Abuelo. — De una acumulación de la parte leñosa que tiene la tierra.

Juanito. — Y ¿ cuándo empezamos a usar carbón ?

El Padre. — En los Estados Unidos empezamos a hacerlo en 1809.

La Abuela. — ¿ Hasta entonces no lo descubrieron ?

El Padre. — Hasta entonces, no.

Juanito. — ¡ El tiempo que el carbón **habrá esperado** a ser descubierto por el hombre !

La Madre. — Esto es verdad.

El Padre. — Desde luego. Pero ahora se usa mucho.

El Abuelo. — Y aun hay otra cosa más importante. ¡ De cuántas cosas **habrán carecido** nuestros antepasados, que nosotros las juzgamos necesidades imprescindibles !

Juanito. — Los metales **serán** más antiguos.

El Padre. — Sí ; el oro, la plata, el cobre, el hierro. Todo esto lo conocemos, desde que el mundo existe.

María. — Y ¿ cuál es el metal más valioso ?

El Abuelo. — El oro.

Juanito. — ¿ Por qué ?

María. — Porque es el más hermoso.

EL PADRE. — No. Es el más valioso porque es el más escaso. Ésta es la razón por qué los hombres emplean el oro para acuñar monedas.

JUANITO. — Y ¿cómo saben los hombres dónde hay minas?

EL PADRE. — Hay hombres peritos en este ramo, que exploran el terreno y **pueden** conocer en seguida si las señas de la existencia del mineral son seguras o falsas.

JUANITO. — Y usted, padre, ¿**puede** distinguir usted si existe una mina?

EL PADRE. — No, hijo mío.

JUANITO. — Pero usted es constructor de máquinas y **puede** conocer si los metales son buenos o malos.

EL PADRE. — Esto es diferente. Yo **puedo** ver los defectos o las cualidades de los metales que entran en la construcción de mis máquinas, como el acero, el hierro, o el plomo.

Pero la velada se había hecho ya más larga de lo regular. A María se le empezaban a cerrar los ojos. No **pudo** tenerlos abiertos. La madre lo observó y dió la señal para irse a la cama. Todos se dieron las buenas noches. El abuelo cubrió el fuego, apagó la luz, y dejó a Leal durmiendo junto al fuego.

CUESTIONARIO

1. ¿Dónde está sentada la familia? 2. ¿Qué arde en la chimenea? 3. ¿Dónde habrán cortado la leña que arde en la chimenea? 4. ¿Para qué se usa la madera? 5. ¿Para qué se usa la leña? 6. ¿Cuál

es otro producto que sirve para calentarnos? 7. ¿De qué se hace el carbón vegetal? 8. ¿De dónde viene el carbón mineral? 9. ¿Qué será más antiguo que el carbón? 10. ¿Cuál es el metal más valioso? 11. ¿De qué metales se sirven los hombres para acuñar monedas? 12. ¿Qué es lo que no pudo hacer María?

TEMA

1. It is cold, and we cannot remain on the porch. 2. The dog must have slept close by the fire. 3. The men must have cut the wood in the forest. 4. Charcoal is made of trunks of trees. It is not used very much. 5. Gold, silver, and copper are probably used for minting coins. 6. I can see whether there are defects in the metals which I use for making machines.

LOS NIÑOS EXPLORADORES

(REPASO DE LA FORMA PROGRESIVA)

Las autoridades y el Consejo de Enseñanza del pueblo habían organizado dos compañías de " Niños Exploradores." Los niños que ya conocemos formaban parte de la misma compañía, aunque estaban en diferentes secciones.

Las autoridades escogieron el último sábado de octubre para la revista y ejercicios prácticos de las compañías. Éstas tenían que encontrarse formadas en correcta formación en la plaza del pueblo, a las once.

Temprano por la mañana de aquel sábado los niños ya estaban levantados, y procedieron a una limpieza general. Usaron el jabón en abundancia para lavarse manos y cara. Emplearon el cepillito de dientes y los polvos blancos para frotar bien su dentadura. Con el peine y los cepillos se peinaron cuidadosamente el pelo. Y por fin vistieron el uniforme. El uniforme era de color moreno-verdoso. Calzaban polainas hasta la rodilla, y llevaban el sombrero militar.

A medida que llegaban a la plaza, formaron en grupos hablando. Sus familias habían salido también, para verlos pasar.

JUANITO. — Vamos al bosque.

Enrique. — Sí, pasaremos cerca de la casa de la tía Ana.

Roger. — Estoy seguro de que saldrá a la puerta, para vernos.

Samuel. — Ya debe **estar esperándo**nos.

Roger. — Tenemos un programa muy largo.

Juanito. — Hemos de hacer todo lo que nos han enseñado.

Enrique. — Y es un buen día para trabajar. Hace sol y hace frío.

Samuel. — Después de la marcha, no tendrá usted más frío.

En esto, una corneta tocó formación y todos los niños corrieron a sus puestos, a formar. Las autoridades se acercaban, y otro toque de la corneta puso firmes a los niños.

Entonces las autoridades revistaron a los niños muy detenidamente. Después de haber pasado la revista, las autoridades se dirigieron a una plataforma para verlos desfilar. Las familias, que **habían estado esperando**, oyeron por fin la banda de cornetas. Sabían que ésta era la señal de que el desfile **estaba empezando**. Primero venía el comandante de las dos compañías, a la cabeza de las mismas, seguido de sus oficiales. Éstos eran niños de la Escuela Superior. Después, a cierta distancia, venía la banda de cornetas, que pasaba marcando el ritmo del paso militar para los exploradores. Después venía la primera compañía, formada por secciones. La primera sección era la de los telefonistas;

después seguía la de los instaladores del telégrafo sin hilos; y por último venía la sección de las tiendas de campañas.

La segunda compañía consistía en una sección de sanidad, con camillas portátiles, colocadas sobre ruedas, y otra sección de herramientas y cuerdas para poder auxiliar a las otras secciones.

Todos marchaban, marcando el paso que les daba el ritmo de las cornetas.

Al pasar por delante de sus familias, que miraban la parada, los niños se esmeraban en desfilar bien.

Demostraban que podían marchar bien. El paso era uniforme, las filas derechas, las distancias exactas.

Después de haber dejado atrás la última casa del pueblo, las cornetas cesaron de tocar. Se dió la orden de andar a paso de viaje, guardando la formación.

Estaban cubriendo la distancia que había desde el pueblo al bosque. Ya no sentían el aire frío. El movimiento de la marcha y los rayos del sol habían hecho entrar la sangre de los niños en circulación.

Además, andaban de prisa, porque sabían que la llegada al bosque era señal para almorzar. Samuel estaba en la sección de sanidad y tiraba de una de las camas portátiles, que encontraba bastante pesada. Hablaba con sus amigos, que formaban en la última fila de la sección que le precedía.

ENRIQUE. — ¿**Está** usted su**d**ando, Samuel? Miren, Samuel **está sudando** en octubre.

SAMUEL. — Naturalmente. Yo **estoy tirando** de una camilla, y ustedes no llevan nada.

Roger. — ¿Cómo que no llevamos nada?

Juanito. — Entre Enrique, Roger, y yo, llevamos todo lo necesario para levantar una tienda completa.

Samuel. — Sí, pero no pesa tanto.

Pronto empezaron a subir la cuesta que llevaba a casa de la tía Ana.

Roger. — ¡Ánimo, Samuel! Pronto estaremos en el bosque.

Juanito. — Y entonces vendrá el almuerzo.

Samuel no hacía caso de las burlas de sus amigos. **Estaba estudiando** atentamente el camino que pisaba, para pisar las partes más llanas. De este modo no le costaba tanto el tirar de la camilla.

Por fin llegaron a la vista del bosque. Estaban a una distancia de media milla. Las cornetas tocaron alto, y los niños se pararon.

Los oficiales **estaban corriendo** en todas direcciones, para corregir la formación. Después de dos minutos de alto, las cornetas tocaron a la carrera, y los exploradores se movieron corriendo, en dirección al bosque.

Al llegar al bosque, siempre al toque de cornetas, rompieron filas y empezaron los preparativos para el almuerzo.

Entonces los niños demostraron que podían cocinar. Formaron por grupos, y en un espacio brevísimo de tiempo los miembros de cada grupo trajeron ramas de árboles y encendieron los fuegos que estaban destinados a cocer los alimentos.

Enrique. — ¿Puede usted cocinar, Samuel?

Samuel. — Ya lo creo. Yo seré el cocinero. ¿ Dónde están las provisiones ?

Juanito. — Roger ha ido a buscarlas.

Enrique. — Lo más importante es el fuego.

Samuel. — ¿ Podrá hacer usted un buen fuego ?

Enrique. — Naturalmente, si ustedes me ayudan.

En efecto, Enrique podía hacer un buen fuego. Había formado una especie de fogón, con cuatro ladrillos. Este espacio lo había llenado con ramas secas. Por una abertura, que había dejado debajo de los ladrillos, introdujo un periódico viejo. Encendió un fósforo, lo aplicó al periódico, y prendió el fuego de un modo uniforme, porque los ladrillos lo resguardaban del viento. Las llamas brillaban y aumentaron cuando Juanito añadió otro brazado de ramas secas.

Roger vino con las provisiones, que traía en una cesta colgada del brazo.

Samuel. — Vamos, hombre, ¿ por qué no tardaba usted más ?

Roger. — ¿ Por qué no iba usted a buscar la comida ?

Roger puso la cesta en el suelo.

Samuel. — Yo soy el cocinero.

Roger. — **He estado esperando** turno.

Juanito. — Es verdad. ¿ Cuánta comida ha traído usted ?

Roger. — He pedido comida para cuatro.

Enrique. — Ha hecho usted mal. Debía usted haber pedido comida para seis. Samuel está con nosotros.

Todos se rieron, y Samuel más que los otros.

JUANITO. — ¿ Qué le han dado a usted ?

ROGER. — Huevos y chuletas de carnero, pan, café con leche, y manzanas.

ENRIQUE. — ¡ Bravo !

SAMUEL. — ¿ Cuántos huevos le han dado a usted ?

ROGER. — Ocho. Dos por barba.

JUANITO. — ¿ Y cuántas chuletas ?

ENRIQUE. — El mismo número.

SAMUEL. — Muy bien. Cinco chuletas para mí, y una chuleta para cada uno de ustedes.

Todos amenazaron a Samuel con terribles castigos si no moderaba su apetito.

La discusión inmediata fué el modo de preparar los huevos. Juanito los quería fritos y Roger y Enrique querían los huevos revueltos.

Samuel sabía hacerlos de todos modos, pero él prefería la tortilla y lo manifestó.

SAMUEL. — A mí me gustan en forma de tortilla, y como yo soy el cocinero, ustedes comerán tortilla.

Y así se hizo. La tortilla resultó muy grande ; pero cuando estuvo hecha, Enrique se apoderó de ella, y la cortó en cuatro pedazos iguales. Entonces empezó a servir. Samuel le **estaba mirando** sin decir nada.

JUANITO. — Samuel piensa que mezclando todos los huevos en una tortilla, el cocinero puede coger un pedazo más grande.

Enrique y Roger rieron.

SAMUEL. — Yo no he dicho nada.

Y empezó a comer con mucho entusiasmo. Los otros le imitaron.

El campo estaba lleno de alegría. Todos los niños, sentados en el suelo, formando círculos grandes o pequeños, **estaban comiendo** con grande apetito y **estaban conversando** animadamente.

Samuel tenía un ojo en su tortilla y otro en las chuletas que **estaba cociendo**. Al acabar la tortilla, Enrique sirvió dos chuletas por barba.

Al acabar el almuerzo, los niños vieron venir a sus familias, que **habían estado comiendo** en sus casas.

Venían a presenciar los ejercicios de los niños, y empezaron a hablar con ellos y con los inspectores.

María, Blanca, y Luisa se acercaron al grupo de nuestros amigos.

MARÍA. — ¿ Qué han comido ustedes ?

Los muchachos les explicaron la comida que habían tenido.

BLANCA. — Y ¿ quién ha cocinado ?

ROGER. — Samuel.

LUISA. — ¿ Y puede usted cocinar ?

SAMUEL. — Mejor que usted puede tocar el piano.

Luisa se enfadó con esta respuesta, pero pronto la calmaron.

Mientras tanto las autoridades habían llegado, y **estaban hablando** con los inspectores sobre las maniobras que iban a tener lugar.

Delante del bosque había un inmenso campo abierto,

donde se había levantado una tribuna para los inspectores que iban a presenciar las maniobras.

Las cornetas tocaron asamblea y formación, y todos los niños interrumpieron las conversaciones con sus familias y fueron a ocupar sus puestos.

Precedidos por la banda de cornetas, que tocaba marcha, desembocaron en el espacio destinado a las maniobras.

Las compañías se separaron por secciones, y a la voz de " alto " se pararon, los niños manteniéndose firmes. Iban a empezar las maniobras.

Empezaron con ejercicios gimnásticos. Los niños demostraron que podían correr, saltar, y salvar obstáculos. Por último, levantaron una pared de unos doce pies de altura, que escalaron con mucha prontitud.

La concurrencia aplaudió mucho estos ejercicios. Después maniobró la sección de las tiendas de campaña. Plantaron cuatro tiendas en un abrir y cerrar de ojos. Cada muchacho tenía un trabajo determinado. Demostraron que podían hacerlo. Plantaron la percha central, desdoblaron la lona blanca de la tienda, y la sujetaron tirante por medio de cuerdas y estacas cortas que clavaron alrededor de la tienda, formando círculo.

Todo el público **estaba siguiendo** las operaciones con sumo interés.

BLANCA. — ¡ Qué bien lo hacen !

EL SR. SELWOOD. — Pueden ejecutar las órdenes a la perfección.

La maniobra inmediata fué una demostración práctica

del teléfono de campaña. Uno de los muchachos trepó por un poste telegráfico, y conectó un hilo del teléfono con uno de los hilos del poste. A los dos minutos, una de las autoridades hablaba con los miembros de su familia.

Mientras tanto, otra sección montaba una instalación de telegrafía sin hilos. No pensaban operarla, pero de pronto los hilos empezaron a despedir chispas eléctricas. Alguien **estaba hablando.** El muchacho encargado de descifrar el mensaje, lo leyó. Era el mensaje de un buque que señalaba su posición a la casa naviera. La estación telegráfica sin hilos lo había interceptado.

Los de la sección de Sanidad vendaron y pusieron en la litera a un niño que se suponía que estaba herido. Las maniobras terminaron con el desfile de la fuerza.

CUESTIONARIO

1. ¿Quiénes habían organizado las compañías de niños exploradores? 2. ¿Cuándo tenían la revista? 3. ¿Cómo se prepararon los niños para la revista? 4. ¿Quiénes salieron para verles pasar? 5. ¿Quién iba a la cabeza de las compañías? 6. ¿Cuándo cesaron de tocar las cornetas? 7. ¿En qué sección estaba Samuel? 8. ¿Por qué estaba sudando? 9. ¿Qué estaban llevando los niños? 10. ¿Dónde se pararon los niños? 11. ¿Dónde prepararon el almuerzo? 12. ¿Quién tuvo que encender el fuego? 13. ¿Quién fué a buscar las provisiones? 14. ¿Por qué debía haber pedido Roger comida para seis? 15. ¿Cuántos huevos había traido Roger? ¿cuántas chuletas? 16. ¿Cuántas chuletas estaba pensando Samuel guardar

para sí? 17. ¿Quién cortó la tortilla y en cuántas partes? 18. ¿Quiénes vinieron a hablar con nuestros amigos? 19. ¿Por qué se enfadó Luisa con Samuel?

TEMA

1. I rose early, washed my face and hands, brushed my teeth, combed my hair, and put on my uniform. 2. The boys who are marching at the head of the company are from the High School. 3. The families have been waiting to see the review. 4. On arriving at the forest we shall break ranks, light the fires, and prove that we can cook. 5. We placed upon the ground the basket which we had been carrying. 6. You ought to have brought more food. 7. I shall not be able to prepare the omelet for you if you do not bring me more dry branches. 8. Roger is cutting into four equal parts the omelet which Samuel has been cooking. 9. Samuel must have been eating the eggs while we were cooking the chops.

VÍSPERA DE TODOS LOS SANTOS

(PREPOSICIONES)

Es el último día **de** octubre, que cae **en** jueves. Hace frío, pero el cielo está sereno. Brillan la luna y las estrellas.

Los niños están preparándose **para** celebrar la víspera **de** Todos los Santos.

Saldrán **de** sus casas **después de** cenar **para** ir a visitar **a** sus amigos.

Pero tienen que disfrazarse, porque no quieren ser conocidos.

Se taparán la cara **con** caretas grotescas, y se cubrirán los vestidos **con** sábanas y colchas viejas. Además, **para** hacer la fiesta completa, **en** el extremo **de** un palo llevarán grandes calabazas vacías, **con** narices, ojos, y bocas grotescamente cortadas; y pondrán **dentro de** las mismas una bujía encendida. Los reflejos **de** la luz son **de** un efecto muy cómico.

Después de cenar, Juanito y María salieron **de** su casa **para** corretear **por** las calles y embromar **a** los vecinos. Antes tenían que dirigirse **a** casa **de** Luisa, donde encontraron **a** sus amigos, que ya les estaban esperando.

Samuel era el **de** aspecto más corpulento, y se **cubría** el cuerpo con una sábana blanca, llevando una careta que imitaba la cara de un buho.

Enrique, para ser digno compañero, llevaba una careta de murciélago.

Todos salieron con mucha alegría y algazara, riendo y saltando. Leal se había quedado en casa. Todos pensaban divertirse mucho. Pasaban por las calles, parándose en las puertas y tocando los timbres de las puertas. Las personas mayores, que ya suponían quiénes eran los que llamaban, se asomaban a la ventana y se sonreían. Cuando nuestro grupo de niños se encontraba con otro grupo, la algazara subía de punto. A Enrique se le ocurrió ir a visitar a la tía Ana.

SAMUEL. — Está muy lejos.

MARÍA. — No, hombre. Todavía es temprano.

JUANITO. — Le gustará el vernos.

LUISA. — Ya lo creo.

Por fin, entre todos vencieron la resistencia de Samuel y se dirigieron a casa de la tía Ana. En el camino bromearon, burlándose de las fachas que presentaban ; y metiendo mucha bulla, llegaron a la casa de la tía Ana.

Ésta sospechaba que los niños iban a venir, y salió a recibirles, fingiéndose muy asustada. Después, a medida que los niños y las niñas iban quitándose las caretas, les reconocía al instante.

La tía Ana les dió bizcochos y limonada. Se detuvieron en la casa por espacio de media hora. Al cabo de la misma se despidieron de la tía Ana, se pusieron las caretas y salieron de la casa.

Hasta aquí, la noche no había podido ser más agradable. Pero se le ocurrió a Roger proponer una visita a un tío de Blanca, hombre muy gruñón, ya viejo, y que vivía enteramente solo, en una casa solitaria en medio del bosque.

Al oírlo, Samuel se opuso enérgicamente. Dijo que el tío de Blanca era un señor de muy mal genio, y profetizó malos resultados de la aventura.

Pero no le hicieron caso, y se encaminaron a la casa del tío de Blanca.

A medida que se acercaban, sin notarlo ellos mismos, hablaban menos. Por fin apareció la casa del hombre regañón ante los ojos del grupo. No se veía ni una luz. El grupo se paró, y se quedó mirando a la casa sin decir palabra. El silencio era absoluto. Samuel lo rompió.

SAMUEL. — Lo mejor que podemos hacer es volvernos por el mismo camino que hemos venido.

BLANCA. — Yo creo que Samuel tiene razón. Si mi tío llega a saber que yo estoy con ustedes, se enfadará mucho.

JUANITO. — No lo sabrá.

BLANCA. — Además, estoy segura que ya está durmiendo.

ENRIQUE. — Mejor, así no nos conocerá. Vamos, vamos a la casa. Ahora ya estamos aquí.

La idea del tío dormido les dió confianza a todos y se dirigieron a la casa con resolución, pero todavía guardando silencio.

El tío no estaba dormido. Había apagado la lámpara

de aceite, minutos **antes de** acercarse los niños a la casa. El tío tenía la costumbre **de** mirar el cielo **antes de** acostarse, **para** ver qué tiempo hacía. Aquella noche pensó hacer lo mismo, pero no llegó a mirarlo. Unas
5 calabazas **con** ojos, narices, y bocas horribles y grotescas, iluminadas **por medio de** bujías, llamaron su atención inmediatamente. Sus ojos no se apartaban **de** las calabazas. De pronto observó que las calabazas se movían **en** dirección **de** su casa. Sus ojos se hicieron
10 sospechosos y reflexivos. Después se convirtieron **en** iracundos. El tío **de** Blanca se dirigió en busca **de** una escoba. Después se colocó **detrás de** la puerta principal.

Mientras tanto, el grupo se estaba acercando a la casa. Cuando llegaron a los peldaños que conducían
15 al pórtico, los niños se detuvieron.

Allí hablaron **sobre** quién había **de** ir a llamar a la puerta. Todos convinieron **en** que debía ser Samuel. Éste se quedó mirando a la puerta algo desconfiado, y **por** fin propuso seguir **al** primero **de** la fila.
20 Enrique ofreció ir a la cabeza. Samuel era el segundo, después venían Juanito y Roger, y **por** fin las niñas. Se habían decidido a acercarse a la puerta **en** silencio. Al sonar **de** la campanilla, todo el mundo debía gritar **con** toda la fuerza **de** sus pulmones.
25 El tío les sentía venir. De repente, Enrique sonó la campanilla **con** toda su fuerza. Todos empezaron a gritar, pero no tuvieron ánimos **para** acabar.

Se abrió la puerta y salió el tío, **con** la escoba en alto. Todos se desbandaron, y el tío echó a perseguir a

La Visita al Tío de Blanca

Samuel, quién, seguido de Enrique, corría en dirección del bosque.

El tío de Blanca, con una agilidad impropia de sus años, les corría detrás.

5 De pronto Samuel vió una plazoleta formada de árboles, y se refugió en ella. Enrique le imitó. Se dejaron caer sobre el suelo, rendidos de cansancio.

SAMUEL. — ¡ Qué noche !

ENRIQUE. — Quitémonos las caretas.

10 SAMUEL. — No, el tío de Blanca nos anda buscando ; y si nos encuentra sin careta, nos conocerá al instante.

Samuel fué interrumpido por el triste chillido de un buho. Los dos muchachos levantaron la cabeza, y vieron a un buho en una de las ramas de un árbol fron-
15 terizo. El ave tenía los ojos, que brillaban en la obscuridad, fijos en Samuel. Repitió el chillido.

ENRIQUE. — Como usted lleva la careta de buho, cree que es usted otro buho.

SAMUEL. — Le contestaré ; porque si no lo hago, se
20 puede enfadar.

E imitó el chillido del buho. A éste le gustó mucho, y repitió el chillido, y por espacio de unos minutos Samuel y el buho estuvieron contestándose el uno al otro.

25 El buho se decidió a volar al encuentro de los dos amigos, cuando el tío de Blanca penetró en la plazoleta.

EL TÍO. — ¡ Ah, tunantes !

Y se dirigió hacia ellos. Los muchachos, al verle, se levantaron y echaron a correr.

El buho, asustado al ver las sábanas blancas moverse en el aire, voló en dirección al tío. Éste tuvo que defenderse del buho con la escoba. Samuel y Enrique, al verse salvados, se dirigieron a sus casas, Samuel refunfuñando y Enrique riendo.

CUESTIONARIO

1. ¿Cómo se habían disfrazado Samuel y Enrique? 2. ¿Dónde se había quedado Leal? 3. ¿Cómo se divirtieron los niños? 4. ¿Para qué se paraban en las puertas? 5. ¿A quién quisieron visitar? 6. ¿Cómo recibió la tía a los niños? 7. ¿Por qué se detuvieron en su casa? 8. ¿Dónde vivía el tío de Blanca? 9. ¿Por qué no quería Samuel visitarle? 10. ¿Qué costumbre tenía el tío? 11. ¿Qué llamó su atención aquella noche? 12. ¿Qué buscó él? 13. ¿Dónde se colocó él? 14. ¿Por qué se desbandaron los niños? 15. Al verse salvados, ¿a dónde se dirigieron?

TEMA

1. We had been running about through the streets and playing jokes on our friends. 2. I had covered my face with a mask which represented the face of an owl. 3. I suspect that the children are going to come here, and I shall go out to receive them. 4. They are going to visit an old man who lives in the forest. 5. He saw that the children were moving in the direction of his house. 6. If we take off the masks, he will recognize us and chase us with a broom.

EL DÍA DE ACCIÓN DE GRACIAS

(ADVERBIOS)

El día de Acción de Gracias se celebra **sólo** en los Estados Unidos. Día semejante no lo tiene ninguna otra nación.

El Presidente de la nación fija el día, que **casi siempre** es el último jueves de noviembre. En este día, por la mañana, todos nuestros amigos fueron a la iglesia con sus padres para asistir a los oficios divinos. Dieron gracias a Dios por los beneficios que habían estado recibiendo **continuamente** durante el año. **Después** oyeron con mucha atención el sermón del ministro del Señor.

Al acabarse los servicios, los niños salieron de la iglesia, acompañados de sus familias. Hacía mucho frío, pero los niños se detuvieron en frente de la iglesia para hablar. Las familias habían hecho lo mismo. Los niños y las niñas llevaban abrigos nuevos.

ENRIQUE. — No coma usted **demasiado**, Samuel.

BLANCA. — Es verdad. Va usted a comer el pavo.

SAMUEL. — Sí. Trabajo me costó el cogerlo.

Entonces explicó cómo el día anterior su padre le había mandado a coger el pavo. Era una ave grande, que pesaba unas veinte libras **por lo menos**. Samuel fué a **donde** estaba el pavo, para cogerlo. **Apenas** el pavo le vió, fué **bastante** inteligente para sospechar las malas intenciones de Samuel.

Samuel quería cogerlo **por detrás**, pero el pavo daba vueltas **constantemente**, para tener a Samuel bajo sus ojos.

Viendo que era inútil obrar **disimuladamente**, Samuel se decidió a atacar al pavo.

El pavo empezó a correr, y Samuel corrió detrás del pavo.

Cuando el pavo notaba que Samuel estaba **demasiado** cerca, volaba un poco para encontrarse **más lejos**.

Samuel empezaba a perder la paciencia. A veces se paraba. **Entonces** el pavo se paraba **también**, graznando.

El graznido del pavo era lo que **más** irritaba a Samuel. Esta caza duró cerca de una hora sin dar ningún resultado.

Samuel quiso acabar. Estaba cerca del pavo y dió un salto para caer sobre el ave. Ésta voló y Samuel cayó sobre el duro suelo.

Pero el pavo se había metido entre unas zarzas. Samuel vió que **finalmente** había asegurado al obstinado pavo. Lo cogió con sus manos, pero el pavo no se rindió. Luchó para escaparse, y la lucha duró bastante tiempo. Durante la misma, Samuel recibió algunos picotazos. **Por fin** pudo sujetarle la cabeza y llevarlo a casa, prisionero.

Los niños, como lo hacían **siempre**, oyeron a Samuel con mucho gusto.

Nunca se cansaban de oírle, pero **ahora** fué forzoso separarse. Las familias iban a sus casas. Algunas vivían **cerca**, otras **lejos**, pero todas estaban impacientes de llegar a sus casas.

Los niños iban a pasar todo el día en compañía de sus padres, hermanos, y parientes. El Día de Acción de Gracias es un día de familia.

El frío era grande, y les obligaba a andar **de prisa**.

Todos llegaron a sus casas, y se despojaron de sus abrigos. Las mujeres fueron a la cocina **inmediatamente**, y los hombres, a cuidar y avivar el fuego.

Por fin llega la hora de la comida. Las familias se reúnen en los comedores de sus respectivas casas. **Afuera**, el día es de invierno, y el cielo está cubierto con nubes grises.

En la chimenea del comedor arden **alegremente** hermosos troncos de encina, calentando la pieza con su fuego.

La mesa está cubierta con manteles blancos. Los platos, la plata vieja de los cubiertos, los vasos, todo luce y resplandece de puro limpio. En el centro de la mesa, en una fuente grande, está el pavo, gordo y magnífico, brillando su piel bajo el influjo del fuego de la chimenea.

Los ojos de todos los niños están fijos en él. En otras fuentes **más** pequeñas hay la calabaza amarilla, la salsa de arándano, las nueces, las naranjas, y las manzanas. **Tampoco** falta el tradicional pudín de pasas. En una jarra gruesa se halla depositada la sidra.

El Día de Acción de Gracias

Se sientan todos a la mesa : el padre a una cabecera, la madre a la otra, y los demás a los lados de la mesa.

El padre inclina la frente. Todos le imitan. El padre pide **devotamente** la bendición de Dios para los 5 suyos y para el alimento diario. **Después**, la comida empieza.

CUESTIONARIO

1. ¿Cuál es la fiesta principal del otoño? 2. ¿Cuándo se celebra esta fiesta? 3. ¿Cuándo fueron los niños a la iglesia? 4. ¿Dónde hablaban ellos? 5. ¿Por qué no había podido Samuel coger en seguida el pavo? 6. ¿Por qué se decidió Samuel a atacar el pavo? 7. ¿Cómo se escapó el pavo? 8. ¿Cómo había asegurado por fin al pavo? 9. ¿Por qué no podían los niños escuchar más a Samuel? 10. ¿Por qué estaban todos impacientes de llegar a casa? 11. ¿Qué se ve en el centro de la mesa? 12. ¿Qué se ve en otras fuentes? 13. ¿Dónde se sientan los padres? 14. ¿Qué empieza después?

TEMA

1. We always stop in front of the church to talk with our friends. 2. Afterwards he explained to us how he had caught the turkey. 3. We finally caught the turkey and took it home. 4. We have to walk fast, for it is very cold and our house is far away. 5. The fire must have been burning (*use the progressive form of the future perfect*) merrily, for it is not cold here. 6. Samuel's eyes were devoutly fixed upon the turkey, which was on a big platter in the center of the table.

CUARTA PARTE

EL INVIERNO

LA SESIÓN DE ESCUELA

(FORMA PASIVA DEL PRESENTE)

El invierno es la estación del año en que la naturaleza descansa. Empieza el veintidós de diciembre y dura los meses de enero y febrero, acabando al veintiuno de marzo.

En el invierno los días son más cortos que las noches. Hace mucho frío, y por consiguiente la temperatura es muy baja. El mercurio de los termómetros oscila entre treinta y dos grados sobre cero y las temperaturas extremas, veinte y veintidós grados bajo cero.

A treinta y dos grados el agua se hiela y se convierte en una masa solidificada.

En invierno nieva. La nieve no es otra cosa que agua helada que se desprende de las nubes en forma de cristales diminutos. Al caer, estos cristales se agrupan en forma de copos, y así descienden sobre la tierra.

La nieve es beneficiosa para la tierra, pues la protege contra el frío intenso y las heladas. De este modo, las semillas que el hombre ha plantado durante el otoño, como por ejemplo el trigo, viven a través del invierno y brotan de la tierra en la primavera. Cuando empieza a hacer calor, los rayos del sol derriten la nieve.

Durante el invierno los niños se entregan a varios deportes, el más popular siendo el patinar.

El lunes, el martes, el miércoles, el jueves, y el viernes, los días laborables de la semana, **son empleados** por los niños para ir a la escuela y estudiar las lecciones.

Una escuela consiste en un edificio que **es levantado** por la ciudad o por el pueblo para la instrucción de los niños que han nacido allí.

La escuela tiene un director y un cuerpo de maestros, quienes **son nombrados** por el Consejo de Enseñanza.

El director organiza la escuela en departamentos y clases, y en este trabajo **es ayudado** por los maestros.

La escuela del pueblo era muy moderna y digna de visitarse.

El departamento doméstico para las niñas y el departamento de artes manuales estaban muy bien organizados.

El director tenía mucho orgullo en enseñar dichos departamentos a los visitantes.

Una vez vino un grupo de señoras de la ciudad para visitar la escuela, y el director les hizo ver todas las secciones de cada departamento.

Empezaron por el departamento de costura. Allí era donde las niñas aprendían a cortar, preparar, y coser sus vestidos y la ropa interior. Las señoras pudieron ver cómo se había montado la sección de un modo completo.

Pudieron ver a varias niñas cosiendo, sentadas en torno a diferentes veladores. Otras estaban cosiendo en máquinas de coser. Tenían todo lo necesario para aquella clase de trabajo : dedales, agujas, alfileres, tijeras, carretes de hilo, mesillas para cortar las piezas y otros accesorios indispensables.

Las señoras oyeron el comentario del director. Y esto es lo que dijo :

— Ya ven ustedes cómo no les falta nada. Además tienen buena luz y temperatura agradable. La mayoría de los vestidos que llevan nuestras educandas **son hechos** por ellas mismas.

Después pasaron a la sección donde las niñas aprendían a cocinar.

Allí las visitantes tuvieron la agradable sorpresa de ver una clase completa para cocinar. Había varias cocinas, donde se podían cocer los alimentos por medio del carbón, del gas, y de la electricidad. Todas las niñas se habían puesto delantales y trabajaban con mucha actividad. Unas estaban pesando, en las balanzas, las proporciones de los alimentos que tenían que entrar en los diferentes guisos ; otras estaban cocinando en las cocinas. Había un grupo que lavaba los utensilios de cocina que se habían usado, y otras que ayudaban a las cocineras.

Las baterías de cocina eran completas. Se podían ver las sartenes, los peroles, las ollas, los pucheros, y las parrillas. Sobre una mesa se veían frascos conteniendo aceite y vinagre, y multitud de receptáculos de cristal con especias como la pimienta y el azafrán, y también había saleros conteniendo la sal.

El director dijo a las señoras:

— Ya ven ustedes cómo en cada sección todo es bien atendido por las autoridades.

Las señoras empezaron a alabar al director, pero como era un caballero muy modesto, contestó :

— ¡Oh, no, señoras! Yo no hago más que obedecer órdenes. Yo soy mandado por mis superiores.

Y las hizo visitar dos secciones más, donde las niñas aprendían a lavar y a planchar la ropa blanca y recibían elementos para prepararse para enfermeras. Después pasaron a visitar el Departamento de Artes Manuales, para los muchachos.

La primera sección era la de la imprenta. Observaron a los muchachos que hacían de cajistas. Eran los que componían las galeradas para las máquinas. Después vieron dos máquinas que imprimían circulares, y finalmente vieron otros muchachos que con las máquinas cortadoras igualaban las hojas impresas, prontas para la entrega.

El director hizo observar a sus acompañantes cómo los muchachos trabajaban con gusto, y añadió :

— Todos los programas y circulares que usa la escuela son impresos por nuestros discípulos, y también todas las órdenes que vienen de fuera son atendidas.

Y saliendo de aquel departamento, pasaron por una pequeña carpintería y una pequeña herrería, y finalmente entraron en un laboratorio elemental de química.

Allí vieron cómo los niños se interesaban en los experimentos que ellos mismos hacían, bajo la dirección del maestro.

Mientras el director enseñaba la escuela a las señoras que habían llegado al pueblo para visitarla, los maestros daban sus clases.

En la clase donde estaban nuestros amigos, el maestro había acabado la lección de inglés y empezaba la de geometría.

La geometría era un estudio nuevo para los niños. A unos les gustaba mucho y a otros no tanto.

Samuel era de los últimos. Estaban estudiando los ángulos. Las respectivas diferencias entre los ángulos agudos, rectos, y obtusos eran extrañas a Samuel. Había preparado muy bien sus lecciones de inglés, geografía, historia, y literatura, pero no había estudiado su lección de geometría.

El maestro empezó la clase con la lección de historia. Samuel tenía la mano continuamente en alto. El maestro no le observó. Concluyó la lección de historia y empezó la de inglés. La mano de Samuel permanecía en el aire, pero el maestro no le miraba ni por casualidad.

Se acabó la lección de inglés y empezó la de geometría. Samuel escondió la mano en el bolsillo de la chaqueta. Entonces observó que los anteojos ahumados del maestro se dirigían a la parte de la clase donde él estaba.

El Maestro. — Vamos a ver si ha preparado la lección de geometría, Samuel.

Samuel se levantó y se cuadró de cara al maestro.

Samuel. — Sí, señor.

El Maestro. — ¿A qué es igual la suma de dos ángulos complementarios?

Samuel se quedó mirando al maestro. Parecía que le estaba viendo por primera vez. Así pasaron unos segundos. Por fin, Enrique vino en su ayuda y le apuntó la respuesta: " A un ángulo recto."

Samuel. — A un ángulo recto.

El Maestro. — Vaya usted a la pizarra a demostrar.

Samuel se dirigió a la pizarra para demostrar. Tomó el yeso en las manos, y empezó a pensar a qué se parecían dos ángulos complementarios.

El Maestro. — Trace usted la figura de la demostración.

Samuel trazó cuatro líneas rectas en distintas direcciones.

El Maestro. — No, señor. No es eso.

Samuel trazó más líneas rectas, partiendo del mismo centro.

El Maestro. — Tampoco es eso.

Samuel trazó más líneas. El dibujo tenía mucha semejanza con una araña con las patas extendidas. El maestro empezó a sospechar la verdad del caso.

El Maestro. — Usted no ha preparado la lección.

Samuel. — No, señor.

El Maestro. — ¿Cómo?

Samuel. — Sí, señor.

El Maestro. — ¿La ha estudiado usted o no la ha estudiado usted?

SAMUEL. — No la he estudiado.

EL MAESTRO. — Pues vaya usted a sentarse. La escribirá usted después de la hora.

Y Samuel se fué a sentar, pensando en los disgustos que le daba la geometría.

Otro muchacho está ya en la pizarra y demuestra que el problema **es comprendido** por él.

Roger se sentaba en el pupitre que estaba al lado de Samuel. Roger se metió la mano en el bolsillo para sacar su pañuelo y lo encontró empapado en agua. En seguida comprendió la causa. Alguien había puesto en su bolsillo un puñado de nieve, que se había derretido con el calor.

Miró alrededor y clavó sus ojos en Samuel. Éste atendía con todas sus fuerzas a la demostración del problema. Tenía un aire tan inocente que Roger pensó en seguida que era culpable.

Roger mira a Samuel con ojos vengativos, pero Samuel no se entera. Mira sin vacilación los ángulos que **son trazados** por el compañero que está en la pizarra ; lee las fórmulas que **son calculadas** por el mismo compañero ; y escucha las palabras del maestro que dice, cuando la demostración se acaba :

— Muy bien, usted comprende la lección porque la ha estudiado. Cuando las matemáticas **son** bien **estudiadas** por los discípulos, son fáciles; pero cuando los estudiantes no quieren estudiar, todas las asignaturas son difíciles.

En esto sonó la campanilla que daba fin a la sesión de mediodía. Eran las doce.

La clase **es suspendida** inmediatamente por el maestro. Da sus instrucciones, que **son oídas** por los discípulos con atención. El resultado es que Samuel y tres más se quedarán en la escuela después de la sesión de la tarde.

5 Todos desfilaron con sus libros, abrigos, y gorras hacia la puerta.

Las doce. La hora **es esperada** con ansia por todos los discípulos, porque tienen hambre.

CUESTIONARIO

1. ¿Quiénes reciben instrucción en una escuela?   2. ¿Cómo son nombrados los maestros?   3. ¿Qué hacen las niñas en el departamento de costura?   4. ¿Qué hacen las niñas en las cocinas?   5. ¿En qué departamentos trabajan los muchachos?   6. ¿Qué hacía siempre Samuel durante la lección de historia?   7. ¿Qué hizo cuando se empezó la lección de geometría?   8. ¿A dónde se dirigieron los ojos del maestro?   9. ¿Por quién es ayudado Samuel?   10. ¿Qué traza Samuel en la pizarra?   11. ¿Qué sospecha el maestro?   12. ¿Cuáles son los muchachos que tienen que quedarse en la escuela después de la lección?

TEMA

1. The teacher is appointed by the director.   2. The boys are helped in their lessons by their parents (*padres*).   3. These clothes are made by the girls in the sewing department.   4. The food is cooked by means of electricity.   5. The experiments are performed by the boys under the direction of the teacher.   6. All the programs which are used in the school are printed by the boys.   7. The lines which are drawn by Samuel on the blackboard look like (*se parecen a*) a spider.

LA BATALLA DE BOLAS DE NIEVE

(FORMA PASIVA DEL IMPERFECTO)

Los alumnos, niños y niñas, se desparramaban por la plaza.

Gritos, salutaciones, risas, carreras, juegos empezados de repente, todo esto era la función de cada día a la salida de la escuela.

Este momento **era esperado** por Roger, porque quería arreglar cuentas con Samuel. Le buscó con ansia y le descubrió hablando con Juanito y Enrique.

Se fué derechamente a él e interrumpió la conversación.

ROGER. — Mire usted este pañuelo.

Samuel miró el pañuelo. Después de haberlo mirado bien, miró a Roger. Éste guardaba silencio y estaba muy serio.

Samuel, cansado de ver el pañuelo y del silencio de Roger, habló exasperado.

SAMUEL. — Bien, ¿ y qué ?

ROGER. — Está mojado.

SAMUEL. — Ya lo veo.

ROGER. — Usted lo ha mojado.

SAMUEL. — ¡ Yo !

La sorpresa de Samuel fué grande.

ENRIQUE. — Sí, hombre. Usted lo ha mojado. ¿ No se acuerda, Samuel ?

SAMUEL. — ¡ Usted se calla ! ¡ Y usted, también !

Las últimas palabras iban dirigidas a Roger, pero
5 éste persistía en su acusación.

ROGER. — Usted ha mojado este pañuelo.

SAMUEL. — ¿ Cómo lo he hecho ?

ROGER. — Poniendo nieve en mi bolsillo, al entrar en la clase.

10 SAMUEL. — Usted no está bien de la cabeza.

Su contrincante continuaba amenazador.

ROGER. — Y ahora, yo le voy a poner nieve hasta en las orejas.

SAMUEL. — ¿ Quién ? ¿ Usted ?

15 ROGER. — ¡ Sí, señor, yo !

SAMUEL. — ¿ A mí ?

Samuel estaba rojo de indignación.

ROGER. — ¡ Sí, señor, a usted !

SAMUEL. — ¡ Me gustará verlo !

20 Juanito, durante la disputa, estaba observando a otros muchachos que se acercaban atraídos por las voces. Vió que uno de ellos se reía malignamente.

JUANITO. — Un momento, Roger. No ha sido Samuel.

ROGER. — ¿ Cómo lo sabe usted ?

25 JUANITO. — Mire usted, es aquél el que lo ha hecho.

Y señaló con el dedo al culpable. Todos le miraron, Roger especialmente. El delincuente se puso colorado de vergüenza.

Al punto conoció Roger que aquel muchacho era el

que había puesto la nieve en su bolsillo. Presentó sus excusas a Samuel, cogió una cantidad de nieve con las manos, y dándole la forma de una pelota, la arrojó con toda su fuerza contra el muchacho. Éste se puso en cuclillas, y la pelota se deshizo contra el cogote de otro muchacho, que estaba hablando en un grupo.

Éste, al sentir el golpe, se volvió ; y haciendo una pelota de nieve la arrojó contra el otro grupo. Le dió a Samuel en la boca. Samuel, al sentir el frío de la nieve, después del castigo del maestro y de la riña con Roger, no pudo resistir más ; y cogiendo una buena cantidad de nieve hizo una bola muy grande y la arrojó contra el que le había tirado la otra. Éste la recibió en la cara y se cayó sentado. Roger, para hacer las paces con Samuel, se puso a su lado y le ayudó, tirando otra bola.

Los amigos del muchacho caído contestaron. Enrique y Juanito tomaron parte en la lucha.

Ésta se generalizó muy pronto. Unos muchachos tomaron parte en un bando, y otros en otro. Las posiciones **eran tomadas** por los muchachos ; las órdenes **eran dadas** por sus capitanes ; los proyectiles **eran fabricados** con suma rapidez.

Las niñas se habían apartado a un lado para presenciar la lucha.

Las bolas de nieve cruzaban el espacio, de una parte a otra de la plaza, en gran número y con suma rapidez.

Daban en todas partes : contra los troncos de los árboles, contra los vestidos de los combatientes, contra algunos de los espectadores que se habían detenido a presenciar la lucha.

Leal y otros perros ladraban ; y seguían, corriendo, las bolas de nieve.

Cuando se lograba un buen blanco, que daba en tierra con el contrario, salían gritos de victoria del bando afortunado.

Samuel **era reconocido** como capitán por los muchachos de su bando. Sus órdenes **eran obedecidas** con prontitud. Samuel era un muchacho observador y práctico. Vió que el bando contrario tenía más muchachos ; por lo tanto conoció que la victoria estribaba en tirar más bolas de nieve y con mejor puntería. Él no tiraba ninguna bola, pero daba sus instrucciones. Observaba al contrario atentamente. Después de algunos minutos de haber empezado la batalla, pudo conocer quiénes eran los mejores tiradores del bando enemigo. También observó que formaban un grupo en el centro del bando. Después de unos cuantos minutos más de observación, vió que el bando enemigo no tenía plan de ataque, ni nadie daba muestras de pensar en ello.

En este momento una bola de nieve le entró por entre la piel y el cuello de la camisa, pero no hizo caso. Estaba pensando. Observaba a los suyos para descubrir a los mejores tiradores.

Les hizo llamar disimuladamente, por medio de Juanito. Llegaban a ocho o nueve. Cuando los tuvo cerca, les dió sus órdenes. Les preguntó si **eran comprendidas** por ellos, y le contestaron afirmativamente.

La Batalla de Bolas de Nieve

A los dos o tres minutos los malos tiradores, que estaban a la derecha del grupo del centro enemigo, observaron una cosa muy desagradable. Por cada bola de nieve que tiraban, recibían dos o tres, y casi siempre en la cara. Los buenos tiradores de Samuel habían concentrado sus tiros sobre ellos, mientras el resto del bando entretenía al resto del enemigo. Entonces sucedió la cosa que **era esperada** por Samuel. Los enemigos cedieron el terreno. La mayoría se fué a casa a almorzar; y los pocos que quedaron se unieron al centro.

El terreno perdido por los que se marcharon **era ocupado** por varios muchachos de Samuel. De este modo el enemigo **era atacado** por los muchachos de frente y del lado derecho.

Al fin los enemigos querían abrirse paso y escapar a toda costa por la calle del extremo de la plaza. Pero las bolas de nieve caían tan rápidamente y con tanta abundancia que tuvieron que retroceder. Ahora el bando de Samuel formaba medio círculo alrededor del grupo contrario, que se defendía con brío, pero que se retiraba lentamente contra uno de los muros de la escuela.

Todo el terreno que **era perdido** por los muchachos del grupo enemigo **era ganado** por los de Samuel. El grupo ya no tenía espacio bastante para moverse con holgura. Por fin, cuando se vieron acorralados contra el muro, y recibiendo un verdadero diluvio de bolas de nieve, que **eran disparadas** por sus adversarios desde una

LA BATALLA DE BOLAS DE NIEVE 245

distancia de diez metros, levantaron las manos en señal de rendición.

No se tiró ni una bola más.

Los muchachos de ambos bandos empezaron a hablar y a reír como amigos que eran.

Ambos bandos **eran alabados** por los espectadores por el valor, la pericia, y la nobleza que habían mostrado en la pelea.

Ahora escapaban a casa con objeto de llegar a tiempo para la hora de la comida.

Samuel se marchaba satisfecho y orgulloso. Sin embargo, su felicidad **era turbada** por la idea del castigo que le esperaba por la tarde.

CUESTIONARIO

1. ¿Quién quiere arreglar cuentas con Samuel? 2. ¿Qué había hecho Samuel? 3. ¿Quién había puesto nieve en el bolsillo de Roger? 4. ¿Contra quién arrojó Roger la pelota de nieve que había formado? 5. ¿Por qué arrojó también Samuel una bola de nieve? 6. ¿Dónde daban las bolas que los niños arrojaban? 7. ¿Cuál de los dos bandos tenía más tiradores? 8. ¿Tenía el bando de Samuel más tiradores que el contrario? 9. ¿A quiénes llamó Samuel a su lado? 10. ¿Por qué cedieron los enemigos el terreno? 11. ¿Por qué levantaron las manos en señal de rendición? 12. ¿Cuántas bolas eran disparadas después de la señal? 13. ¿Con qué objeto dejaron los niños la escuela? 14. ¿Por qué idea era turbada la felicidad de Samuel?

TEMA

1. The snow was put in Roger's pocket by one of the boys.   2. This moment was awaited by the pupils.   3. They always settled accounts on coming out of school.   4. The snowballs were thrown with all their might.   5. Orders were given by the captain and obeyed by the boys.   6. The boys who were the best marksmen were called to the center.   7. Samuel was praised by his opponents for the skill which he had been showing.

LA EXPEDICIÓN EN TRINEO

(FORMA PASIVA DEL PRETÉRITO)

Un viernes por la tarde, al salir de la escuela, nevaba mucho. Los niños y las niñas protegían sus pies con chanclos y botas altas de caucho. Se habían subido los cuellos de sus abrigos ; se habían puesto pieles y bufandas alrededor de los cuellos y se habían bajado sus casquetes hasta las cejas.

No dejaban al descubierto más que las narices y los ojos.

MARÍA. — Hoy se ha escapado usted de la geometría, Samuel.

ENRIQUE. — Es verdad.

SAMUEL. — Ahora, ya no me da tanto miedo. Por ejemplo, hoy sabía la demostración de los triángulos bastante bien.

JUANITO. — Por eso no se la ha preguntado el maestro.

Andaban por medio del camino, porque el piso no era tan resbaladizo.

ROGER. — ¡ Qué nevada está cayendo !

BLANCA. — ¡ Qué gusto !

SAMUEL. — ¿ Gusto ?

BLANCA. — Sí, tendremos nieve por Navidad.

SAMUEL. — A mí me gusta la Navidad sin nieve.

Luisa. — ¿ Por qué ?

Samuel. — Porque el suelo es muy peligroso con la nieve.

Enrique. — Sí, cuando hiela.

Blanca. — Pero ahora no hiela.

Samuel. — Pero helará esta noche.

Roger. — ¿ Cómo lo sabe usted ?

Samuel. — Por el frío que está haciendo ahora. Mañana hará mucho frío.

Luisa. — ¡ Qué bien ! Y no tenemos escuela.

Juanito. — ¿ Cree usted que hará sol ?

Samuel. — Es probable. El viento es noroeste.

Luisa. — ¿ Cómo sabe usted todas estas cosas ?

Samuel. — El trabajo en la hacienda me las enseña.

Juanito. — Entonces el torrente estará helado.

Samuel. — Así me lo figuro.

Una exclamación de alegría salió de los labios de todos.

Samuel. — Ya lo veía venir. ¿ Quieren ustedes ir en el trineo ?

Luisa. — ¡ Ya lo creo !

María. — Samuel nos llevará.

Blanca. — Es tan bonito.

Samuel. — Muy bonito, pero muy peligroso. Ya sabe usted lo que nos pasó el año pasado. Juanito piloteaba, se le escapó la mano, y todos **fuimos disparados** por el trineo al volcar.

Enrique. — Pero nadie se lastimó por la caída.

Juanito. — Esta vez no pasará así.

MARÍA. — Esta vez no pasará así, porque no piloteará usted.

ROGER. — Yo pilotearé.

SAMUEL. — De ningún modo. Lo hará Enrique o lo haré yo, si salimos.

BLANCA. — Ya lo creo que saldremos.

El día siguiente, que era sábado, amaneció con un buen sol de invierno.

El permiso indispensable para ir a la granja de Samuel fué pedido por los niños y fué concedido por los padres.

Temprano por la mañana, después de un desayuno caliente y abundante, todos los niños estaban de camino, en dirección a la granja de Samuel.

El frío era vivo pero seco, y los niños sentían la alegría del buen día y de tener buena salud.

Llegaron a la granja en menos tiempo del que empleaban para hacerlo en otras estaciones del año, cuando el tiempo es más caluroso. En esta expedición iba Leal.

Cuando la madre de Samuel fué a la puerta para recibirlos, fué saludada por un racimo de cabecitas, con ojos brillantes y mejillas y narices rojas. La madre de Samuel les hizo entrar. La casa estaba muy bien templada.

LA SRA. PERKINS. — ¡ Quítense ustedes los abrigos !

Se despojaron de gorras, bufandas, pieles, abrigos, y elásticas. María despojó a Leal de una elástica que le había hecho ella misma, para protegerle contra el frío extremado del invierno.

MARÍA. — Sra. Perkins, ¿podremos deslizarnos por el torrente?

LA SRA. PERKINS. — Ya lo creo. Anoche, antes de acostarse, Samuel fué al establo a preparar el trineo y a darle aceite en el volante.

Samuel entró donde estaban los niños. Leal le saludó con ladridos amistosos, que suspendió satisfecho cuando sintió que su cabeza era acariciada por la mano de Samuel.

SAMUEL. — ¿Ya están ustedes aquí?

MARÍA. — Sí, hombre, vamos.

Y fué un movimiento general por parte de los niños para coger los abrigos y ponérselos.

SAMUEL. — Un momento. Hay que comer algo, antes. ¿No es verdad, madre?

ENRIQUE. — ¿Cómo? ¿No se ha desayunado usted aún?

SAMUEL. — Sí, hombre. El desayuno **fué despachado** por mí hace tres horas.

JUANITO. — ¿Pues entonces?

LA SRA. PERKINS. — Hace mucho frío y el deporte del trineo requiere buenos abrigos y alimento caliente por parte de los niños.

Dicho esto, la Sra. Perkins hizo pasar los niños al comedor de la casa. Sobre la mesa se encontraba preparado un almuerzo caliente y ligero, que **fué comido** por los niños con mucho entusiasmo. Al acabar el almuerzo, salieron todos y se fueron al corral de la casa, donde Samuel guardaba el trineo.

El trineo de Samuel era bastante largo. Podían caber en él hasta nueve personas. Samuel lo había limpiado bien, y había echado aceite al volante. De este modo se lograba imprimir la dirección al trineo con facilidad, y rapidez. Esto es de mucha importancia en las vueltas bruscas.

Los muchachos tiraban del trineo y las niñas seguían detrás. Leal era el último.

SAMUEL. — ¿A dónde vamos?

MARÍA. — A la cumbre.

ROGER. — Sí, empezaremos desde el principio.

SAMUEL. — A ustedes les gusta siempre hacer trabajar a los demás.

BLANCA. — Vamos, Samuel, basta de gruñir. Usted se divertirá tanto como nosotros o más, porque usted dirige.

ENRIQUE. — ¡Oh! yo quiero dirigir.

SAMUEL. — Puede usted dirigir más tarde, Enrique. Yo dirigiré el primer viaje.

Enrique era un muchacho inteligente, y comprendió que Samuel tenía razón.

ENRIQUE. — Sí, es mejor. Usted tiene más práctica y conoce mejor el torrente.

Habían llegado a la cumbre; es decir, a la parte más alta del bosque que cubría la ladera de la montaña.

El bosque presentaba un aspecto hermoso y fantástico. A sus pies, los niños veían los cientos y cientos de troncos de álamos, encinas, meples, y olmos, con sus ramas secas y sin hojas, contrastando con las manchas de un verde vivo de los pinos y de los abetos.

El suelo helado del torrente brillaba dentro los límites que le formaban árboles y arbustos. Curvas pronunciadas robaban fragmentos del torrente a los ojos de los niños, pero éste volvía a aparecer a mayor distancia. Por fin se le veía morir en el lago, que estaba helado completamente.

El oxígeno se metía de lleno en los pulmones de los niños. La sangre les bullía hasta en las puntas de los dedos. El mismo Samuel había salido de su apatía.

SAMUEL. — Vamos, vamos, estamos perdiendo el tiempo.

Y empezó a arrastrar el trineo, para ponerlo en posición. **Fué ayudado** por los demás.

Él se sentó el primero.

En esta ocasión les **fué dado** a los niños admirar la inteligencia de los animales. Leal, sin esperar órdenes ni indicaciones de nadie, saltó inmediatamente en el trineo, y poniendo sus patas delanteras sobre los hombros de Samuel y su hocico contra una de las mejillas del muchacho, se sentó sobre sus patas traseras muy cómodamente.

Todos se rieron.

SAMUEL. — ¡Bien por Leal! Es el más inteligente de todos.

Leal mostró su cariño por Samuel lamiéndole la cara. Esta expansión no **fué recibida** con mucho gusto por Samuel.

Detrás del perro se sentaba Juanito. Después se colocaron las niñas, empezando por María. Roger y Enrique eran los últimos. Enrique, con intención, se había puesto en el último sitio, para cooperar con Samuel durante el descenso del trineo.

SAMUEL. — ¿ Están todos sentados ?

ENRIQUE. — Sí.

SAMUEL. — Asegurar bien los pies.

Todos levantaron los pies, que **fueron recogidos** por el que estaba sentado delante. Es muy peligroso, en una bajada de trineo, no mantener los pies en alto.

ENRIQUE. — Estamos listos.

SAMUEL. — Enrique, atención a las vueltas.

ENRIQUE. — No hay cuidado.

SAMUEL. — Preparados.

Los niños se quedaron callados. Se estrechaban los unos contra los otros. Los codos apretaban los pies del que estaba sentado detrás contra el cuerpo, y las manos libres sujetaban fuertemente la cintura del que se sentaba delante.

Enrique empujaba el trineo hacia la bajada del torrente. Se oyó el grito de Samuel : " ¡ Allá va ! "

El trineo se iba pendiente abajo, aumentando la velocidad del descenso rápidamente. Los niños sentían el aire frío de la mañana invernal, que les azotaba la cara, atrayendo su sangre sana a flor de piel.

Pasaban como una exhalación a través del bosque ; y parpadeaban sus ojos ; se entreabrían sus labios ; y aleteaban sus narices al sentir el perfume acre de los pinos y de los abetos. El trineo continuaba deslizándose, siempre con rapidez, llevando a través del bosque la alegría, la salud, y el entusiasmo de aquel grupo, que gozaba tanto de aquel deporte.

⁵ Samuel sabía dirigir. Tomaba las curvas y los ángulos con ojo y mano de experto.

Así que venía una curva, Samuel la anunciaba, gritando "¡ Derecha !" o "¡ Izquierda !"

Entonces Enrique daba otra orden : "¡ Inclinar ¹⁰ cuerpos !"

Y la orden era obedecida. Los niños inclinaban los cuerpos del lado que había dicho Samuel.

De este modo los cuerpos de los niños se inclinaban siempre de la parte opuesta a la curva.

¹⁵ Así **fueron salvadas** todas las curvas ; así **fueron evitados** todos los peligros.

Todavía les faltaba la sensación más fuerte. La última parte del torrente, que ofrecía una bajada de declive muy pronunciado, era recta, bastante larga, de ²⁰ una duración de tres minutos. Después venía el lago con su superficie dura y pulida.

Samuel tomó la bajada rápida con valentía. Todos inclinaron el cuerpo hacia adelante para hacerla más veloz. Sintieron la sensación de la velocidad suma que ²⁵ les hizo gritar y turbar el silencio grave de aquella hermosa mañana de invierno. Leal ladraba.

El trineo entró en el lago. Su velocidad inicial conservaba bastante fuerza, y por esta causa el trineo pudo patinar sobre el lago por varios minutos.

Samuel lo sabía, y al ver a su padre, que por casualidad estaba en una de las orillas del lago, se quiso lucir.

El trineo **fué obligado** por Samuel a trazar una curva prolongada y perfecta.

El trineo se paró en medio del lago. Todos saltaron sobre el hielo y estiraron las piernas.

Samuel y los niños se acercaron al padre de Samuel. Este **fué felicitado** por aquél, por la manera con que había guiado el trineo.

Todos fueron de opinión de repetir el descenso. El trineo **fué arrastrado** por todos hacia la carretera. La bajada había sido de una duración de cinco minutos. La subida iba a ser de media hora.

Pero el precio **fué pagado** por los niños sin murmuraciones.

CUESTIONARIO

1. ¿Qué hacían los niños para protegerse contra el frío?   2. ¿Cuándo y con qué objeto se fueron todos hacia la granja de Samuel?   3. ¿Por quiénes fué pedido el permiso para ir?   4. ¿Por quiénes fué concedido?   5. ¿Por qué había preparado la Sra. Perkins el almuerzo para los niños?   6. ¿Cómo había Samuel preparado el trineo?   7. ¿Hasta qué parte de la montaña tiraron los muchachos del trineo?   8. ¿Quién tuvo que dirigir el primer viaje?   ¿Por qué?   9. ¿Dónde se sentó Leal?   10. ¿Por qué se puso Enrique en el último sitio?   11. ¿Cuánto tiempo duró la bajada?   12. ¿Cuánto tiempo duró la subida?

TEMA

1. When I was thrown off last year, I was not hurt.   2. The sled was steered by Samuel.   3. Permission to go coasting was granted by Samuel's father.   4. You will not have to prepare the sled; it was prepared by Samuel last night.   5. The boys took off coats and caps, and then a lunch was eaten by them.   6. The children did not waste time, and the sled was quickly drawn by them to the top of the hill.   7. Leal was placed on the sled behind Samuel.   8. The silence was broken (*roto*) by the shouts of the children.

LA VISITA DEL CAPITÁN

(FORMA PASIVA DEL PASADO INDEFINIDO Y PLUSCUAMPERFECTO, IMPERATIVO)

Una sorpresa les **había sido reservada** a los niños por el Sr. Selwood.

Éste había recibido un radiograma de su amigo, el capitán, que le anunciaba su visita al pueblo.

EL SR. SELWOOD. — Esta mañana **hemos sido objeto** de una sorpresa agradable.

JUANITO. — ¿ Por parte de quién ?

EL SR. SELWOOD. — Por parte de la Compañía de Telégrafos.

MARÍA. — ¿ En qué consiste la sorpresa ?

EL SR. SELWOOD. — En un radiograma del capitán del barco que visitamos durante nuestra estancia en Nueva York.

JUANITO. — ¿ De veras ?

MARÍA. — Y ¿ qué dice ?

EL SR. SELWOOD. — Que vendrá a pasar los días de Navidad con nosotros.

MARÍA. — Y ¿ cómo ha llegado este radiograma ?

EL SR. SELWOOD. — Ha venido por el aire.

MARÍA. — ¿ Por el aire ? ¿ Cómo es posible ?

EL SR. SELWOOD. — Sí, mujer. **Ha sido expedido**

desde el vapor, por el empleado que vimos en la instalación de la telegrafía sin hilos.

JUANITO. — Justo, no me acordaba. Y el despacho **ha sido recibido** por una de las estaciones de la costa.

EL SR. SELWOOD. — Exactamente.

JUANITO. — A ver si nos traerá los regalos que nos prometió.

MARÍA. — Es de presumir.

EL SR. SELWOOD. — Hasta el presente los amigos del capitán no **han sido olvidados** por él.

Los hermanos querían continuar la conversación, pero era hora de ir a la escuela, y muy a su pesar tuvieron que dar fin a la misma.

Así que se juntaron con sus amigos, no perdieron un minuto en darles la noticia de la llegada del capitán.

A todos los niños les dió gran alegría.

ENRIQUE. — Supongo que la noticia les **ha sido dada** por su padre.

MARÍA. — Naturalmente.

SAMUEL. — ¿Creen ustedes que vendrá con su uniforme?

JUANITO. — No lo creo.

BLANCA. — ¿Por qué no?

ROGER. — He oído decir que los marinos usan el uniforme cuando están a bordo solamente.

LUISA. — Tendré mucho gusto en volver a verle.

Todos los niños expresaron los mismos sentimientos.

SAMUEL. — Estoy seguro de que nos traerá algunos regalos.

María. — Así lo espero yo.

Por la tarde, cuando los dos hermanos llegaron a su casa, se encontraron con un telegrama que **había sido recibido** por su madre.

Era del capitán, anunciando su llegada para el día siguiente por la tarde.

A la hora de comer los niños enteraron a su padre de la llegada de su amigo.

El Sr. Selwood. — **Vayan** ustedes inmediatamente a ver a sus amigos, y **díganles** que mañana llega el capitán. Espero que todos procurarán estar en la estación a la llegada del tren.

Inmediatamente después de cenar, Juanito y María salieron para ejecutar las órdenes de su padre. Entre los dos se repartieron las casas de sus amigos.

La noticia fué recibida con gran alegría en todas las casas, y todos prometieron estar presentes a la llegada del tren.

Juanito. — Sea usted puntual.

Éstas eran las palabras con que se despidió Juanito de todos sus amigos.

María. — **No falten** ustedes.

Así concluyó sus visitas María.

Al día siguiente, que era sábado, todos los niños se hallaban en la estación veinte minutos antes de la llegada del tren.

La impaciencia del grupo creció de punto cuando no se veían señales del tren a la hora marcada para su llegada.

JUANITO. — ¿ Qué habrá pasado ?

SAMUEL. — Habrá sufrido algún retraso. Podemos preguntarlo al agente de la estación.

Así lo hicieron, y éste confirmó la sospecha.

BLANCA (*a Samuel*). — Y ¿ por qué causa viene retrasado ?

SAMUEL. — No nos la ha dicho y no se lo hemos preguntado.

ENRIQUE. — He oído decir al empleado que el tren **ha sido detenido** por un desperfecto en la vía.

ROGER. — ¿ Qué hacemos, pues ?

JUANITO. — Quedarnos aquí y esperar el tren.

Así pasaron unos quince minutos, que los niños emplearon hablando, manteniéndose cerca de los aparatos de calefacción. Los ladridos de Leal anunciaron la llegada del tren. Todos salieron al andén. La locomotora paró, detenida por el freno que **había sido echado** por el maquinista.

Eran las cuatro y media. El tren llevaba media hora de retraso.

Tan pronto como paró el tren, empezaron a bajar los viajeros.

Los niños vigilaban atentamente, para descubrir al capitán. La tarde corta y nublada de diciembre daba escasa luz natural, y los viajeros se movían como sombras a lo largo de un tren de ocho coches.

Por fin, los niños que estaban cerca de la locomotora oyeron los gritos del otro grupo, que estaba a la cola del

"¡ Aquí está ! ¡ Aquí está !" chillaban las voces de Enrique, María, y Roger. Corrieron Juanito, Luisa, Samuel, y Blanca, seguidos de Leal, y vieron venir al capitán, con María colgada de uno de sus brazos y Enrique del otro.

En cuanto el capitán los vió venir, corrió a abrazarlos.

EL CAPITÁN. — ¡ **Vengan** ! ¡ **Vengan** aquí !

Y les abrazó a todos. Leal fué presentado al capitán, quien le acarició la cabeza.

SAMUEL. — ¿ Cómo está usted, Sr. Capitán ?

EL CAPITÁN. — Bien, amigo. Me acuerdo de usted perfectamente. Usted es el muchacho gordo.

SAMUEL. — Sí, señor. Mi nombre es Samuel.

EL CAPITÁN. — Precisamente. Usted es el muchacho que perdió la banana.

Todos celebraron a carcajadas la buena memoria del capitán.

El capitán observó que el recuerdo no agradaba a Samuel y quiso consolarle.

EL CAPITÁN. — **Cobre** ánimos, Samuel. No **ha sido olvidado** por el viejo capitán.

La cara de Samuel sufrió una transformación. Primero, **había sido atormentada** por la tristeza. Ahora, era acariciada por la alegría. Las palabras del capitán **habían sido oídas** también por los otros niños. Entonces se fijaron en un hombre que seguía al capitán con muchos bultos en cada mano.

El capitán preguntó si la casa de Juanito y María

distaba mucho de la estación. Le respondieron como una media hora. El capitán decidió andar la distancia.

Durante el camino, todos mostraron gran alegría de ver al capitán; y al saber que pensaba pasar la Navidad
5 con ellos, la alegría de los niños subió de punto.

Llegaron a la casa, y el capitán fué recibido con gran alegría por los padres y los abuelos del Sr. Selwood.

El Sr. Selwood se disculpó de no haber ido a la estación a recibirle.

10 EL CAPITÁN. — **He sido recibido** por los niños con todos los honores.

El Sr. Selwood subió arriba a mostrar al capitán la habitación que le destinaba. Éste bajó inmediatamente, y dió órdenes al hombre que había traído los
15 bultos. Éste se marchó, dejando los bultos en la casa.

Se encontraban todos en la sala. Ardía un buen fuego en la chimenea.

EL CAPITÁN. — Vamos a ver. **Siéntense** ustedes.

Los niños obedecieron.

20 EL SR. SELWOOD. — Ahora verán ustedes cómo el capitán es amigo de sus amigos.

EL CAPITÁN. — Lo primero es el regalo para las niñas.

Y abriendo una caja, mostró tres ricas piezas de seda, recamadas con bordados finísimos, imitando flores y
25 pájaros. Los bordes mostraban flecos y trenzados de seda fina.

Las niñas estaban locas de contento. Las esperanzas de un buen regalo **habían sido superadas** por la generosidad del capitán.

La Sra. Selwood. — ¡ Qué bordados tan preciosos ! Y ¿ en qué país de Sud América bordan de esta manera ?

El Capitán. — Esto no es de Sud América. Esto viene de la China y de las Islas Filipinas. Los españoles lo llaman un mantón de Manila.

La Abuela. — Y ¿ las mujeres españolas lo llevan en las calles ?

El Capitán. — Sí, señora. Y también las chilenas y las peruanas. María, **venga** usted acá.

Y ciñó el cuerpo de María con el pañuelo, tal como lo llevan las mujeres en España y en aquellas repúblicas hispanoamericanas donde lo usan.

Todos convinieron en que era un atavío de vestir muy bonito.

El Capitán. — Para los muchachos he traído un juego de pelota tal como lo juegan en España y en la Argentina.

Y deshaciendo otro paquete, mostró cuatro cestas de mimbres, de forma cóncava y formando curva, con un guante cosido en la parte exterior y ancha de la cesta.

El capitán les mostró cómo se ataba la cesta para jugar a la pelota. Después les mostró la pelota, que era idéntica a las que se usan en los Estados Unidos para el *base ball*.

Los muchachos se propusieron buscar una pared en seguida, para poder jugar a la pelota.

El Capitán. — Éste es un juego para el verano, no para el invierno.

Y de repente el capitán adoptó un aire misterioso. Empezó a hablar del buen corazón que Samuel tenía y de la generosidad que mostraba siempre que se trataba de micos.

Al oír estas palabras, la expectación creció de punto.

El capitán, siempre sonriendo, añadió que no podía dejar pasar tanta virtud sin recompensa, y empezó a destapar una caja de madera delgada envuelta en una manta de lana.

De la caja sacó un envoltorio cubierto con otra manta. Lo primero que se vió fué un par de ojos vivos y brillantes.

ENRIQUE. — ¡ Es un mico !

MARÍA. — ¡ Y está vivo !

JUANITO. — ¡ Cómo le brillan los ojos !

Leal tenía sus ojos fijos en el envoltorio, al que había estado oliendo por largo rato. El capitán acabó de desenvolver el envoltorio. Y apareció un mico de cabeza y cuerpo reducidos y de una cola muy larga y ojos muy grandes. Era idéntico a algunos de los que habían visto en el jardín zoológico de Nueva York, oriundos del Brasil.

EL CAPITÁN. — **Tome** usted este mico, Samuel. Es para usted.

Samuel emocionado balbuceó la repuesta.

SAMUEL. — Pero, ¿ de veras es para mí ?

EL CAPITÁN. — Ya lo creo.

Samuel no daba crédito a sus ojos. Tomó al animal

con mucho cuidado, y empezó a acariciarlo con mucho cariño.

Los otros niños formaban grupo alrededor de Samuel. El mico movía su cabeza pequeña constantemente a una y a otra parte, y sus ojos grandes se fijaban en todo, personas y objetos, con gran desconfianza. A Leal no le perdía de vista. Leal, por su parte, lo miraba con gran sorpresa.

Se acercaba la hora de comer. Por primera vez en su vida, Samuel pensó en algo más que en la buena comida que le esperaba.

Su cerebro y su corazón **habían sido tomados** por asalto, por la presencia del mico.

Éste ya se iba reconciliando con su nuevo dueño, y sus ojos se habían hecho más dulzones.

Samuel renunció a comer en casa del Sr. Selwood. Envolvió al mico en la misma manta de lana en la cual **había sido envuelto** por el capitán, y lo metió en la jaula. Se despidió alegremente de todos, y muy efusivamente del capitán.

Mientras andaba el camino, repasaba en su memoria toda la información que le **había sido dada** por el capitán.

Se dirigía la palabra a si mismo : " **Tenga** cuidado con el frío, y el alimento. Los micos que nacen en el Brasil no **han sido creados** por Dios para vivir en climas fríos como el nuestro. Ponga usted al mico en en lugar con una temperatura veraniega. Ya tengo el sitio. En el conservatorio. Samuel, sepa usted escoger el alimento con mucho cuidado : bananas y otras frutas maduras, legumbres cocidas, y nueces. ¡ Me parece que el mico estará bien cuidado ! "

Y muy contento con el mico, apresuró el paso para llegar a tiempo de cenar.

Mientras Samuel iba camino de su casa, en casa del Sr. Selwood la familia, el capitán, y los niños se habían sentado a la mesa, para dar principio a la comida.

Hacían preguntas sobre el viaje al capitán, y él respondía.

La Sra. Selwood. — **Diga** usted, capitán, ¿ ha tenido usted un buen viaje ?

El Capitán. — A la ida, el viaje fué muy bueno. Encontramos mar calma y empleamos tres semanas cortas. Pero a la vuelta, tuvimos un temporal deshecho que duró tres días con tres noches. Después de esto, la mar fué siempre dura hasta que llegamos a veinte millas de Nueva York.

Luisa. — Y ¿ es peligroso un temporal ?

El Capitán. — Sí, aunque el que acabo de correr no fué tan malo como otros que he corrido.

Enrique. — ¿ Y cómo sabía usted que se encontraba a veinte millas de Nueva York ?

El Capitán. — Porque sé la distancia entre Nueva York y Buenos Aires y los días que hemos estado navegando.

Juanito. — La brújula les dice dónde están.

El Capitán. — La brújula nos indica el rumbo del

barco, pero la posición del barco la sabemos por medio del sextante y otros aparatos de navegar.

María. — ¿ Qué necesitan hallar para saber dónde están ?

El Capitán. — La longitud y la latitud con respecto al ecuador.

María. — Y ¿ lo saben cada día ?

El Capitán. — Ya lo creo. Tomamos la posición a mediodía.

Roger. — Y ¿ cómo sabe usted que es mediodía ?

El Capitán. — Por la posición del sol.

Blanca. — ¿ En qué posición debe estar ?

El Capitán. — En el cenit del barco.

Esta palabra fué una novedad.

Todos. — ¿ Cenit ? ¿ Qué es el cenit ? ¿ Dónde está el cenit ?

El Capitán. — ¡ Calma ! ¡ Calma !

Los padres y los abuelos se reían. Los niños luchaban entre el apetito y el deseo de aprender cosas nuevas.

El Capitán. — ¿ Ustedes saben lo que es una línea vertical ?

Juanito. — Sí, señor.

Luisa. — Ya lo creo.

Enrique. — Ahora estudiamos geometría.

El Capitán. — ¿ De veras ? Pues bien, cuando es posible trazar una línea completamente vertical desde el punto donde está el sol al punto donde está el barco, entonces el sol está en el cenit del barco.

Blanca. — Y al día siguiente, ¿ sucede lo mismo ?

El Capitán. — Con toda seguridad.

Juanito. — Entonces los días en el mar son de duración diferente de los días en la tierra.

El Capitán. — Tiene usted razón. Un día marítimo va de cenit a cenit, y es tanto más largo cuanto mayores son las singladuras y las latitudes.

María. — Pero, y por la noche, ¿cómo lo hacen ustedes?

Roger. — Por medio de las estrellas, ¿no?

El Capitán. — Así es.

Estaban ya comiendo los postres.

Enrique. — Entonces usted conoce la astronomía.

El Capitán. — Solamente como ciencia auxiliar a la navegación.

Juanito. — La astronomía **ha sido reconocida** como una de las ciencias más difíciles.

El Sr. Selwood. — ¡Es verdad!

Blanca. — ¡Qué gusto! ¡Poder ver siempre las mismas estrellas!

El Capitán. — ¡Oh, no! Los cielos son diferentes.

María. — ¿Cómo puede ser esto?

El Capitán. — Lo comprenderán inmediatamente.

Y el capitán tomó una naranja.

El Capitán. — ¿Ven ustedes esta fruta?

Los Niños. — Sí, señor.

El Capitán. — ¿Qué forma tiene?

Blanca. — La de una esfera.

El Capitán. — Muy bien. Ahora **fíjen**se en lo que hago.

Y el capitán, con la punta de un cuchillo, cortó la corteza de la fruta solamente, marcando la división de dos zonas iguales.

EL CAPITÁN. — Ahora ven ustedes que la corteza de la naranja ha sido dividida en dos partes iguales.

ROGER. — Sí, señor.

EL CAPITÁN (*poniendo la naranja sobre la mesa*). — Pues bien, supongamos que esta naranja es la tierra. ¿Cómo se llaman los dos extremos de la tierra?

ENRIQUE. — Polo Norte y Polo Sur.

EL CAPITÁN. — Pues bien, esta línea que ha sido trazada por un cuchillo es el ecuador. ¿Saben ustedes lo que es el ecuador?

JUANITO. — El ecuador es un círculo imaginario de la tierra, equidistante de los dos polos.

EL CAPITÁN. — ¡Bravo! Ahora las dos partes iguales de la esfera terrestre se llaman hemisferios. ¿Comprenden?

MARÍA. — Ya lo creo.

EL CAPITÁN. — Ahora pongan atención a lo que voy a hacer.

Los ojos de los niños miraban con mucha atención. El capitán, con un cortaplumas, arrancó con suma destreza las dos mitades de la naranja de sus respectivas cáscaras, dejando intactas las cortezas y la fruta.

Inmediatamente el capitán tomó algunos mondadientes y clavándolos en las respectivas mitades de las frutas y de las cáscaras, creó un espacio entre las dos mitades

de las naranjas y sus cortezas. Después colocó una mitad sobre la mesa, la corteza descansando sobre la mesa. Con el auxilio de tres tenedores pudo sostener la otra mitad de fruta y corteza sobre la que descansaba
5 en la mesa.

El Capitán. — Vamos a ver si mi trabajo **ha sido** bien **estudiado** por ustedes.

María. — Me parece que sí.

El Capitán. — ¿Qué representaba la fruta?

10 Roger. — La tierra.

El Capitán. — Muy bien. Y ¿la corteza?

Blanca. — La esfera celeste.

El Capitán. — Pues entonces, ¿qué es este espacio que existe entre la fruta y la corteza?

15 Los niños guardaban silencio por varios segundos. Por fin, fué roto por Enrique.

Enrique. — Ya lo sé.

El Capitán. — ¿Qué representa?

Enrique. — La atmósfera.

20 El Capitán. — Muy bien. Ahora, estoy seguro que algunas de estas niñas tienen alfileres.

Luisa. — Sí, señor, yo tengo algunos.

María. — Y yo, también.

Blanca. — Y yo.

25 El Capitán. — **Dén**melos ustedes.

Los alfileres pasaron de manos de las niñas a manos del capitán. Este clavó un alfiler en la mitad superior de la fruta y otro alfiler en la mitad inferior. También clavó un alfiler en la corteza de la naranja.

El Capitán. —Supongamos que este alfiler en la corteza es el sol y supongamos que estos alfileres que han sido clavados por mí en la naranja son barcos. Un barco, como ustedes ven, está sobre el ecuador, y el otro está debajo del ecuador. El primero está en el hemisferio superior, que ha sido nombrado boreal.

Enrique.—¿Hemisferio boreal?

El Capitán. — Justo. Y el otro se halla en el hemisferio inferior, que nos ha sido dado a conocer como el hemisferio austral.

Juanito. — ¿ Hemisferio austral ?

El Capitán. —Sí, recuerden estos nombres. Es evidente que estos dos barcos están en posición completamente diferente con respecto al sol, y si los oficiales del barco toman observaciones el mismo día, y a la misma hora, la posición que les dará su horizonte será completamente distinta. ¿ Comprenden ustedes ?

Juanito. — Ya lo creo.

María. — Es muy sencillo.

Roger. — Es muy fácil de comprender esto, siendo explicado de esta manera.

Blanca. — Y de noche, con las estrellas, debe pasar lo mismo.

El Capitán. — Naturalmente. Miren ustedes estos alfileres. Supongamos por un momento que son estrellas.

Y clavó unos alfileres en la cáscara que había sido colocada por el capitán para representar el hemisferio del norte, y otros en la cáscara que representaba el hemisferio del sur.

ROGER. — ¡ Qué bien se comprende ahora !

EL CAPITÁN. — Ya ven ustedes cómo las estrellas del firmamento boreal no pueden ser contempladas por los navegantes que surcan al sur del ecuador. En cambio, para los marinos que navegan por el mar del norte, son invisibles las estrellas del hemisferio austral.

EL SR. SELWOOD. — Estoy seguro de que sus palabras sobre diferentes cielos **han sido entendidas** perfectamente por los niños, después de esta explicación.

EL CAPITÁN. — Naturalmente. **Tomen** como ejemplo la constelación de la Osa Mayor. Los navegantes la ven constantemente mientras se mantienen al norte del ecuador. Pero así que pasan la línea, pierden de vista la constelación boreal, y se presenta a sus ojos la constelación austral, la Gran Cruz.

El interés de los niños **había sido despertado** de tal modo por la narración del capitán, que empezaron a hacer pregunta trás pregunta.

Preguntaron acerca del sol, de los otros planetas, de la luna, de las constelaciones, de la época del equinoccio, de los satélites de los planetas, de las órbitas, y a todo contestaba el capitán.

Aquella noche los niños se fueron a la cama muy tarde.

CUESTIONARIO

1. ¿ Para qué había mandado el capitán un radiograma al Sr. Selwood? 2. ¿ Cuándo habían visitado los niños el barco del capitán? 3. ¿ Por quién había sido expedido el radiograma? 4. ¿ Por qué dieron las ni-

ñas fin a la conversación? 5. ¿Para cuándo anunció el telegrama la llegada del capitán? 6. ¿Cuándo se hallaban los niños en la estación? 7. ¿Qué hizo Leal para anunciar la llegada del tren? 8. ¿A qué hora llegó el tren? 9. ¿Quiénes descubrieron al capitán? 10. ¿Dónde habían estado los otros niños? 11. ¿Qué le dijo el capitán a Samuel? 12. ¿Por quiénes habían sido oídas sus palabras? 13. ¿Por quién habían sido traídos los bultos a la casa? 14. ¿Quiénes fueron las primeras en recibir los regalos? 15. ¿En qué consistían los regalos de las niñas? 16. ¿Qué había traído el capitán para los muchachos? 17. ¿Qué regalo especial había traído el capitán para Samuel? 18. ¿Dónde habían visto los niños a un mico semejante? 19. ¿Por qué no comió Samuel con los otros niños? 20. ¿Dónde pensó poner al mico? 21. Mientras Samuel iba camino de su casa, ¿de qué hablaban los niños y el capitán? 22. ¿Qué ha sido despertado por la narración del capitán? 23. ¿Cuándo se fueron los niños a la cama?

TEMA

1. The line by which the rind of the orange has been divided is the equator. 2. Now look at the orange and tell me what it represents. 3. The upper half represents the northern hemisphere, and the lower represents the southern hemisphere. 4. Now take some pins, stick some of them in the upper half of the orange, and some of them in the lower. 5. The stars of the northern hemisphere cannot be seen south (*al sur*) of the equator. 6. The children said that the captain's explanations had been perfectly understood.

LOS NIÑOS VAN A PATINAR

(FORMA PASIVA DEL FUTURO. CONTINUACIÓN DEL IMPERATIVO)

El capitán se había hecho un gran amigo de los niños. Iba con ellos a todas partes. Había visitado a los padres de sus amigos. Un día fué a la escuela para verlos trabajar. También acompañaba a los niños en sus excursiones.

Como el día de Navidad estaba ya muy cerca, el capitán les acompañó al bosque a ver cómo cortaban los árboles de Navidad que destinaban para sus casas, para adornarlos con regalos el día de la fiesta.

Fué en esta expedición que los niños le hicieron preguntas sobre las costumbres de los niños que viven en las repúblicas sudamericanas.

La conversación tuvo lugar mientras andaban hacia el bosque. Los niños llevaban trineos para cargarlos con los árboles y de este modo hacer más fácil el transporte de carga tan pesada.

ENRIQUE. — ¿No celebran la Navidad los niños de los países latinoamericanos?

EL CAPITÁN. — Ya lo creo que la celebran. Navidad es una fiesta mundial.

MARÍA. — Irán a patinar como nosotros.

EL CAPITÁN. — ¡Oh, no! Allí celebran Navidad cuando hace mucho calor y los días son largos.

ROGER. — ¡Oh, sí, sí! Allí es verano cuando aquí es invierno.

BLANCA. — Pero de todos modos deben tener diferentes juegos.

EL CAPITÁN. — Sí, juegan a la pelota contra la pared con las cestas.

JUANITO. — Yo estoy impaciente para aprender este juego.

SAMUEL. — Al venir la primavera podremos aprenderlo. Ahora el suelo está demasiado malo.

LUISA. — Y ¿no tienen ningún otro juego?

EL CAPITÁN. — ¡Oh, sí! He visto varios de nuestros deportes que serán popularizados, dentro de poco tiempo, por los niños de aquellos países.

SAMUEL. — Pero ¿no tienen juegos de ellos mismos?

EL CAPITÁN. — Esperen a ver si recuerdo alguno. Sí, ahora hago memoria. Hay un juego que llaman tirar a la barra. Este juego es jugado por hombres, porque los niños no tienen bastante fuerza para jugarlo.

BLANCA. — Y ¿en qué consiste?

EL CAPITÁN. — Consiste en lo siguiente. Se trazan dos líneas sobre el suelo a una distancia de unos quince metros la una de la otra. Todos los que desean tomar parte en el juego pueden hacerlo. La cuestión es tomar una barra de hierro que pesará unas ocho o diez libras y tirarla con toda la fuerza posible en dirección de la otra línea. Aquél que la tira con más fuerza es el que gana.

Al llegar a este punto el capitán, ya estaban a la vista del bosque.

Empezaron a escoger los abetos que les parecían más hermosos. En este trabajo de selección fueron ayudados por el consejo del capitán.

Los muchachos iban provistos de sierras y hachas.

ENRIQUE. — Yo quiero manejar el hacha.

SAMUEL. — Y yo, también. Mis árboles **serán derribados** a hachazo limpio.

JUANITO. — Pues los nuestros **serán cortados** por la sierra. ¿No es verdad, Roger?

ROGER. — Desde luego. Es más descansado.

SAMUEL. — No lo **crea** usted. Ya verá usted quién se sentirá más fatigado al final.

Y empezaron a trabajar. Roger y Juanito asieron respectivamente dos sierras, e introdujeron los dientes agudos de los instrumentos en los troncos de los árboles. El movimiento de sus cuerpos hacia adelante y hacia atrás ayudaba a la sierra a cortar la madera. La resistencia de ésta última al acero cortante poblaba el bosque de ruidos discordantes.

Este ruido se combinaba con los golpes de las hachas de Enrique y Samuel, que caían con precisión y fuerza sobre los troncos de los abetos. Cuando el ruido de la sierra paraba, los golpes acompasados de las hachas, con su solemne eco, imponían silencio en el grupo.

Por fin los árboles cayeron en tierra. Eran todos ellos abetos escogidos, con profusión de ramas de un verde hermoso.

Empezó la faena de cargarlos y atarlos en los trineos. El capitán prestó su ayuda.

Juanito. — Estoy seguro de que al vernos con estos árboles de Navidad, **seremos envidiados** por todos los chicos del pueblo.

María. — Nosotros no pensamos volver a casa ahora.

Luisa. — ¿ Quiénes son nosotros ?

María. — Enrique, Samuel, y yo.

Roger. — ¿ Qué piensan ustedes hacer ?

María. — Vamos a patinar.

Blanca. — Bien, nosotros nos volveremos con Roger y Juanito.

El Capitán. — Y yo, también. Estos árboles son muy pesados, y ustedes necesitarán ayuda.

Juanito. — Su ayuda **será aprovechada** por nosotros.

Después de estas palabras y de las acostumbradas despedidas, los dos grupos se separaron.

El grupo de los trineos empezó a andar cuesta abajo y los patinadores treparon cuesta arriba. Pronto se perdieron de vista los unos a los otros. Leal iba con los patinadores.

Bromeando y riendo, y Leal corriendo como de costumbre, llegaron al lago. Una vez allí, se sujetaron los patines a las suelas de sus botas por medio de llaves y correas.

El primero en salir fué Enrique. Probó el hielo, y lo encontró bueno ; es decir, fino y limpio. Se podía patinar velozmente. Después vino María. El último en entrar fué Samuel. Leal se quedó con Samuel.

Leal había ido otras veces a patinar con Samuel, y sabía que los dos jugaban y se divertían mucho. Samuel, ahora, estaba dirigiendo la palabra al perro.

SAMUEL. — **Vamos a ver, Leal. Figúre**se usted que yo soy un niño malo que va a robar fruta, y usted es el policía Sr. Young. Usted adivina mis intenciones, yo echo a correr, y usted corre detrás de mí. Yo **seré perseguido** por usted.

El perro le escuchaba con toda atención, la cabeza ladeada, una oreja en alto y otra caída, los ojos fijos en los pies de Samuel, esperando verlos patinar a cada instante.

Samuel movía los pies sin cambiar de sitio. Leal, excitado, iniciaba el movimiento de correr y lo cortaba en seguida, al ver que Samuel le engañaba.

Samuel murmuraba "Ahora, ahora, ahora," pero no se movía. Leal ladraba furiosamente. De repente Samuel, que sabía patinar muy bien, arrancó con empuje poderoso, que sostuvo con largos y firmes movimientos de los pies. Leal le seguía a todo correr, pero siempre se quedaba atrás. Samuel se deslizaba sobre el hielo con una rapidez grande, y al parecer sin esfuerzo alguno. Apenas levantaba los pies. Y guardando el ritmo del movimiento, las manos cruzadas a su espalda, volvía la cabeza de vez en cuando para mirar a Leal, que le seguía corriendo.

María y Enrique formaban una pareja. Habían entrecruzado sus manos, y de este modo los dos cuerpos, guardando el mismo ritmo, se deslizaban sobre el hielo.

María no patinaba tan bien como los dos muchachos. Además no tenía tanta fuerza como ellos, para resistir la fatiga del deporte. Pero como se sentía ayudada por Enrique, se consideraba segura de todo peligro, y patinaba sin recelo alguno.

De pronto Samuel empezó a hacer sus habilidades de patinador y a trazar figuras sobre el hielo.

Primero trazó círculos completos y muy bien proporcionados, y después pasó a trazar estrellas. Las primeras estrellas que trazó tenían sólo cuatro picos, las que vinieron después tenían seis, y las últimas marcadas por sus patines mostraban ocho picos.

Leal se volvía loco. Con aquel cambio tan rápido de direcciones no sabía cómo perseguir a Samuel.

Haciendo estas figuras Samuel se había aproximado a Enrique y a María, que habían parado de patinar, para admirar sus talentos. María no pudo reprimir su admiración y la manifestó en alta voz.

María. — ¡ Qué bien patina Samuel !

Enrique. — Sí, muy bien.

María. — ¡ Cuántas cosas sabe hacer !

Enrique se sintió picado en su amor propio y quiso emular a Samuel.

Enrique. — Pues **espere** usted, y me verá usted trazar la espiral.

Y soltando las manos de María, Enrique empezó una línea de gran vuelo, que era la base del espiral. La primera vuelta era perfecta. Samuel le seguía, patinando exactamente sobre la línea trazada por los patines de Enrique. Los dos muchachos se movían en círculos cada vez más reducidos, hasta que por fin llegaron al centro de la espiral, y se pararon en él por breves momentos.

⁵ Después patinaron en sentido inverso y de espaldas, agrandando los círculos cada vez más.

María quiso también lucirse y así lo dijo.

MARÍA. — Ahora las habilidades **serán hechas** por mí.

Y se lanzó a patinar sola. Enrique la siguió. Samuel ¹⁰ se quedó donde estaba, jugando con el perro.

De repente Samuel oyó el siniestro crujido del hielo cuando se rompe. Simultáneamente oyó dos gritos. Lo que había sucedido era que María y Enrique habían entrado en una parte del lago donde el hielo era más ¹⁵ delgado, y había cedido bajo el peso de los dos cuerpos.

María, al sentir que se hundía en el agua fría, se agarró a Enrique y dió un grito de angustia.

MARÍA. — ¡ Socorro ! ¡ Me hundo !

Enrique no perdió la sangre fría y llamó a Samuel. ²⁰ Éste había vuelto la cabeza hacia el sitio de donde habían partido los gritos, y al ver los dos cuerpos en el agua, se dirigió hacia ellos patinando a toda velocidad. Leal se adelantó a Samuel.

La niña, llena de terror, se abrazó a Enrique y le ²⁵ impedía todo movimiento.

El boquete se hacía cada vez más ancho, porque el hielo delgado se quebraba al chocar de los cuerpos que se movían y se apoyaban en la superficie helada, para escapar del peligro.

EL SALVAMENTO

Leal se echó al agua y asió los vestidos de María con los dientes. Esto fué una verdadera ayuda para Enrique, que se sentía casi extenuado. Samuel, mientras patinaba con dirección al boquete, se había despojado de la elástica y de la chaqueta, y había atado las mangas de ambas prendas de vestir. Quedándose sobre la superficie del hielo, a poca distancia de los hundidos, echó la elástica a Enrique como un cable salvavidas. Enrique la asió, y con la ayuda de Leal y de Samuel logró acercarse a la orilla de hielo firme y depositar a la niña fuera del agua. Enrique saltó detrás.

Cuando Leal sintió que María estaba segura, soltó sus vestidos, que tenía asidos con los dientes. El hielo le había desgarrado la piel y le salía sangre en abundancia. Se hundía. María, que no había perdido sus sentidos, fué la primera que notó la ausencia de Leal.

MARÍA. — Y ¿ Leal ?

Miró al boquete y dió otro grito de angustia.

MARÍA. — ¡ El pobre Leal se hunde !

Enrique no podía más. Así se lo dijo a Samuel.

ENRIQUE. — No puedo ayudarle, Samuel.

Samuel miró al agua y vió que Leal le miraba con ojos angustiosos, ladrando lastimeramente. El frío del agua entraba por el corte de la herida, privándole de movimiento. Samuel se decidió.

SAMUEL. — ¡ Leal ! ¡ Querido Leal ! ¡ Allá voy !

Y echó su elástica al agua por segunda vez. Pero era demasiado corta. No alcanzaba a donde estaba el perro. Entonces el bravo muchacho, para salvar a

Leal, se despojó de su segunda chaqueta. Alargó con ella el cable de salvamento y se lo echó a Leal. Esta vez el perro lo asió; y Samuel, casi morado de frío, con mucho cuidado para no romper el hielo, y con mucho peligro, logró ver a Leal en hielo firme.

La sangre manaba en abundancia de la herida de Leal. Las manchas rojas se destacaban en fuerte contraste sobre la superficie blanca del hielo.

Todos estaban calados hasta los huesos.

ENRIQUE. — Y ¿qué hacemos?

SAMUEL. — Vamos a la casa más próxima. Hay peligro de coger una pulmonía.

MARÍA. — Leal no puede andar casi.

SAMUEL. — No importa. Enrique y yo le ayudaremos.

Andaban rápidamente, sin decir palabra. María y Enrique pensaban que la presencia de Samuel les había salvado de una muerte cierta. Y sentían inmensa gratitud.

Samuel tenía su pensamiento fijo en una idea. Por fin la manifestó.

SAMUEL. — Si escapamos de la pulmonía, ¡qué apetito vamos a tener a la hora del almuerzo!

Y los tres echaron a reír con grande regocijo. La alegría y el buen humor volvieron a reinar entre los niños. Ya se sentían mejor. Ya andaban con más brío. Ya no les molestaba tanto la humedad fría de las ropas mojadas.

Por fin vieron una casa. Corrieron a ella. Su suerte fué grande. Era la casa del director de la escuela a donde iban aquel año. Les conocía a todos, como también les conocía la esposa del director.

Ésta fué quien les abrió la puerta. Al verlos a todos mojados, les hizo entrar apresuradamente.

El director estaba en casa. Los dos esposos comprendieron al instante lo que había pasado. Sin perder tiempo en hacer preguntas les hicieron subir a las habitaciones de arriba.

El director tenía hijos de edad y estatura parecidas, de modo que nuestros amigos pudieron despojarse de las ropas mojadas y ponerse ropas secas.

Mientras la señora estaba al cuidado de María, el director se ocupaba de Leal.

Al entrar en la casa, Samuel y Enrique habían tendido a Leal en el suelo cerca del fuego que ardía en la chimenea.

El director se acercó en seguida al animal y le quitó el pañuelo mojado que uno de los muchachos le había puesto en la herida.

Con la ayuda de uno de sus hijos, reconoció la herida, que estaba en uno de los flancos. La lavó, la desinfectó, puso un vendaje limpio, y dejó reposar a Leal al lado del fuego.

Los niños bajaron completamente repuestos del contratiempo. La sangre circulaba por sus venas, caliente y sana, debido a la reacción del calor en sus cuerpos secos.

Se sentían bien, aunque vestían ropas prestadas. Samuel se encontraba un poco apretado en el traje que llevaba.

Todos rieron al verle aparecer.

Samuel. — Antes de almorzar, me tendré que quitar este traje.

María. — ¿ Por qué ?

Samuel. — Porque este traje me viene estrecho, y si como tanto como acostumbro, voy a romperlo.

Después de beber buenas copas de leche caliente, el director les prestó su trineo, al que había enganchado un caballo.

En el asiento delantero se sentó Samuel, quien se había obligado a volver con trineo y caballo el mismo día.

Enrique y María se sentaron en el asiento de detrás con Leal envuelto en una manta de lana. Los niños se abrigaron las piernas y las cinturas con una piel.

María. — El trineo será bien dirigido.

En esto vino la esposa del director de la escuela con los envoltorios de la ropa mojada. Samuel se apresuró a ponerlos en el trineo.

Enrique. — Ya nos olvidábamos de la ropa.

La buena señora les preguntó si se encontraban bien. Todos le respondieron afirmativamente y le dieron las gracias por las bondades que había tenido con ellos. La familia del director salió a la puerta para verles partir.

El trineo arrancó.

María. — Mañana seremos felicitados por todos nuestros amigos.

Al trote del caballo, el trineo se deslizó sobre la nieve.

CUESTIONARIO

1. ¿A dónde fueron los niños para cortar los árboles?
2. ¿Para qué llevaban sus trineos los muchachos?
3. ¿Celebran la Navidad los niños sudamericanos?
4. ¿Por qué no van a patinar? 5. ¿Cómo juegan a la pelota? 6. ¿Qué otro juego describió el capitán?
7. ¿Cómo lo juegan? 8. ¿Cómo derribó sus árboles Samuel? 9. ¿Quiénes fueron a patinar? 10. ¿Quién ayudó a Roger y a Juanito? ¿Por qué?
11. ¿Por qué se quedó Leal con Samuel? 12. ¿Quién ayudó a patinar a María? 13. ¿Cómo mostró Samuel que sabía patinar muy bien? 14. ¿Qué trazó en el hielo? 15. ¿Qué trazaron Enrique y Samuel juntos? 16. ¿Por qué cedió el hielo bajo el peso de María y Enrique? 17. ¿Quién se echó al agua para ayudarla? 18. ¿Quién la sacó del agua?
19. ¿Por qué no salió también Leal? 20. ¿Qué hizo Samuel para ayudarle? 21. ¿A dónde fueron en seguida los tres? 22. ¿Quién era el dueño de la casa?
23. ¿Cómo cuidó él a los niños? 24. ¿Cómo cuidó al perro? 25. ¿Cómo volverán los niños a casa? 26. ¿Por quién será dirigido el trineo?

TEMA

1. One day the captain said (*dijo*): "To-day (*hoy*) I shall accompany you to the forest and the trees will be cut down with clean strokes of the ax. We shall bring (*traeremos*) them home on sleds." 2. In the South American republics the children cannot celebrate Christmas as we do. They cannot go skating. They have other games. 3. Now let us cut down the trees. Wait, I want the ax. Jack, take the saw.
4. When the trees have been cut down, the boys will load them upon the sleds. The trees are very heavy, and

the captain's help will be utilized. 5. The boys go skating. Leal follows them. Mary says that she cannot skate as well as the boys. Don't believe it! 6. Henry and Mary were skating where the ice was very thin. It yielded under their weight, and they were sinking in the cold water. Leal jumped into the water in order to help them. Samuel took off his sweater and threw it to Mary. Thus he pulled her out of the water. Samuel will be envied by all the boys of the town.

LEAL ESTÁ ENFERMO

(Dejar de)

El día siguiente al del accidente del lago era domingo. Nadie **dejó de** ir a la iglesia. Todos los niños se reunieron en la plaza, al salir de la iglesia. Empezaban las vacaciones de diciembre, y solamente faltaban cuatro días para Navidad.

No **dejaron de** hablar sobre el episodio del día anterior. Juanito estaba de mal humor. Samuel y Enrique preguntaron por María, al ver que no estaba allí.

Juanito respondió que su madre la había hecho guardar cama hasta más tarde, sólo por precaución.

JUANITO. — Pero él que está enfermo de veras es Leal.

Esto llevó la consternación a todos los niños.

SAMUEL. — Ya lo temía. Le habrán entrado el frío y el agua por el corte de la herida.

JUANITO. — Y ¿ qué hacía usted allí ?

Estas palabras las dirigió a Samuel.

ENRIQUE. — Y ¿ le pregunta usted qué hacía ? Si no es por él, nos ahogamos todos. Es usted injusto, Juanito.

Juanito guardó silencio por breves momentos, pero estaba arrepentido de lo que había dicho. Quería reconocer su equivocación.

Juanito. — Dispense, Samuel. No debía haber dicho lo que dije.

Samuel. — Está bien, hombre, está bien.

Juanito. — ¡ Pero cuando pienso en el pobre Leal !

Roger. — Vendremos todos esta tarde a ver a Leal.

Blanca. — Ya lo creo.

Y se despidieron.

Por la tarde, después de comer, no **dejaron de** cumplir su promesa.

Todos fueron llegando a la casa de Juanito y de María. En la sala donde se reunía la familia, cerca de la chimenea, donde ardía un buen fuego, se hallaba Leal, tendido en un colchón y arropado con una manta.

A medida que los niños entraban en la sala, iban directamente a ver el perro. Éste descansaba su cabeza sobre la almohada. Tenía los ojos tristes, y apenas reconocía a los niños que le dirigían palabras cariñosas.

Todos hablaban en voz baja. María estaba sentada en un taburete bajo, a la cabecera de la cama del perro. Casi no se había movido de allí, desde el momento que se había levantado. Juanito había comido con la familia, y había tomado el puesto de María mientras ésta comió sola.

María. — No **dejaré de** cuidar a Leal un solo momento.

Samuel fué el último en llegar. Se acercó al animal enfermo. Éste no **dejó de** reconocer a su salvador inmediatamente. Hizo un penoso esfuerzo para levantar la cabeza y lamer la mano del que le acariciaba. Cuando

Samuel vió tanto sufrimiento en los ojos agradecidos que le miraban, se arrodilló en tierra y besó la cabeza de Leal. Después, empezaron a hablar en corrillos, sin levantar la voz, moviéndose sin hacer ruido.

SAMUEL. — ¿ Ha venido el veterinario ?

JUANITO. — Sí, vino ayer noche.

MARÍA. — Tan pronto como Leal llegó a casa y le quitamos la manta, empezó a temblar de frío. Yo, entonces, le metí en cama. Mi padre llegó y al enterarse de lo que había pasado, examinó a Leal, y dijo que tenía mucha fiebre. Telefonó inmediatamente al veterinario, el Sr. Porter. Éste no **dejó de** venir, y dijo que tenía una pulmonía.

ROGER. — ¿ Lo encontró grave ?

LUISA. — Naturalmente, una pulmonía.

ENRIQUE. — Roger cree que una pulmonía no es nada.

ROGER. — No, estúpidos. Ya sé lo que es una pulmonía. Quería decir si Leal estaba perdido.

JUANITO. — ¡ No !

MARÍA. — ¡ Dios no lo quiera !

Y se echó a llorar.

SAMUEL. — Y ¿ no toma nada para curarse ?

JUANITO. — Sí, el veterinario le recetó una medicina, de la que toma una cucharada cada hora.

BLANCA. — Y ¿ cómo puede tomarla por la noche si todos ustedes duermen ?

JUANITO. — Mi padre se quedó a velar la noche pasada.

BLANCA. — Y esta noche ¿ qué van a hacer ustedes ?

MARÍA. — Me quedaré yo.

BLANCA. — Pero mañana hay que estudiar y trabajar.
MARÍA. — Ahora estamos de vacaciones.

Entonces se entabló una discusión entre los niños sobre qué plan iba a ser el mejor para velar a Leal. Por fin determinaron que Samuel y Enrique iban a quedarse aquella noche. El segundo turno fué reclamado por Juanito y Roger, y las niñas se encargaron de cuidarle de día. No dejaron de proponer el plan a los padres de Juanito y María, que lo aprobaron, exigiendo el permiso de los padres de los niños que tenían que velar.

Samuel y Enrique partieron para ir a obtenerlo. Al anochecer estaban de vuelta, dispuestos a quedarse a velar.

Poco después apareció el veterinario. Era un hombre viejo, de barbas blancas y largas que le daban un aspecto venerable. Andaba despacio con la ayuda de un bastón. Vestía de negro, y en la solapa izquierda de su chaqueta lucía el emblema de Veterano de la Guerra Civil.

Se sentó en una silla baja, al lado de la cama, para examinar a Leal. Para ello aplicó dos dedos a la sien izquierda para tomarle el pulso.

EL VETERINARIO. — Todavía tiene mucha fiebre.
MARÍA. — Pero ¿ sanará, Sr. Porter ?
EL VETERINARIO. — No puedo prometer nada.
JUANITO. — ¿ Está peor que esta mañana ?
EL VETERINARIO. — No está mejor.
MARÍA. — Pues ¿ qué vamos a hacer ?
EL VETERINARIO. — Seguir dándole la medicina. Una cucharada cada hora.

MARÍA. — Sí, señor.

EL VETERINARIO. — Y ¿ quién se la va a dar durante la noche ?

SAMUEL. — Éste y yo.

Y señaló a Enrique.

EL VETERINARIO. — ¡ Hola, Samuel !

El veterinario conocía bien a todos los niños, especialmente a Samuel, porque cuando había algún animal enfermo en la granja, él era el llamado a curarlo.

Entonces le explicaron el plan. El veterinario lo aprobó calurosamente. Les dió instrucciones. Les enseñó cómo debían dar la medicina a Leal. Uno debía abrirle la boca y el otro echarle la medicina dentro, de un modo rápido.

Después de haberles dado esta demostración, el Sr. Porter examinó la herida, la lavó, la curó, y le puso vendaje limpio.

Recomendó dejar al perro tranquilo para ver si podía dormir.

EL VETERINARIO. — Si puede dormir, es buena señal.

El veterinario se fué.

La familia, y los niños que debían velar aquella noche, fueron a cenar. Después hablaron de sobremesa, expresando todos la pena que tenían al ver a Leal tan enfermo.

A eso de las nueve y media, los miembros de la familia se retiraron a descansar. El último en irse a la cama fué el padre, quien apagó todas las luces.

En la sala donde estaba Leal ardía un fuego brillante

en la chimenea. La sala estaba alumbrada por una lámpara de aceite. Estaba colocada de modo que los reflejos de la luz no alcanzaban a Leal.

Enrique se echó sobre una cama que había preparado la Sra. Selwood. Samuel se quedó a velar.

Eran las nueve y media. A las once y media Samuel no dejó de llamar a Enrique. Entre los dos dieron la medicina a Leal. Samuel se acostó. Enrique se quedó velando. Después de otras dos horas Samuel renovó el turno. A las cuatro de la madrugada, Enrique despertó a Samuel con alegría. Leal estaba durmiendo. Samuel y Enrique le miraron sonrientes de felicidad. Se arrodillaron al lado del lecho y se quedaron contemplándole silenciosamente.

Fuera, la noche era fría. A través de los cristales podían verse copos de nieve cruzar diagonalmente y de un modo rápido hacia la tierra. El viento los empujaba.

CUESTIONARIO

1. ¿Por qué había María dejado de ir a la iglesia? 2. Por la tarde, ¿qué es lo que no dejaron de cumplir los niños? 3. ¿Dónde encontraron a Leal? 4. ¿Cómo daba éste a conocer que estaba enfermo? 5. ¿Quién le cuidaba? 6. ¿Cuándo había venido el veterinario? 7. ¿Quién había velado a Leal la noche pasada? 8. ¿Quiénes se ofrecieron a velar? 9. ¿A qué hora empezaron a velar? 10. ¿Cuándo se durmió el perro?

TEMA

Mary did not fail to answer that the dog was really ill. "The veterinary says that he has pneumonia.

He has prescribed some (*una*) medicine for him, and we have to give it to him every hour. We shall have to watch him all night. He is no worse than last night, but he is no better." Henry and Samuel kept watch until (*hasta*) the early morning. They did not fail to give him the medicine. At about four the dog went to sleep.

LA NOCHE DE NAVIDAD

Durante los cuatro días que pasaron del domingo a Navidad, Leal mejoró en su enfermedad. Por Navidad era ya un convaleciente. Pero se había vuelto perezoso; le gustaba ver a los niños cerca de su lecho, y sobre todo tomar la comida de manos de María.

Por fin llegó Navidad. Día de alegría. En todas las casas podía verse al árbol cargado con los regalos traídos por el Padre Nicolás.

Todos los niños pequeñitos habían soñado, la noche antes, con el Padre Nicolás, con su traje rojo con pieles blancas, sus botas altas y sus barbas blancas, cruzando los campos y los caminos cubiertos de nieve en un trineo gigante, cargado de juguetes y tirado por ocho hermosos renos que corrían con la velocidad del viento en el silencio de la noche, guiados por la luz de la luna y de las estrellas.

El sueño se desvanecía. Quedaban los niños bajo el influjo de un descanso reparador. Y por fin venía el hermoso despertar.

Sus madres los tomaban en brazos y los llevaban a la habitación donde estaba el árbol. La alegría de los niños era grande.

Nuestros amigos, como eran ya mayores, gozaban

del árbol de Navidad de diferente modo. Todos ellos pasaron el día con sus familias. Por la noche fueron a casa de Juanito y de María para cenar con la familia.

Allí encontraron un inmenso árbol con un buen número de regalos para todos. El Padre Nicolás había sido generoso y había tenido buena memoria. No se había olvidado de nadie. Hasta Leal había recibido un hermoso collar. Conforme llegaban, los niños entraban en la habitación donde estaba el árbol. Era la misma habitación en la que se había colocado la cama para Leal.

Allí, junto a la ventana, podían contemplar el árbol. Era uno de los que habían sido cortados por los niños en el bosque. Se hallaba cargado de regalos y de adornos. De la copa del árbol pendían la Estrella de Navidad y la bandera americana. Bombillas eléctricas de diferentes colores iluminaban las ramas del árbol con variados reflejos.

Los niños, después de saludar a la familia Selwood y desearles a todos felices Pascuas de Navidad, iban a ver a Leal, que estaba muy animado; y en seguida se dirigían a contemplar el árbol.

En el árbol les esperaban los regalos que les estaban destinados, pero debían encontrarlos ellos mismos. De este modo, el interesado en hallar el regalo pasaba unos cuantos minutos en encontrar su paquete. Samuel descubrió que su paquete estaba en una de las ramas más altas. No se apuró. Como conocía la casa, sin decir una palabra se fué a la cocina, tomó una escalera de mano, la trajo a la sala, y trepando por ella pescó su regalo. Era una hermosa cartera de bolsillo.

Después pasaron al comedor para cenar. La cena fué recibida con alegría. Durante la misma reinó gran animación. Los niños estaban contentos porque Leal iba a vivir.

Además, otro motivo de alegría era que el capitán y el veterinario se sentaban también a la mesa.

Después de la cena pasaron a la sala donde estaba el árbol.

Los niños se sentaron en el suelo en torno del fuego. Las personas mayores tomaron asientos en sillones y sillas.

La sala se hallaba iluminada solamente por el resplandor del fuego de la chimenea, que iluminaba la alegría de los rostros. Por los cristales de las ventanas se filtraban los rayos de una luna clara de invierno. Iluminaban todo el árbol y los colores de la bandera nacional. Leal dormía. En el grupo hablaban.

María. — Y ésta es la noche de Navidad.

Blanca. — Sí, y tan diferente de todas las otras noches del año.

Luisa. — En esta noche, yo creo, todo el mundo debe de ser feliz.

El Padre. — Esto es imposible, Luisa. Todo el mundo no puede ser feliz.

El Capitán. — Es verdad. Yo he pasado muchas noches de Navidad en el puente del barco, luchando contra los elementos.

Enrique. — Pero usted tenía que ser feliz.

El Capitán. — ¿ Por qué ?

Enrique. — Porque nuestro maestro dice que todos aquellos que cumplen con su deber son felices.

El Capitán. — Sí, pero es otra clase de felicidad.

El Abuelo. — Tiene usted razón, capitán. No es una felicidad que nos da deseos de reír y decir cosas divertidas y contar historias, como deseamos hacerlo ahora.

El Capitán. — En los países que hablan español, a la víspera de Navidad la llaman Noche Buena.

La Abuela. — ¡ Noche Buena ! Me gustan estas palabras.

Roger. — Y ¿ quiénes son los que dejan de tenerla ?

El Veterinario. — ¿ Quiénes ? Muchas personas. El marino en el barco, como ha dicho muy bien el capitán ; el bombero que apaga el incendio ; el médico que asiste a los enfermos en el hospital ; el policía que protege nuestras casas de los ladrones ; el soldado que defiende a su bandera en las trincheras ; y muchos otros.

El Abuelo. — Es verdad, es verdad.

Juanito. — ¡ La bandera ! ¿ Qué es la bandera para el soldado ?

El Veterinario. — Lo es todo. Es la bandera que inspira la disciplina y el valor.

La voz del veterano se había hecho solemne. Continuó :

— Yo he visto más de dos mil hombres ir a una muerte cierta, tan sólo porque la punta del sable de su coronel les había mostrado la bandera de su patria, que flotaba al aire al frente de su regimiento. ¡ Qué momento, Dios santo ! Parece que lo estoy viendo todavía.

El Capitán. — ¿ Dónde fué eso ?

El Veterinario. — En Gettysburg. Ocurrió en el día primero de julio de 1863. La batalla duró cuatro días. Los primeros momentos del primer día fueron angustiosos. Los confederados estaban bajo el mando del general Lee. Era un verdadero genio militar. Sus regimientos atacaron con brío y con denuedo. Era indispensable pararlos para dar tiempo a nuestro general Meade y a sus reservas. Había un punto de peligro por el cual se vertió mucha sangre en los días sucesivos que duró la batalla. Este punto era Peach Orchard. Allá fué nuestro regimiento, a un sacrificio seguro. El fuego era espantoso. Estábamos bajo un verdadero diluvio de balas. Cayó nuestro coronel ; cayó nuestro teniente coronel ; cayeron también el mayor y más de la mitad de nuestros oficiales. Dicen que, al salir del fuego, un capitán mandaba el regimiento. Hubo un momento de confusión en que los hombres caían por todos lados. Vimos caer a nuestro general Reynolds, que fué reemplazado inmediatamente por el general Howard. Yo no veía otra cosa que muertos y heridos. Una bala me hirió en un costado y mi cuerpo dió en tierra. Pero antes de cerrar los ojos, busqué con ellos a la bandera. Nuestra bandera siempre flotó delante de nosotros, y conservamos nuestra posición por ella hasta que vinieron refuerzos a relevarnos. Eso es lo que la bandera es para el soldado. ¡ Véanla ! Y con el dedo mostró la bandera que adornaba el árbol. ¡ Cómo la besan los rayos de la luna ! ¡ Miren sus estrellas blancas! ¡ Parecen ojos que nos miran con amor ! ¡ Vean el rojo y el blanco ! ¡ La sangre de nuestros hijos y la pureza de su patriotismo ! Por la bandera las madres dan a sus hijos ; las esposas a sus esposos ; los niños como ustedes se quedan huérfanos de padre. En ella viven todos los ideales, todos los sentimientos generosos, todos los instintos de abnegación. Y cuando flota bajo el cielo azul, echa al aire todas estas nobles semillas, que caen dentro de nuestros corazones a todo momento: al entrar en la escuela ; al salir de casa ; al pasar por la calle. Estas semillas echan raíces en los corazones buenos y fructifican y hacen crecer en ellos el árbol santo del patriotismo.

¡ Ah, hijos míos ! ¡ Compadezcan al hombre frío que no ăma a su bandera ! ¡ Desprecien al cobarde que no quiere pelear por ella ! ¡ Odien al traidor que trafica con ella ! ¡ Al llegar a hombres, amen a esta enseña santa de la patria ! ¡ No le nieguen nada ! ¡ Den hasta la última gota de su sangre por ella ! ¡ Mueran por ella, y su memoria será bendecida por sus padres, amada por sus esposas, venerada por sus hijos, y respetada por todos !

La voz del veterano enmudeció. Solemne silencio reinó en la estancia.

Entonces se oyó la voz de Samuel, que con firmeza pronunció : — "¡ Juro ! " . . .

Todos se volvieron a mirarle, y le vieron de pie, con el rostro emocionado, los ojos fijos en la bandera y la mano derecha extendida hacia ella.

Todos le imitaron.

Y entonces el niño pronunció las palabras, y los demás repitiéndolas, juntos rezaron la plegaria patriótica.

"Juro fidelidad a mi bandera y a la República que simboliza. Una patria única, eterna, e indivisible, con sus ideales de Libertad y de Justicia para todos y para siempre."

El juramento acabó. Todos permanecieron callados.

La bandera brillaba bajo los rayos de la luna.

CUESTIONARIO

1. ¿Dónde había sido colocado el árbol?　2. ¿Cómo había sido adornado?　3. ¿Dónde estaba el regalo de Samuel?　4. ¿Cómo pudo pescarlo?　5. ¿Qué amigos cenaron con la familia?　6. ¿Cómo estaba iluminada la sala?　7. ¿Cómo había pasado el capitán muchas noches de Navidad?　8. ¿Qué le inspira la bandera al soldado?　9. ¿Quién les explicó esto a los niños?　10. ¿Dónde había peleado el veterano?　11. ¿Quién pronunció las palabras de la plegaria patriótica?　12. ¿Quiénes las repitieron?

TEMA

After supper the children sat down around the fire, which was burning (*ardía*) in the fireplace. Mr. and Mrs. Selwood and the captain and the old soldier were with them. The moon shone through the windows and lighted up the flag which hung from the top of the Christmas tree. The old soldier told (*dijo a*) the children how (*cómo*) he had fought at Gettysburg; how a bullet wounded him; how he had seen more than two thousand men fall in that terrible battle. Parents, wives, children, had given those men to their country! Those men had died for their country and the flag which they loved. After the old soldier's voice had become silent, all rose (*se levantaron*). Fixing their eyes upon (*los ojos fijos en*) the flag, they repeated the oath of allegiance.

VOCABULARY

Attention is called to the following points:

a. **Nouns.** — Gender is indicated by placing the article before the noun. In the case of a feminine noun which takes el, the letter *f.* is placed immediately after the article.

b. **Adjectives.** — The masculine form is given first and the feminine is indicated as follows: **bueno, –a** = **bueno, buena**; **protector, –a** = **protector, protectora**; **francés, francesa** (*both forms are given in full when the feminine drops the accent*). When no feminine form is indicated, it means that the feminine is the same as the masculine. Irregular or difficult plurals are always noted, *e.g.* **capaz, capaces; joven, jóvenes**.

c. **Verbs.** — The principal parts of irregular verbs are given in full; the third person singular of the preterite and the first person singular of the future are also given if irregular. Radical-changing verbs and those with orthographical peculiarities have the peculiar forms indicated, *e.g.* **acostar** (*1st sing. pres.*, **acuesto**); **pagar** (*1st sing. pret.*, **pagué**). Irregular forms are listed and the whole tense inflected under some one of the personal forms. Cross references are given to the headings under which the pupil will find the complete inflection or the meaning.

Past participles are freely listed, even if of regular formation, in order to call attention to the fact that the past participle is an inflected part of the verb.

All imperatives are listed, both singular and plural of the second person being given under one heading. The first person plural is listed separately.

d. All other grammatical terminology, including designation of the category of grammar to which the vocabulary term belongs, has in general been omitted.

LIST OF ABBREVIATIONS

adj., adjective.
art., article.
comp., comparative.
def., definite.
f., *fem.*, feminine.
fut., future.
imp., imperfect.
imper., imperative.
ind., indirect.
indef., indefinite.
interr., interrogative.
masc., masculine.

neut., neuter.
obj., objective.
part., participle.
pers., person.
pl., plural.
poss., possessive.
pres., present.
pret., preterite.
pron., pronoun.
refl., reflexive.
rel., relative.
sing., singular.

VOCABULARY

A

a, at, to, in, from, for, after, *etc.;* — casa, home (*after a verb of motion*); — los pocos minutos, in a few minutes; — los dos minutos, in two minutes. *When used to denote the direct personal object* a *cannot be translated.*
abajo, under, down; pendiente —, down the slope.
abandonar, to leave, abandon.
el abanico, fan.
la abeja, bee.
la abertura, opening.
el abeto, fir.
abierto, -a (*past part. of* abrir), open, opened.
la abnegación, self-sacrifice.
abrazar (*1st sing. pret.,* abracé), to embrace.
abrazarse a, to hang on to.
el abrazo, embrace.
abriendo, *pres. part. of* abrir.
abrigar (*1st sing. pret.,* abrigué), to shelter, protect.
el abrigo, shelter, overcoat, cloak; al — de, sheltered from.
el abril, April.
abrillantado, -a, caused to sparkle.
abrir (*past. part.,* abierto), to open; — el apetito, to whet the appetite, give an appetite.
abrirse, to open, be opened, open for oneself.
abrumar, to overwhelm, annoy, bother.
absoluto, -a, absolute.
absorber, to absorb, captivate.
absorto, -a, absorbed.
la abuela, grandmother.
el abuelo, grandfather; *pl.,* grandparents.
la abundancia, abundance.
abundante, abundant.
acá, here, hither.
acabado, -a, finished.
acabar, to finish, end, bring to an end; al — el almuerzo, after the lunch; acaba de, he has just; acababa de, he had just; acabó de, he finished. (*Note that it is only in the present and imperfect tenses that* acabar *means* to have just.)
acabarse, to come to an end, be finished.
académico, -a, academic.
acariciado, -a, caressed, petted.
acariciar, to caress, pet.
acceder, to accede, consent.
el accesorio, accessory.
el accidente, accident.
la acción, action, feat; — de gracias, thanksgiving.
el aceite, oil; dar *or* echar — a, to oil.
aceptar, to accept.

la acera, sidewalk.
acerca de, about.
acercarse (*1st sing. pret.*, me acerqué), to approach.
el acero, steel.
acertar (*1st sing. pres.*, acierto), to hit the mark; — con, to hit upon.
el ácido, acid.
acierta (acierto, —, acertamos, aciertan), *3d sing. pres. of* acertar.
acompañado, -a, accompanied.
acompañante, accompanying.
el ⎫ acompañante, companion,
la ⎭ guide.
acompañar, to accompany; les hizo —, had them escorted; les acompañaremos, we shall go with you.
acompasadamente, in time, deliberately.
acompasado, -a, rhythmical.
el acorazado, battleship.
acordarse de (*1st sing. pres.*, me acuerdo), to remember; me acuerdo de que, I remember that.
acorralado, -a, herded, pressed back.
acostarse (*1st sing. pres.*, me acuesto), to lie down, go to bed.
acostumbrado, -a, accustomed.
acostumbrar, to accustom, be accustomed to.
acostumbrarse a, to be *or* become accustomed to.
acre, sharp, keen.
la actitud, attitude.
la actividad, activity.
activo, -a, active.
el acto, act, ceremony; — seguido, immediately afterward.
acuático, -a, aquatic.
acudir, to assist, run up to, hasten to.
acuerdo (me —, se acuerda, nos acordamos, se acuerdan), *1st sing. pres. of* acordarse.
acuesto (me —, se acuesta, nos acostamos, se acuestan), *1st sing. pres. of* acostarse.
la acumulación, accumulation.
acuñar, to mint, coin.
le acusación, accusation.
adelantado, -a, advanced.
adelantarse a, to go faster than.
adelante, forward; hacia —, forward.
el ademán, motion, gesture, manner; en — de, by way of, in manner of.
además, besides.
adherido, -a, fastened.
adios, adieu, farewell, goodby.
el adivinador, guesser.
adivinar, to guess.
el adjetivo, adjective.
la administración, administration, manager's office.
la admiración, surprise.
admirado, -a, surprised.
admirar, to admire, wonder at.
la adolescencia, adolescence.
adoptar, to adopt, assume.
adornado, -a, adorned.
adornar, to adorn.
el adorno, adornment, decoration.
el adverbio, adverb.
el adversario, adversary.

VOCABULARY

afectar, to assume, take, feign.
el afecto, affection.
afectuosamente, cordially.
afectuoso, -a, affectionate, cordial.
afeitar, to shave.
afilado, -a, sharp.
afirmativamente, affirmatively.
el (f.) África, Africa.
afuera, outside.
agarrarse a, to clutch, cling to.
el agente, agent.
la agilidad, agility.
agitar, to shake, wave.
la agonía, agony.
el agosto, August.
agradable, pleasant.
agradar, to please.
agradecido, -a, pleased, grateful.
agrandar, to increase, enlarge.
agrandarse, to grow, become larger.
agresivo, -a, aggressive.
el agricultor, farmer.
agrupar, to group, gather.
agruparse, to gather, be gathered, collect.
el (f.) agua, water.
aguardar, to await, wait for.
agudo, -a, sharp, acute.
el (f.) águila, eagle.
la aguja, needle, pointer; pl., switch, track.
agujerear, to bore.
el agujero, hole.
¡ ah ! ah !
ahí, over there, there.
ahogarse (1st sing. pret., me ahogué), to drown, be drowned.
ahora, now.
ahumado, -a, smoked, colored.

el aire, air, appearance, manner.
aislado, -a, isolated.
ajustado, -a, adjusted, covered, fitted.
ajustar, to adjust.
al = a + el, at the, on.
el (f.) ala, wing.
alabado, -a, praised.
alabar, to praise.
el alambrado, wire inclosure, wire fence.
el alambre, wire.
la alameda, avenue, mall.
el álamo, poplar.
alargar (1st sing. pret., alargué), to lengthen.
el albañil, mason.
el alcalde, mayor.
el alcance, reach.
alcanzar (1st pret. sing., alcancé), to reach.
alegrarse, to rejoice.
alegremente, merrily, joyfully.
la alegría, joy, merriment.
alejarse, to take oneself off, depart.
la aleta, fin.
aletear, to flutter; aleteaban sus narices, their nostrils quivered.
el alfiler, pin.
la alfombra, carpet.
la algarabía, gabble, racket.
la algazara, shouting, hurrah.
algo, something, anything, somewhat, a little; — más que, something else than, something besides.
el algodón, cotton; la planta de —, the cotton plant.
alguien, some one, somebody, any one; — más, any one else.

algún, *shortened form of* **alguno,** *used only before nouns in masculine singular.*
alguno, -a, some, any.
el **alimento,** food.
alisar, to plane.
la **almohada,** pillow.
almorzar (*1st sing. pres.,* **almuerzo,** *1st sing. pret.,* **almorcé**), to lunch.
el **almuerzo,** lunch.
alquilar, to hire, rent, lease.
alrededor, round about, around; — **de,** around.
alto, -a, high, tall; **en —,** raised.
¡**alto!** halt! **hacer —,** to halt.
la **altura,** height, stature.
alumbrado, -a, lighted.
la **alumna,** pupil, student.
el **alumno,** pupil, student.
Alvarado, *a Spanish surname.*
allá, there, yonder; **más —,** farther on, beyond; — **va,** there it goes, there we go; — **voy,** I'm coming.
allí, there; **por —,** in *or* over there.
la **amabilidad,** kindness, affection; **con —,** amiably.
amable, kind, pleasant, lovable; **respondieron muy amables,** answered very pleasantly.
amado, -a, loved.
amanecer (*1st sing. pres.,* **amanezco**), to dawn, arrive at dawn; **al —,** at dawn.
amar, to love.
amargo, -a, bitter.
amarrado, -a, moored.
amarrar, to fasten, tie up, moor.
amarillo, -a, yellow.

el **Amazonas,** the Amazon.
ambos, -as, both.
ame (**Vd.**), **amen** (**Vds.**), *pres. imper. of* **amar.**
la **amenaza,** threat.
amenazador, -a, threatening.
amenazar (*1st sing. pret.,* **amenacé**), to threaten.
la **América,** America; — **Central,** Central America.
americano, -a, American.
la **amiga,** friend.
el **amigo,** friend.
la **amiguita,** little friend, dear friend.
el **amiguito,** little friend, dear friend.
la **amistad,** friendship.
amistoso, -a, friendly.
el **amo,** owner, employer, "boss."
el **amor,** love; — **propio,** self-esteem; **al — del fuego,** close by the fire.
amplio, -a, ample, spacious.
amueblado, -a, furnished.
Ana, Anne.
la **anciana,** old lady.
la **ancianidad,** old age.
anciano, -a, old.
el (*f.*) **ancla,** anchor; **al —,** at anchor.
ancho, -a, broad.
la **andamiada,** scaffolding.
andar (*1st sing. pret.,* **anduve**), to go, walk; **mientras andaba el camino,** while he was on his way; **estarán andando,** they are probably going.
el **andar,** walking.
el **andén,** platform (*in railway station*).
los **Andes,** the Andes.

VOCABULARY

el anfibio, amphibian.
el ángulo, corner, angle.
la angustia, fear, anguish.
   angustioso, -a, fearful, anxious.
la animación, animation, stir, life.
   animadamente, vivaciously.
   animado, -a, lively.
el animal, animal.
   animal, *adj.*, animal.
el ánimo, courage, spirit, mind; *pl.*, courage.
el aniversario, anniversary.
   anoche, last night.
   anochecer (*1st sing. pres.*, anochezco), to grow dark; al —, at sunset; ya había anochecido, night had already fallen.
la ansia, anxiety, longing, eagerness.
   ante, before.
los anteojos, spectacles.
los antepasados, ancestors.
   anterior (*forms identical for both genders*), front, anterior, former; la noche —, the night before.
el anterior, front.
   antes, before, first; — de, before.
la anticipación, anticipation; con media hora de —, half an hour early.
   antiguo, -a, old, ancient.
el antiguo, old-timer.
   anunciar, to announce.
   añadir, to add.
el año, year; el — que viene, next year; el — pasado, last year.
   apaciblemente, peacefully.
   apagar (*1st sing. pret.*, apagué), to extinguish.

el aparato, apparatus, machine, appliance.
   aparecer (*1st sing. pres.*, aparezco), to appear.
la aparición, appearance.
la apariencia, appearance, looks.
   apartar, to remove; — la vista, to look away.
   apartarse, to withdraw; — de, to leave.
   aparte, except, apart, separately.
la apatía, apathy.
   apearse, to alight.
   apenas, scarcely, hardly.
la apertura, opening.
el apetito, appetite.
   apetitoso, -a, appetizing.
   apilado, -a, piled up.
el apio, celery.
   aplastar, to flatten, plaster.
   aplaudido, -a, applauded.
   aplaudir, to applaud.
el aplauso, applause, round of applause.
   aplicar (*1st sing. pret.*, apliqué), to apply.
   apoderarse de, to take possession of.
   apoyado, -a, supported, resting.
   apoyar, to support.
   apoyarse, to lean, be supported.
el apoyo, support.
   apreciar, to appreciate.
   aprender, to learn; no se aprende a pintar, one doesn't learn to paint.
el aprendiz (*pl.*, aprendices), apprentice, helper.
   apresuradamente, hastily.
   apresurar, to hasten.
   apresurarse, to hasten.

apretado, -a, crowded, dense, tight, confined (*by clothes*).
apretar (*1st sing. pres.,* **aprieto**), to clasp, hold tight, press down.
la **aprobación,** approbation, approval.
aprobar (*1st sing. pres.,* **apruebo**), to approve.
aprovechado, -a, utilized, used.
aprovechar, to utilize, use.
aproximarse, to approach.
apuntar, to point, point out, indicate, mark, note; **así que apunta el día,** as soon as day appears, at dawn; **le apuntó la respuesta,** he prompted him.
apurarse, to worry.
aquel, aquella, *adj.,* that, the former.
aquél, aquélla, *pron.,* that one, the former.
aquello, *neut. pron.,* that, that thing.
aquí, here; **por —,** this way; **hasta —,** hitherto.
el **arándano,** cranberry.
la **araña,** spider.
el **árbol,** tree; **— de Navidad,** Christmas tree.
la **arboleda,** grove.
el **arbusto,** shrub.
la **arcilla,** clay.
el **arco,** arch, curve.
arder, to burn, blaze.
la **ardilla,** squirrel.
el (*f.*) **área,** area.
la **arena,** sand.
la **argamasa,** mortar.
la **Argentina,** Argentina, the Argentine.
argentino, -a, Argentinian.

el **argentino,** Argentinian (*native or citizen of Argentina*).
la **aritmética,** arithmetic.
armar, to set up, fit out, mount, man.
el **armario,** wardrobe.
arrancar (*1st sing. pret.,* **arranqué**), to pull out, pull off, pull up, pick, tear off, tear away, take out, extort, start.
arrastrado, -a, dragged, drawn.
arrastrar, to drag, draw.
arrastrarse, to creep, crawl.
arrebatar, to snatch.
arreglar, to arrange, fix, settle.
arrepentido, -a, sorry, repentant; **— de,** sorry for.
arriba, up; **hacia —,** up, upward; **tronco —,** up the tree; **piso de —,** upper floor (*story*); **cielo —,** up into the sky; **Broadway —,** up Broadway.
arrimado, -a, fastened to, placed against, ranged along.
arrimar a, to place at *or* against, place around.
arrodillarse, to kneel.
arrojar, to throw, throw out.
arrojarse, to be thrown; **— a,** to rush for, throw oneself upon.
arrollado, -a, rolled up.
arropado, -a, wrapped up.
el **arroyo,** brook; **— de la calle,** center of the street, driveway.
la **arruga,** wrinkle, line.
el **arsenal,** arsenal.
el (*f.*) **arte,** art; **departamento de —s manuales,** manual

training department; Bellas Artes, Fine Arts.
el artículo, article.
artificial, artificial.
la artillería, artillery.
el artillero, artilleryman.
artísticamente, artistically.
asado, -a, roast.
el asalto, assault; al —, by assault, by storm.
la asamblea, assembly.
ascendente, ascending.
el ascensor, elevator; cambiar de —, to change elevators.
asegurar, to assure, make sure of, insure, fix, place firmly, drive (screws); — bien los pies, make very sure of your feet.
el aserradero, saw-mill.
el aserrador, sawyer.
la asfixia, asphyxiation.
así, thus, so; — que, as soon as; — es, that's it; — es que, so that; y — sucesivamente, and so forth; — lo, so; — lo observó, so he remarked; — se lo dijo al zapatero, so she said to the shoe dealer.
asido, -a, seized, grasped.
el asiento, seat; tomar —, to sit down.
la asignatura, subject (of study).
asir (1st sing. pres., asgo), to seize, grasp.
asistir a, to attend, be present at.
asomar, to peep.
asomarse, to peep out.
asombrado, -a, amazed.
el aspecto, aspect, look.
la aspiración, aspiration.
aspirar, to breathe.
el (f.) asta, horn, antler.

la astronomía, astronomy.
el asunto, matter, affair, event.
asustado, -a, frightened.
atacado, -a, attacked.
atacar (1st sing. pret., ataqué), to attack.
atado, -a, tied, fastened.
el ataque, attack.
atar, to tie, tie on.
atarse, to be tied.
el atavío, ornament, article; — de vestir, article of dress.
la atención, attention; — a, look out for; poner — a, to pay attention to.
atender a (1st sing. pres., atiendo), to attend to, provide for, heed.
atendido, -a, attended to, provided for, heeded.
atentamente, attentively, carefully.
la atmósfera, atmosphere.
atormentado, -a, tormented.
atormentar, to torment.
el atornillador, screwdriver.
atraer (atrayendo, atraído, atraigo, atraje), to attract, bring.
atraído, -a, attracted.
atrás, behind, after, back; hacia —, backward.
atravesar (1st sing. pres., atravieso), to cross, go through.
atraviesa (atravieso, —, atravesamos, atraviesan), 3d sing. pres. of atravesar.
atrayendo, pres. part. of atraer.
atreverse, to dare, venture.
aumentar, to increase.
aun or aún, still, yet, even.
la ausencia, absence.

austral, southern.
el automóvil, automobile.
la autoridad, authority.
auxiliado, -a, aided.
auxiliar, to aid, help.
auxiliar, *adj.*, auxiliary, helpful.
avanzado, -a, advanced.
avanzar (*1st sing. pret.*, avancé), to advance.
el (*f.*) ave, bird, fowl.
la avenida, avenue.
aventar, to fan, winnow.
la aventura, adventure.
avestruces, *pl. of* avestruz.
el avestruz (*pl.*, avestruces), ostrich.
la avidez, eagerness.
avisar, to inform, warn.
avivar, to animate, freshen, stimulate.
ayer, yesterday; — noche, last night.
la ayuda, aid, help; vino en su —, came to his assistance.
ayudado, -a, aided.
ayudar, to aid, help, favor.
el azafrán, saffron.
azotar, to beat, whip.
el azúcar, sugar.
el azul, blue.
azul, blue.

B

la bagarra, lighter.
la bajada, descent; de —, descending.
bajar, to descend, go down, get out (*of a train*), lower, take down, carry down, pull down.
bajo, -a, low, short; piso —, ground floor; hasta la parte baja de la ciudad, down town.
bajo, *prep.*, under, below.
la bala, bullet.
el balance, roll, rolling.
balanceando, balancing, rolling.
balancear, to roll, toss.
la balanza, scale, balance.
balbucear, to stammer.
el balompie, football.
el banco, bench, bank.
la banda, band, troop; — de cornetas, buglers.
la bandera, flag, banner.
la banderita, little banner.
el bando, side, party.
el banquillo, small bench.
bañar, to bathe.
bañarse, to bathe.
el bañista, bather.
el baño, bath; traje de —, bathing-suit.
la barba, beard; dos por —, two apiece; sus —s blancas, his white beard; de —s blancas, with a white beard.
el barco, bark, vessel; — de guerra, war-ship.
la barra, bar, stripe; tirar a la —, to throw the bar.
el barril, barrel.
la barrita, small bar.
la base, base, lower part.
bastante, enough, sufficiently, quite; durar —, to last quite a long time.
bastante, *adj.*, enough, sufficient, quite a lot of; necesito —s, I need quite a few; — tiempo, some time.
bastar, to suffice, be enough; basta de gruñir, that's enough grumbling.

el bastón, stick, cane.
la batalla, battle; — de bolas de nieve, snowball fight.
el batallón, battalion.
la batería, battery, equipment.
la batidera, churn.
batir, to beat.
el bazar, department store.
beber, to drink.
la bebida, drink, beverage.
el becerro, calf.
bello, fine, fair; Bellas Artes, Fine Arts.
bendecido, -a, blessed.
bendecir, to bless.
la bendición, blessing; rezó la —, asked a blessing.
el beneficio, service, benefit.
beneficioso, -a, beneficial.
benéfico, -a, helpful, beneficial, pleasant.
la berenjena, egg-plant.
besar, to kiss.
la Biblia, Bible.
bien, well, indeed, very; pero —, but; y —, well; pues —, well then, good; está —, all right; no —, scarcely, hardly; ¡qué —! how fine! ¡— hecho! good! ¡— por . . . ! good for . . . !
la bienvenida, welcome; dar la —, to welcome.
bienvenido, -a, welcome.
el bigote, mustache.
el billete, ticket.
la bisagra, hinge, knuckle (of hinge).
el bisonte, bison.
el bizcocho, biscuit.
Blanca, Blanche.
el blanco, white, target; cuando se lograba un buen —, when a good shot was made.
blanco, -a, white; verde —, whitish green.
blanco-nácar, pearl-white.
blando, -a, soft, mild.
blanqueado, -a, whitened.
blanquear, to whiten.
la boca, mouth.
el bocado, mouthful.
la bocamanga, wristband, cuff.
la bodega, hold.
el bofe, lung; echar los —s, to pant, puff.
la bofetada, slap.
la bola, ball, sphere; batalla de —s de nieve, snowball fight.
la bolita, little ball, little sphere.
la Bolivia, Bolivia.
la bolsa, purse, pouch.
el bolsillo, pocket.
la bomba, fire engine.
el bombero, fireman.
la bombilla, bulb.
la bondad, kindness; tener —es con, to be kind to.
bondadosamente, in a kindly way.
bondadoso, -a, mild, kind.
bonito, -a, pretty, nice.
el boquete, hole (in the ice).
el bordado, embroidery.
bordar, to embroider.
el borde, edge, border, run.
bordeado, bordered.
el bordo, board (nautical term); a —, aboard.
boreal, northern.
el bosque, grove, wood, woods, forest.
bostezar (1st sing. pret., bostecé), to yawn.
la bota, boot, shoe (but never used of a low shoe); —s de

botones, button shoes; —s de cordones, lace shoes.
el bote, boat, leap.
el botón, button; el botones, bell boy; botas de botones, button shoes.
el braserito, brazier, bee-smoker.
el Brasil, Brazil.
bravo, -a, brave.
¡ bravo ! bravo ! hurrah !
el brazado, armful.
el brazo, arm.
breve, short; para —s instantes, for a few instants; dentro de —s momentos, in a few moments.
brevísimo, -a (*superl. of* breve), very short.
brillante, brilliant, shining.
brillar, to shine.
brincar (*1st sing. pret.*, brinqué), to jump.
el brío, enthusiasm, dash.
la brisa, breeze.
la broma, joke; en —, for a joke.
bromear, to joke, jest.
brotar, to burst, sprout, bubble up.
la brújula, compass.
bruscamente, roughly, sharply, suddenly.
brusco, -a, rough, rude; vueltas bruscas, sharp turns.
buen = bueno. Buen *is used only before a noun in the masculine singular.*
bueno, good; buenos días, good morning; buenas tardes, good afternoon; ¿ está Vd. —?, are you well? ¡ bueno, hombre ! oh, see here !

Buenos Aires, Buenos Aires (*the capital of Argentina*).
el buey, ox.
la bufanda, muffler.
el buho, owl.
el buitre, vulture.
la bujía, candle.
el bulto, bundle, package.
la bulla, noise, clamor.
bullir (bullendo, bullido, bullo, bullí; *3d sing. pret.*, bulló), to boil.
la burla, joke, trick.
burlar, to mock, deride, trick.
burlarse de, to make fun of.
la busca, search.
buscar (*1st sing. pret.*, busqué), to seek, search for, find, get, fetch; ir a —, to go in search of, go (to) get.

C

la caballería, cavalry.
el caballero, gentleman.
el caballo, horse; a —, on horseback.
la cabecera, head, end (*of table*), chief place (*at table*).
la cabecita, little head.
el cabello, hair.
caber (cabiendo, cabido, quepo, cupe; *1st sing. fut.*, cabré), to fit, be contained; pueden — todos, there is room for all; no quepo, there isn't room enough for me; podían caber nueve, there was room for nine.
la cabeza, head; Vd. no está bien de la —, you are not quite right in the head.

VOCABULARY

el cable, cable.
el cabo, end.
la cabra, goat, kid.
cabrán, *see* cabré.
cabré (—, cabrá, cabremos, cabrán), *1st sing. fut. of* caber.
la cabrecita, kid.
la cabritilla, kid.
el cabrito, goat, kid.
el cacareo, cackling.
la cacatúa, cockatoo.
la cacería, hunt, chase.
cada, each, every; — uno, each one, every one; — vez más, more and more.
cae, *see* caigo.
caer (cayendo, caído, caigo, caí; *3d sing. pret.*, cayó), to fall.
caerse, to fall, fall over, tip over; se cayó sentado, he " sat down hard."
el café, coffee.
la caída, fall.
caído, -a, fallen, drooping, down.
caigo (—, cae, caemos, caen), *1st sing. pres. of* caer.
la caja, box.
el cajista, compositor.
el cajón, box.
la cal, lime.
la calabaza, pumpkin, squash.
calado, -a, chilled.
calculado, -a, calculated, reckoned.
calcular, to calculate, reckon.
la caldera, boiler.
la calefacción, heating; aparato de —, heating apparatus, radiator.
calentado, -a, heated.
calentar, to heat, warm.
cálices, *pl. of* cáliz.

la calidad, quality.
cálido, -a, warm, hot.
caliente, hot.
la caligrafía, penmanship.
el cáliz (*pl.*, cálices), calyx.
la calma, calm, quiet; entrar en —, to become quiet.
¡calma! quiet! gently!
calmar, to calm, calm down.
calmo, -a, quiet, calm.
el calor, heat; tener —, to be hot (*used in speaking of persons*); hacer —, to be hot (*used in speaking of the weather*).
el calorífero, heater, stove, radiator.
calurosamente, warmly.
caluroso, -a, hot, warm.
calvo, -a, bald.
el calzado, footwear, shoes.
calzar (*1st sing. pret.*, calcé), to put on (*shoes*).
callado, -a, silent.
callar, to be silent.
callarse, to keep still, become silent; ¡usted se calla! be still!
la calle, street.
la cama, bed; irse a la —, to go to bed.
el camarada, comrade.
el camarote, cabin, stateroom.
cambiar, to change, exchange; — de ascensor, to change elevators; — de sitio, to change one's place.
el cambio, change; en —, on the other hand.
la camelia, camelia.
el camello, camel.
la camilla, cot.
el caminante, pedestrian.
caminar, to walk, walk along.
el caminito, path.

el **camino**, road, way, walk; el — de, the road to, the way to; en — de, on the way to; ir — de, to be on the way to; de *or* en —, en route; — de regreso, the road back.
el **camión**, truck; — de equipajes, baggage-truck.
la **camisa**, shirt.
la **campanada**, stroke (*of bell or clock*).
el **campanario**, belfry.
la **campanilla**, (*small*) bell.
la **campaña**, campaign; tienda de —, field tent; teléfono de —, field telephone.
el **campo**, field, country, camp; — de verano, summer camp.
la **canción**, song; la misma —, the same old story.
cansado, -a, tired.
el **cansancio**, fatigue.
cansar, to weary.
cansarse, to get tired, become weary.
cantar, to sing.
la **cantidad**, quantity; una — de, a lot of.
el **canto**, song.
la **cañada**, glen.
el **cañon**, cannon.
la **caoba**, mahogany.
capaces, *pl. of* capaz.
capaz (*pl.*, capaces), capable.
el **capitán**, captain.
la **cara**, face; de — y manos, head over heels; de — a, facing.
el **carbón**, coal; — vegetal, charcoal.
la **carbonera**, coal-bunker.
carbónico, -a, carbonic.

la **carcajada**, loud laughter; saltar la —, to burst into loud laughter; a —s, with loud laughter; reírse a —s, to laugh loudly.
cardinal, cardinal.
carecer de (*1st sing. pres.*, carezco), to do without, lack; ¡ de cuántas cosas habrán carecido! how many things they must have lacked!
la **careta**, mask.
la **carga**, load, burden.
cargado, -a, loaded, filled.
cargar (*1st sing. pret.*, cargué), to load; cargó como unos cincuenta barriles, took on a load of about fifty barrels.
el **cariño**, affection, love.
cariñosamente, affectionately.
cariñoso, tender, affectionate.
la **carne**, flesh, meat.
el **carnero**, lamb.
caro, -a, dear, expensive.
la **Carolina**, Carolina.
la **carpintería**, carpentry, carpenter's shop.
el **carpintero**, carpenter.
la **carrera**, race; tocar a la —, to sound the double-quick.
la **carreta**, cart, wagon.
el **carrete**, spool.
la **carretera**, highway.
el **carro**, cart, wagon, car; — de transportes, truck.
la **cartera**, portfolio; — de bolsillo, pocketbook.
el **cartón**, pasteboard.
la **casa**, house, home; a —, home (*after verb of motion*); en —, at home; en

la —, in *or* into the house;
— de campo, country house; el huerto de —, our garden; a — del sastre, to the tailor's; a — de tía Ana, to Aunt Anne's.
la cáscara, rind, peel, shell.
la caseta, hut, booth.
casi, almost.
la casita, small house.
el caso, case, instance, matter; hacer — de, to heed, notice, pay attention to; no le hicieron —, they did not heed him.
el casquete, cap, helmet.
la casta, breed.
el castaño, chestnut tree.
castaño, -a, chestnut.
el castigo, punishment, censure.
la casualidad, chance, accident; ¡ qué — ! what a coincidence!
catorce, fourteen.
el caucho, rubber.
el caudal, wealth; caja de —es, safe, strongroom.
la causa, cause, reason; a — de, because of.
cautivar, to captivate.
cayó (caí, —, caímos, cayeron), *3d sing. pret. of* caer.
la caza, hunt, chase.
cazar (*1st sing. pret.*, cacé), to hunt, chase.
la cebolla, onion.
ceder, to yield, give way.
el cedro, cedar.
la ceja, eyebrow.
la celda, cell.
celebrar, to celebrate, applaud; — el acto de la graduación, to observe the ceremony of graduation.
celeste, celestial.
la cena, supper.
cenagoso, -a, muddy.
cenar, to sup, eat supper.
el cenit, zenith.
el centavo, cent.
el centenar, hundred.
central, central; América Central, Central America.
el centro, center.
ceñir (ciñendo, ceñido, ciño, ceñí; *3d sing. pret.*, ciñó), to gird, encircle, wrap.
cepillado, -a, brushed.
el cepillito, small brush; — de dientes, toothbrush.
el cepillo, plane, brush.
la cerca, fence.
cerca, *adv.*, near, near by; — de, near, about.
cercano, -a, near, near by.
el cereal, cereal.
el cerebro, brain, mind.
la cereza, cherry.
el cerezo, cherry tree.
el cero, zero.
cerrado, -a, closed.
cerrar (*1st sing. pres.*, cierro), to close, shut.
cerrarse, to close, shut, be closed.
cesar, to cease, stop; — de, to cease from.
la cesta, basket, (*basket-shaped*) racket; a —, with a racket.
el cestito, little basket.
el cesto, basket.
el cielo, sky, heavens; arriba, up the sky.
cien = ciento. Cien *is used before nouns and adjectives, and before numbers greater than itself.*
el ciento, hundred.

cierran (cierro, cierra, cerramos, —), *3d pl. pres. of* cerrar.
cierto, -a, certain, a certain, true, right.
el ciervo, deer.
cinco, five; las —, five o'clock; las — menos cuarto, quarter of five.
cincuenta, fifty.
cincuenta y cinco, fifty-five.
cincuenta y nueve, fifty-nine.
el cinematógrafo, cinematograph.
la cinta, ribbon, sash.
la cintura, belt, waist, body.
ciño (—, ciñe, ceñimos, ciñen), *1st sing. pres. of* ceñir.
la circulación, circulation.
circular, to circulate, move about.
el circular, circular.
circular, *adj.*, circular.
el círculo, circle, group, dial; Círculo de Colón, Columbus Circle.
la ciruela, plum.
el ciruelo, plum tree.
el cisne, swan.
la cita, engagement, appointment; se dieron — para la tarde, they made an engagement for the afternoon.
la ciudad, city.
el ciudadano, citizen.
civil, civil; Guerra Civil, Civil War.
civilizado, -a, civilized.
claro, -a, clear, bright, light.
¡claro! of course!
la clase, class, kind; dar la —, to hold the class.

clavado, -a, fastened.
clavar, to drive in, stick in, nail, fix, fasten.
clavarse, to be fixed *or* fastened.
el clavel, pink.
el clavo, nail.
el cliente, customer.
el clima, climate.
el cobarde, coward.
cobrar, to collect, recover, gain; — ánimos, take courage.
cobre (Vd.), cobren (Vds.), *pres. imper. of* cobrar.
el cobre, copper.
cobrizo, -a, copper-colored.
cocer (*1st sing. pres.*, cuezo), to cook, boil, bake.
cocerse, to cook, be cooked.
cocido, -a, cooked, boiled.
la cocina, kitchen.
cocinar, to cook.
el cocinero, cook.
el coche, carriage, car.
el coche-jardinera, bus.
el codo, elbow.
el cogedor, picker.
coger (*1st sing. pres.*, cojo), to catch, get, pick, pluck.
el cogote, back of the head, head.
la col, cabbage.
la cola, glue, tail, rear; andar a la —, to bring up the rear; piano de —, grand piano.
la colcha, coverlet, counterpane.
el colchón, mattress.
colgado, -a, suspended, hanging; — de, hanging on.
colgante, hanging; puente —, suspension bridge.

colgar (*1st sing. pres.*, cuelgo, *1st sing. pret.*, colgué), to hang, suspend.
la coliflor, cauliflower.
la colina, hill.
la colmena, beehive.
el colmillo, tusk, fang.
colocado, -a, placed, situated.
colocar (*1st sing. pret.*, coloqué), to place, put.
colocarse, to place oneself, be placed.
la Colombia, Colombia.
Colón, Columbus; see círculo.
el color, color; de —, colored.
colorado, -a, red, blushing; ponerse —, to blush.
colosal, colossal.
la columna, column, file, rank.
el collar, collar.
coma (Vd.), coman (Vds.), *pres. imper. of* comer.
el comandante, commander.
la comarca, region.
el combatiente, combatant.
combatir, to combat.
la combinación, combination.
combinar, to combine.
combinarse, to combine, be combined.
el comedor, dining-room.
el comentario, commentary, comment, remark, remarks.
comer, to eat.
comercial, commercial.
el comerciante, dealer, merchant.
comerse, to eat, eat up.
cometer, to commit.
cómico, -a, comical.
la comida, dinner, meal, food.
como, as, since, how, like, such as, about, perhaps; — unos cincuenta, about fifty.
cómo, how! what! how? what? ¿— está Vd.? how are you? ¿— es que . . .? how is it that . . .? ¿— que no llevamos nada? what do you mean by saying that we are carrying nothing?
la cómoda, bureau.
cómodamente, comfortably, suitably.
cómodo, -a, comfortable.
compacto, -a, compact.
compadecer (*1st sing. pres.*, compadezco), to pity.
compadezca (Vd.), compadezcan (Vds.), *pres. imper. of* compadecer.
la compañera, companion.
el compañero, companion.
la compañía, company; — de Telégrafos, Telegraph Company.
la comparación, comparison.
el comparativo, comparative.
comparecer (*1st sing. pres.*, comparezco), to appear.
el compartimiento, compartment, section.
compartir, to share.
el compás, compass, measure; a —, in time, in unison.
complementario, -a, complementary.
complemento, complement; pronombres personales —s, conjunctive personal pronouns.
completamente, completely.
completo, -a, complete.
componer (componiendo, compuesto, compongo,

compuse; *1st sing. fut.*, compondré), to compose, compound, repair.
componerse de, to be composed of, be made up of.
el comprador, purchaser.
comprar, to buy.
comprender, to understand, include, comprise.
comprenderse, to be understood, be included.
comprendido, -a, understood, comprised.
compuesto, -a (*past part. of* componer), composed, compound; futuro —, future perfect.
compungido, -a, contrite, abashed.
comunicar (*1st sing. pret.*, comuniqué), to communicate, tell.
con, with, at, for, in; — fines industriales, for industrial purposes; — el tiempo, as time goes on, in time
cóncavo, -a, concave.
conceder, to grant, yield, give, concede.
concedido, -a, granted.
concentrado, -a, concentrated, fixed.
concentrar, to concentrate.
concluir (concluyendo, concluido, concluyo, concluí; *3d sing. pret.*, concluyó), to finish, conclude, end.
concluye (concluyo, —, concluimos, concluyen), *3d sing. pres. of* concluir.
concluyó (concluí, —, concluimos, concluyeron), *3d sing. pret. of* concluir.
la concordancia, agreement, harmony.
la concurrencia, spectators.
el cóndor, condor.
conducir (conduciendo, conducido, conduzco, conduje), to conduct, carry, take.
el conductor, conductor.
condujo (conduje, —, condujimos, condujeron), *3d sing. pret. of* conducir.
conectar, to connect, join.
el conejo, rabbit.
el confederado, Confederate.
la conferencia, conference.
la confianza, confidence.
conforme, in agreement, agreed, as; — a, as, according to.
la confusión, confusion.
conmovido, -a, moved, affected.
el cono, cone.
conocer (*1st sing. pres.*, conozco), to know, be acquainted with, recognize; dar a —, to make known, show; les hizo — a, introduced them to; pueden — si, they can see whether.
conocido, -a, known, recognized.
el conocido, acquaintance.
el conocimiento, knowledge.
conquistar, to conquer, win.
consabido, -a, already known.
el consejo, council, counsel, advice, bit of advice; el Consejo de Enseñanza, School Committee, Board of Education.
el consentimiento, consent, agreement.
la conserva, marmalade.
conservar, to preserve, keep.

el conservatorio, conservatory, greenhouse.
considerar, to consider.
consiguiente, consequent; por —, consequently.
consistir, to consist; — en, to consist of *or* in.
consolar, to console, comfort.
constantemente, constantly.
constar, to consist.
la constelación, constellation.
la consternación, consternation.
constituir (constituyendo, constituido, constituyo, constituí; *3d sing. pret.*, constituyó), to constitute.
constituyen (constituyo, constituye, constituimos, —), *3d pl. pres. of* constituir.
la construcción, construction.
el constructor, constructor, builder.
construir (construyendo, construido, construyo, construí; *3d sing. pret.*, construyó), to construct, make.
construyen (construyo, construye, construimos, —), *3d pl. pres. of* construir.
construyeron (construí, construyó, construimos, —), *3d pl. pret. of* construir.
la contaduría, office.
contagiar, to infect.
contar (*1st sing. pres.*, cuento), to relate, count, tell; — con, to count on; no se cuentan fácilmente, it isn't easy to count them.
contemplado, -a, contemplated, looked at.
contemplar, to contemplate, look at.
contener (conteniendo, contenido, contengo, contuve; *1st sing. fut.*, contendré), to contain.
el contento, joy.
contento, -a, glad, happy.
contestar, to answer; — una pregunta, to answer a question.
contienen (contengo, contiene, contenemos, —), *3d pl. pres. of* contener.
contiguo, -a, adjoining.
el continente, continent.
la continuación, continuation.
contínuamente, continually.
continúan (continúo, continúa, continuamos, —), *3d pl. pres. of* continuar. *Note written accent.*
continuar, to continue, keep on; *see* continúan.
contra, against; la arrojó —, he threw it at.
el contrario, opponent.
contrario, -a, contrary, opposing.
contrastar, to contrast.
el contraste, contrast.
el contratiempo, accident.
contribuir (contribuyendo, contribuido, contribuyo, contribuí; *3d sing. pret.*, contribuyó), to contribute.
el contrincante, opponent.
el convaleciente, convalescent.
convencer (*1st sing. pres.*, convenzo), to convince.
convenir (conviniendo, convenido, convengo, convine; *1st sing. fut.*, convendré), to agree, be in harmony, be fitting, suit, be all right; — en que, to agree that; esto convenía, this was the right thing.
la conversación, conversation.

conversar, to converse.
convertir (convirtiendo, convertido, convierto, convertí; 3d sing. pret., convirtió), to convert, change; — en, to convert or change into.
convertirse, to be converted, be changed; — en, to be converted or changed into.
convierte (convierto, —, convertimos, convierten), 3d sing. pres. of convertir.
convinieron (convine, convino, convenimos, —), 3d pl. pret. of convenir.
convirtieron (convertí, convirtió, convertimos, —), 3d pl. pret. of convertir.
cooperar, to coöperate.
la copa, cup, glass, crown or top (of tree).
el copo, snowflake.
el corazón, heart; ¡mal —! you cruel person!
la cordialidad, cordiality.
la cordillera, mountain range.
el cordón, cord, lace (of shoe); botas de cordones, lace shoes.
la corneta, cornet; — militar, bugle.
el corneta, bugler.
el coro, chorus.
coronar, to crown.
el coronel, colonel; teniente —, lieutenant-colonel.
corpulento, -a, corpulent.
el corral, corral, yard.
la correa, strap.
correcto, -a, correct.
corredero, -a, rolling, sliding.
el corredor, corridor, gallery.
corregir (corrigiendo, corregido, corrijo, corregí; 3d sing. pret., corrigió), to correct.
correr, to be current, run, move; a todo —, at full speed; — un temporal, to go through a storm; corría más que, he was running faster than; corre el mes de junio, it is the month of June.
correrse, to run, move, move along, slide; si se corren algo, if they move up a little.
corresponder, to correspond, belong.
correspondiente, corresponding, respective, right; con su espejo —, with the mirror which belonged to it.
corretear, to rove, ramble, run about.
la corriente, current.
el corrillo, little group.
el corro, group, circle.
cortado, -a, cut.
cortador, -a, cutting, trimming.
cortante, cutting, sharp.
el cortaplumas, penknife.
cortar, to cut, cut down, cut off, stop; habrán cortado, they may have cut.
el corte, cut.
cortésmente, courteously.
la corteza, rind, skin, bark.
corto, -a, short.
la cosa, thing, matter, affair; — de, about.
el coscorrón, bump.
la cosecha, harvest, crop.
coser, to sew; máquina de —, sewing machine; departamento de —, sewing department.

cosido, -a, sewed.
las cosquillas, tickling; hacer —, to tickle.
la costa, cost; a toda —, at all costs.
el costado, side, rib.
costar (*1st sing. pres.*, cuesto), to cost; no le costaba tanto, did not cost him so much effort.
la costumbre, custom, habit; de —, customary, usual.
la costura, dressmaking.
la costurera, seamstress.
la cotorra, parroquet.
el cow-boy, cow-boy.
crea (Vd.), crean (Vds.), *pres. imper. of* creer.
creado, -a, created, made.
crear, to create, make.
crecer (*1st sing. pres.*, crezco), to grow; creció de punto, increased greatly.
crecido, -a, grown, well-grown, big; más —, older.
el crédito, credit; no daba — a sus ojos, he couldn't believe his eyes.
creer (creyendo, creído, creo, creí; *3d sing. pret.*, creyó), to believe, think; ya lo creo, I should think so, of course, indeed; ya lo creo que, of course; yo lo creo, I believe it, yes indeed, surely; . no lo crea Vd., don't believe it, no indeed.
la crema, cream.
el crepúsculo, twilight.
la cresta, crest.
creyeron (creí, creyó, creímos, —), *3d pl. pret. of* creer.
creyó, *see* creyeron.

la criada, servant.
el crisántemo, chrysanthemum.
el cristal, glass, pane, crystal.
la cristalería, glassware, mass of crystal.
criticar (*1st sing. pret.*, critiqué), to criticize, judge.
el crucero, cruiser;˜ — de batalla, battle cruiser.
el crucero-rápido, scout-cruiser.
el crujido, cracking.
la cruz (*pl.*, cruces), cross; Gran Cruz, Southern Cross.
cruzado, -a, crossed.
cruzar (*1st sing. pret.*, crucé), to cross, traverse.
cruzarse, to be exchanged; — con, to meet.
cuadrado, -a, square.
cuadrarse, to place oneself squarely, stand at attention; — de cara a, to face squarely.
el cuadro, yard, bed, plot, patch, picture, painting, frame.
el cuadrúpedo, quadruped.
cual, *used in the combinations* el cual, la cual, los cuales, las cuales, *rel. pron.*, which, who.
¿cuál? ¿cuáles? *interr. pron.*, which? which one? what?
la cualidad, quality.
cuando, when; de vez en —, from time to time.
¿cuándo? when?
cuanto, -a, how much; *pl.*, how many; en —, as soon as; unos —s, a few; *used as correlative of* tanto *in expressions of comparison*, the; *see* tanto.
¿cuánto? *or* ¡cuánto! how

much? how much! *pl.*, how many? how many!
cuarenta, forty.
el cuartelillo, station, quarters.
el cuartito, small room.
el cuarto, room, quarter.
cuarto, -a, fourth.
cuatro, four; las —, four o'clock; las — y media, half-past four; las — y cuarto, quarter past four; de — patas, on all fours.
cuatrocientos cincuenta y dos, four hundred fifty-two.
la Cuba, Cuba.
la cubierta, deck; — de paseo, promenade deck.
el cubierto, cover (*the table furniture, as plate, knife and fork, napkin, etc., for one person*).
cubierto, -a (*past part. of* cubrir), covered.
el cubo, pail, bucket.
cubrir (*past part.*, cubierto), to cover.
las cuclillas: se pusieron en —, they crouched close to the ground.
la cuchara, spoon, tablespoon.
la cucharada, tablespoonful.
cuchichear, to whisper.
el cuchillo, knife.
cuecen (cuezo, cuece, cocemos, —), *3d pl. pres. of* cocer.
el cuello, neck, collar.
cuenta (cuento, —, contamos, cuentan), *3d sing. pres. of* contar.
la cuenta, bill, account.
el cuento, story; — de hadas, fairy story.
la cuerda, string, cord, rope.

el cuero, leather, hide; unas tenían el — de color, some had colored leather.
el cuerpo, body, corps.
cuesta (cuesto, —, costamos, cuestan), *3d sing. pres. of* costar.
la cuesta, slope, coast; — abajo, down hill; — arriba, up hill, up the slope.
la cuestión, question.
el cuestionario, set of questions.
el cuidado, care; no hay —, it doesn't matter, don't worry; tenga — con, be careful about; estaba al — de, was taking care of; con más —, more carefully.
cuidado, -a, cared for.
cuidadosamente, carefully.
cuidar, to take care of, care for.
cuidarse de, to take care of, look out for.
la culpa, blame, fault; Leal ha tenido la —, it has been Leal's fault.
culpable, blameworthy, guilty, to blame.
el culpable, culprit.
culpar, to blame.
cultivado, -a, cultivated.
cultivar, to cultivate.
el cultivo, cultivation.
el culto, worship.
la cumbre, top, summit, peak.
cumplido, -a, fulfilled, accomplished.
cumplir, to fulfill, accomplish; — con, to fulfill.
cupo (cupe, —, cupimos, cupieron), *3d sing. pret. of* caber.

la cúpula, cupola.
curar, to treat, cure.
curarse, to recover, get well.
el curso, course, school year; el último día del —, the last day of the (*school*) year; la apertura del —, the first day of school.
el curtidor, tanner.
curtir, to tan.
la curva, curve.

CH

chafar, to crush.
el chaleco, vest.
el chanclo, overshoe.
la chaqueta, coat, jacket.
la charca, pool, puddle; — de agua cenagosa, mud puddle.
el charco, pool, puddle.
el charol, patent leather.
el chico, boy, fellow, little fellow.
el Chile, Chile.
chileno, -a, Chilean.
chillar, to scream, shriek, cry.
el chillido, hooting.
la chimenea, chimney, funnel, smokestack, fireplace.
la China, China.
la chispa, spark, brightness.
chocar (*1st sing. pret.*, choqué), to strike, collide; al — de, on colliding with.
el chocolate, chocolate.
chorrear, to spout, spit out.
la chuleta, chop.
chupar, to suck, sip.

D

dado, -a, given, struck, sounded; les fué —, they had the opportunity to.
el dador, giver.
el daño, damage; hacer — a, to hurt; hacerse —, to hurt oneself.
dar (dando, dado, doy, di), to give, put, take, hit, strike, make; al —, on giving; — las buenas tardes, to say good afternoon; — una clase, to hold a class; — de comer, to give something to eat; — a conocer, to make known, show; — las diez, to strike ten; — fin a, to put an end to; — en tierra, to fall to the ground; — en tierra con, to strike to the ground; no nos dará el sol, we shall not be in the sun; lo mismo da, it's all the same, it makes no difference.
el dato, fact, detail.
de, of, from, about, by, with, in, than, as.
dé (Vd.), den (Vds.), *pres. imper. of* dar.
debajo de, under, below; por — de, along, beneath, under; por — del agua, under water.
deber, to owe, be obliged, be under obligation, be one's duty, be to, ought, must, *etc.*; debía Vd. haber pedido, you ought to have asked; — de *denotes probability, e.g.* debe de ser, it probably is, must be.
el deber, duty.
debidamente, duly.
debido, -a, due, owed; — a, as a result of.

decidir, to decide.
decidirse, to decide, resolve, make up one's mind.
decir (diciendo, dicho, digo, dije; *1st sing. fut.*, **diré),** to speak, say, tell; **diga Vd.,** tell me *or* tell us; **es** —, that is to say, namely; **— que no,** to say no, refuse; **querer —,** to mean; **he oído —,** I have heard say; **he oído — al empleado,** I heard the employee say.
el **declive,** slope.
el **dedal,** thimble.
dedicado, -a, dedicated, devoted.
dedicar (*1st sing. pret.*, **dediqué**), to dedicate, devote.
el **dedo,** finger.
el **defecto,** defect.
defender (*1st sing. pres.*, **defiendo**), to defend, prevent.
el **defensor,** defender.
defiende (defiendo, —, defendemos, defienden), *3d sing. pres. of* **defender.**
la **definición,** definition.
dejar, to leave, let, allow; **se dejaron caer,** they dropped down; **— de,** to fail to, cease from, stop.
del = de el; — que, than.
el **delantal,** apron.
delante, in front; **— de,** in front of, before; **por — de,** along in front of, before.
delantero, -a, front, fore.
delgado, -a, slender, fine, thin, light.
deliberadamente, deliberately.
delicado, -a, delicate.
delicioso. -a. delicious.

el **delincuente,** culprit.
demás : los —, the rest; **lo —,** the rest.
demasiado, *adv.*, too, too much, excessively.
demasiado, -a, too much; *pl.*, too many.
democrático, -a, democratic.
la **demostración,** demonstration.
demostrar (*1st sing. pres.*, **demuestro**), to demonstrate, show, prove.
demostrativo, -a, demonstrative.
demuestra (demuestro, —, demostramos, demuestran), *3d sing. pres. of* **demostrar.**
dénmelos = den + me + los.
denso, -a, dense.
la **dentadura,** teeth.
dentro, within, in; **— de,** within, inside of.
el **denuedo,** dash.
el **departamento,** department.
depender, to depend; **— de,** to depend on.
el **dependiente,** clerk, employee.
el **deporte,** sport.
depositado, -a, deposited, put.
depositar, to deposit, put.
derechamente, straight, directly.
derecho, -a, right, straight; **a la derecha,** to *or* on the right.
derramar, to pour out, spill, scatter.
derretir (derritiendo, derretido, derrito, derretí; *3d sing. pret.*, **derritió**), to melt.

derretirse, to become melted.
derribado, -a, felled, cut down.
derribar, to tear down, destroy, cut down, fell.
derriten (derrito, derrite, derretimos, —), *3d pl. pres. of* derretir.
derrochar, to lavish.
la derrota, ship's course; cuarto de —, pilot house.
desagradable, unpleasant, disagreeable.
desaparecer (*1st sing. pres.*, desaparezco), to disappear.
desarrollado, -a, developed.
desarrollar, to develop, unroll.
el desarrollo, development.
el desayuno, breakfast.
desayunarse, to breakfast, eat breakfast.
desbandarse, to disband, disperse.
desbordarse, to pass all bounds.
descalzar (*1st sing. pret.*, descalcé), to take off the shoes; les hizo —, made them take off their shoes.
descansado, -a, restful, quiet; es más —, it is less wearisome.
descansar, to rest.
el descanso, rest.
descargar (*1st sing. pret.*, descargué), to discharge, unload.
descendente, descending.
descender (*1st sing. pres.*, desciendo), to descend, slope, fall.
el descenso, descent.
desciende (desciendo, —, descendemos, descien-den), *3d sing. pres. of* descender.
descifrar, to decipher.
desconfiado, -a, distrustful.
la desconfianza, distrust.
describir (*past part.*, descrito), to describe.
descubierto, -a (*past part. of* descubrir), discovered, uncovered; al descubierto, exposed.
el descubrimiento, discovery.
descubrir (*past part.*, descubierto), to discover, find, espy, discern, uncover.
el descuido, carelessness.
desde, from, since; — que, from the time that, as long as; — luego, from now on, soon afterward, right away, of course.
desdoblar, to unfold.
deseado, -a, desired.
desear, to desire; — a uno felices Pascuas de Navidad, to wish one a Merry Christmas.
desembocar (*1st pret. sing.*, desemboqué), to come out, issue, empty, flow.
desenvolver (*1st sing. pres.*, desenvuelvo; *past part.*, desenvuelto), to unwrap, open.
el deseo, desire; tengo muchos —s de, I should very much like to.
desesperado, -a, desperate, despairing.
desfilar, to defile, march, march past, march by files.
el desfile, defiling, marching by files, parade.
desgarrado, -a, torn, lacerated.

desgarrar, to tear, lacerate.
la desgracia, misfortune, disaster; que es —, it's a pity.
deshacer (deshaciendo, deshecho, deshago, deshice; *3d sing. pret.*, deshizo; *fut.*, desharé), to undo, open, destroy.
deshacerse, to be destroyed, be dashed to pieces.
deshecho, -a, violent.
deshizo (deshice, —, deshicimos, deshicieron), *3d sing. pret. of* deshacer.
desinfectar, to disinfect, sterilize.
deslizarse (*1st sing. pret.*, me deslicé), to go sliding, go coasting, coast, slide, glide.
deslumbrado, -a, dazzled, made dazzling.
deslumbrar, to dazzle, cause to glare.
desnudo, -a, naked, bare, stripped.
el desorden, disorder; van en —, they are scattered.
despacio, slow, slowly.
despachar, to dispatch.
el despacho, dispatch, office.
desparramar, to scatter.
desparramarse, to be scattered.
la despedida, departure, farewell, good-by.
despedir (despidiendo, despedido, despido, despedí; *3d sing. pret.*, despidió), to dismiss, give off, emit.
despedirse, to take leave, say good-by; al — los niños, when the children said good-by to each other.
despejado, -a, cleared.

el desperfecto, flaw.
despertado, -a, awakened, aroused.
despertar (*1st sing. pres.*, despierto), to arouse, awake.
el despertar, awakening, arousing.
despidieron (despedí, despidió, despedimos, —), *3d pl. pret. of* despedir.
despojado, -a, leafless.
despojar, to despoil, strip.
despojarse de, to take off.
despreciar, to despise.
desprecie (Vd.), desprecien (Vds.), *pres. imper. of* despreciar.
el desprecio, contempt.
desprender, to emit, shed.
desprenderse, to fall.
después, afterward; — de, after; — que, after.
destacarse (*1st sing. pret.*, me destaqué), to stand out, contrast.
destapar, to uncover, take the cover off of.
destinado, -a, destined.
destinar, to destine.
el destino, destination.
la destreza, dexterity.
el desván, attic.
desvanecerse (*1st sing. pres.*, me desvanezco), to swoon, vanish.
desvanecido, -a, swooning, unconscious.
detener (deteniendo, detenido, detengo, detuve; *1st sing. fut.*, detendré), to stop, detain, hold back.
detenerse, to stop, be stopped, remain.
detenidamente, carefully.

determinado, -a, determined, fixed, definite, certain; artículo —, definite article.
determinar, to determine, decide.
detrás, back, behind; — de, back of, behind, after; les corría —, ran after them; por —, from behind; el asiento de —, the rear seat.
detuvieron (detuve, detuvo, detuvimos, —), *3d pl. pret. of* detener.
devolver (devolviendo, devuelto, devuelvo, devolví), to restore, give back.
devotamente, devotedly, devoutly.
devuelva (Vd.), devuelvan (Vds.), *pres. imper. of* devolver.
dí (—, dió, dimos, dieron), *1st sing. pret. of* dar.
el día, day; buenos —s, good morning; todos los —s, every day; dos veces al —, twice a day; un — es un —, we'll make a day of it; — de fiesta, holiday; el Día de Acción de Gracias, Thanksgiving Day.
diagonalmente, diagonally.
el diálogo, dialogue.
la diana, reveille; tocar —, to sound the reveille.
diario, -a, daily.
el dibujo, sketch, drawing.
dice (digo, —, decimos, dicen), *3d sing. pres. of* decir.
el diciembre, December.
diciendo, *pres. part. of* decir.
dicho (*past part. of* decir), said, aforesaid; — esto, when this had been said.
dichoso, -a, happy; —s ustedes, how lucky you are!
el diente, tooth.
dieron, *see* dí.
diez, ten.
la diferencia, difference.
diferente, different; de — manera, differently.
difícil, difficult, hard.
la dificultad, difficulty; poner —es a, to make objections to.
diga (Vd.), digan (Vds.), *pres. imper. of* decir.
digerir (digiriendo, digerido, digiero, digerí), to digest.
digiere (digiero, —, digerimos, digieren), *3d sing. pres. of* digerir.
digno, -a, worthy.
dije (—, dijo, dijimos, dijeron), *1st sing. pret. of* decir.
dijo, *see* dije.
el diluvio, deluge.
la dimensión, dimension.
diminuto, -a, small, reduced, diminutive.
el dinero, money.
el dintel, lintel.
dió, *see* dí.
el Dios, God.
el diploma, diploma.
dirán, *3d pl. fut. of* decir.
la dirección, direction; con *or* en — a, in the direction of.
directamente, directly.
directo, -a, direct.
el director, director, principal, head-master.
dirigido, -a, directed; iban dirigidas, were addressed.
dirigir (*1st sing. pres.*, dirijo),

to direct, address, guide, steer, drive; — la palabra a, to address.
dirigirse, to betake oneself, go, apply, start.
la disciplina, discipline.
el discípulo, pupil.
discordante, discordant.
la disculpa, excuse.
disculpar, to excuse.
disculparse, to apologize.
el discurso, speech.
la discusión, discussion.
disfrazado, -a, masked, disguised.
disfrazarse (*1st sing. pret.*, me disfracé), to disguise oneself.
disgustar, to displease, repel.
el disgusto, disgust, annoyance, unpleasantness.
disimuladamente, slyly, stealthily, craftily.
disminuir (disminuyendo, disminuido, disminuyo, disminuí; *3d sing. pret.*, disminuyó), to diminish, lessen.
disparado, -a, shot, thrown, thrown off.
disparar, to shoot, fire, throw, throw off.
dispensar, to pardon, excuse; dispense, excuse me.
dispense (Vd.), dispensen (Vds.), *pres. imper. of* dispensar.
dispuesto, -a (*past part. of* disponer), disposed, ready.
la disputa, dispute.
la distancia, distance.
distar, to be distant, be far.
distinguir (*1st sing. pres.*, distingo), to distinguish, differentiate, discern, make out; se distinguía a dos lluecas, they saw two brooding hens.
distintamente, distinctly.
distinto, -a, distinct, different.
divertido, -a, amusing.
divertir (divirtiendo, divertido, divierto, divertí; *3d sing. pret.*, divirtió), to entertain, amuse.
divertirse, to have a good time.
dividido, -a, divided.
dividir, to divide, separate.
dividirse, to be divided.
divino, -a, divine.
divirtiéndose, *pres. part. of* divertirse.
divirtió (divertí, —, divertimos, divirtieron), *3d sing. pret. of* divertir.
divisar, to discern.
la división, division.
doblar, to fold, turn.
doble, double.
doce, twelve; las —, twelve o'clock; dieron las — it struck twelve.
la docena, dozen.
el dolor, grief, pain.
doméstico, -a, domestic.
dominar, to dominate.
el domingo, Sunday.
donde, where, in which; a —, whither, where; en —, where; por —, through which, by which.
¿dónde? where? ¿a —? whither? where? ¿de —? from where?
dormido, -a, asleep.
dormir (durmiendo, dormido, duermo, dormí; *3d sing. pret.*, durmió), to sleep.

dormirse, to fall asleep.
dos, two; de — en —, two by two, in pairs; los —, both.
la ducha, shower bath.
la duda, doubt; sin — alguna que, there is no doubt that.
el dueño, owner.
duermo (—, duerme, dormimos, duermen), *1st sing. pres. of* dormir.
dulce, sweet.
el dulce, dessert, sweetmeat.
dulzón, dulzona, sweet, gentle.
la duración, duration, length.
durante, during; — dos horas, for two hours.
durar, to last.
durmiendo, *pres. part. of* dormir.
durmió (dormí, —, dormimos, durmieron), *3d sing. pret. of* dormir.
duro, -a, hard, harsh, rough.

E

e = y, and. *Used only before a word with initial* i *or* hi.
el eco, echo.
el ecuador, equator.
el Ecuador, Ecuador.
echar, to throw, throw out, cast, sow, pour; — los bofes, to strain the lungs, puff; — a, to begin; — a reír, to burst into laughter; — aceite a, to oil; — el freno, to put on the brake; echando agua por los narices, with water spurting from his nose.

echarse, to throw oneself; — a, to begin; — al agua, to jump into the water.
la edad, age; de menos —, younger.
edificado, -a, built.
edificar (*1st sing. pret.*, edifiqué), to build.
el edificio, building.
la educanda, pupil.
efectivamente, in fact, indeed.
el efecto, effect; en —, in fact; al —, for the purpose.
efusivamente, effusively.
ejecutar, to execute.
el ejemplo, example; por — for example.
el ejercicio, exercise.
el (la, los, las), the; — (la) de, that of; los (las) de, those of; — (la) que, who, which, the one who; los (las) que, who, which, those who, those which; *see* lo.
él (*pl.*, ellos), he, him, it; *pl.*, they, them.
la elástica, sweater.
la electricidad, electricity.
eléctrico, -a, electric.
el elefante, elephant.
elegante, elegant.
elegido, -a, chosen, elected.
elegir (eligiendo, elegido, elijo, elegí; *1st sing. pret.*, eligió), to elect, choose.
elemental, elementary.
el elemento, element; *pl.*, elementary instruction.
elevado, -a, high, elevated.
elevarse, to rise, tower up.
eligen (elijo, elige, elegimos, —), *3d pl. pres. of* elegir.
eligieron (elegí, eligió, elegi-

mos, —), *3d pl. pret. of* elegir.
elocuente, eloquent.
ella (*pl.*, ellas), she, her, it; *pl.*, they, them.
ellas, *see* ella.
ello, *neut. pron.*, it.
ellos (*pl. of* él), they, them.
la embarcación, boat, vessel.
el embarcadero, wharf, pier.
embarcar (*1st sing. pret.* embarqué), to embark, put on board.
embarcarse, to be put on board, to go on board.
el embargo, embargo, impediment, hindrance; sin —, nevertheless, notwithstanding, however.
el emblema, emblem.
embromar, to joke, cajole, play jokes on, " guy."
emitir, to emit, utter.
emocionado, -a, deeply moved.
empapado, -a, soaked.
empaparse, to be imbued, be centered.
el emparedado, sandwich.
empavesado, -a, dressed, decked.
empecé (—, empezó, empezamos, empezaron), *1st sing. pret. of* empezar.
empezado, -a, begun, started.
empezar (empezando, empezado, empiezo, empecé), to begin; — a, to begin to; — por, to begin with; al — la primavera, at the beginning of spring.
empieza (empiezo, —, empezamos, empiezan), *3d sing. pres. of* empezar.
empinado, -a, steep, high.

empleado, -a, employed.
el empleado, employee, official.
emplear, to employ, use.
emprender, to undertake, enter upon.
la empresa, undertaking.
empujar, to push, drive.
el empuje, push.
emular, to emulate.
en, in, into, on, at.
encajar, to box, fit into.
encaminarse, to take a road, start.
encargado, -a, intrusted, in charge; — de, intrusted with, in charge of.
encargar (*1st sing. pret.*, encargué) to order; le encargó, ordered from him.
encargarse de, to take charge of, charge oneself with.
el encargo, order, errand, charge; hacer un — a uno, to give an errand to one.
encargó (encargué, —, encargamos, encargaron), *3d sing. pret. of* encargar.
encender (*1st sing. pres.*, enciendo), to light, set fire to.
encendido, -a, lighted.
encerrado, -a, enclosed.
el encerrado, enclosure.
encerrar (*1st sing pres.*, encierro), to enclose, shut up.
enciendo (—, enciende, encendemos, encienden), *1st sing. pres. of* encender.
encierra, *see* encerrar.
el encierro, enclosure.
la encina, oak.
encontrar (*1st sing. pres.*, encuentro), to find, meet, regard, consider.

encontrarse, to be found, be situated, be, meet; — con, to meet, come across; — bien, to be all right.
encorvado, -a, bent over.
el encuentro, encounter, meeting; al — de, to meet; fué a su —, went to meet him.
endurecido, -a, hardened.
enemigo, -a, hostile.
el enemigo, enemy.
enérgico, -a, energetic, vigorous.
el enero, January.
enfadado, -a, angry.
enfadar, to enrage; — a, to make angry, "make mad."
enfadarse, to get angry.
enfade (Vd.), enfaden (Vds.), pres. imper. of enfadar; no se —, don't get angry.
la enfermedad, illness.
la enfermera, nurse.
enfermo, -a, ill.
enfriarse, to cool off.
enganchar, to hitch.
engañar, to deceive, fool.
el enjambre, crowd, swarm.
enmudecer (1st sing. pres., enmudezco), to become silent.
ennegrecido, -a, blackened.
enorme, enormous.
el enrejado, netting.
Enrique, Henry.
ensanchar, to increase.
ensayar, to try.
la enseña, emblem.
la enseñanza, instruction; Consejo de Enseñanza, Board of Education, School Committee.

enseñar, to teach, show; les enseñaba a apreciar, taught them to appreciate.
entablarse, to begin.
entender (1st sing. pres., entiendo), to understand.
entendido, -a, understood, agreed.
enterado, -a, informed.
enteramente, entirely.
enterar de, to inform of.
enterarse, to find out, to heed; — de, to find out about; — de que, to find out that; no se entera, he pays no attention.
entero, -a, entire.
entiendo (—, entiende, entendemos, entienden), 1st sing. pres. of entender.
entonar, to sing.
entonces, then; pues —, well then.
la entrada, entrance.
entrado, -a, entered; ya — en años, elderly.
entrar, to enter, come in, go in; el último en —, the last to begin.
entre (Vd.), entren (Vds.), pres. imper. of entrar.
entre, between, among, with; — sí, with one another; somos doscientos — muchachos y muchachas, we are two hundred, including both boys and girls; — el padre y el abuelo, the father and grandfather together; — los dos, the two together.
entreabrirse, to open a little.
entrecruzado, -a, crossed and joined.

entrecruzar (*1st sing. pret.*, entrecrucé), to cross and join.
la entrega, delivery.
entregar (*1st sing. pret.*, entregué), to deliver.
entregarse (*1st sing. pret.*, me entregué), to devote oneself.
entren Vds., *see* entre Vd.
entretener (entreteniendo, entretenido, entretengo, entretuve; *1st sing. fut.*, entretendré), to entertain, amuse, occupy.
entretenido, -a, occupied.
entrevistarse con, to confer with, interview.
entusiasmado, -a, enthusiastic.
entusiasmarse, to be *or* become enthusiastic.
el entusiasmo, enthusiasm.
enumerar, to enumerate; iba enumerando, was continuing his enumeration.
la envidia, envy, jealousy; sentir —, to be envious.
envidiado, -a, envied.
envidiar, to envy.
el envoltorio, bundle.
envolver (envolviendo, envuelto, envuelvo, envolví), to involve, envelop, wrap up.
envuelto, -a, *past part. of* envolver.
el episodio, episode.
la época, time, period.
equidistante, equidistant.
el equilibrio, equilibrium, balance.
el equinoccio, equinox.
el equipaje, baggage.
la equivocación, mistake.

equivocar (*1st sing. pret.*, equivoqué), to mistake.
equivocarse (*1st sing. pret.*, me equivoqué), to be mistaken, make a mistake.
era (—, —, éramos, eran), *1st and 3d sing. imp. of* ser.
el error, error, mistake.
es (soy, —, somos, son), *3d sing. pres. of* ser.
escalar, to scale, climb.
la escalera, stairs, staircase, ladder; — de mano, ladder, step-ladder; portátil, ladder.
la escama, scale (*of fish*).
escapar, to escape.
el escaparate, show window.
escaparse, to run away, escape; se le escapó la mano, his hand slipped.
la escarcha, frost, frost-work, ice-storm.
escaso, -a, scarce, rare, scanty.
la escoba, broom.
escocés, escocesa, Scotch.
escoger (*1st sing. pres.*, escojo), to select, choose.
escogido, -a, selected, select.
escolar, *adj.*, school.
la escolta, escort.
esconder, to hide, conceal.
esconderse, to hide, be hidden, be concealed.
el escoplo, bit, auger.
escribir (*past part.*, escrito), to write.
el escuadrón, squadron.
escuchar, to hear, listen to.
la escuela, school; a la —, to school; en la —, at school; Escuela Superior, High School.
la escultura, sculpture.

ese (esa; esos, esas), that; *pl.*, those.
ése (ésa; ésos, ésas), that one; *pl.*, those; *see* eso.
la esfera, sphere.
el esfuerzo, effort.
esmerarse, to take great pains.
eso, *neut. pron.*, that; a — de, about; por —, therefore; — sí, yes; — es, that's so, that's it.
el espacio, space.
espacioso, -a, spacious, wide.
la espalda, shoulder; a nuestra —, behind us; de —s, backward.
espantoso, -a, frightful, terrible.
la España, Spain.
español, -a, Spanish.
el español, Spaniard, the Spanish language.
esparcido, -a, scattered.
esparcir (*1st sing. pres.*, esparzo), to scatter.
esparcirse, to be diffused, be scattered, scatter.
la especia, spice.
especial, special, especial.
especialmente, especially.
la especie, species, kind.
el espectador, spectator.
el espejo, mirror.
la espera, hope.
esperado, -a, hoped for, awaited, expected.
la esperanza, hope.
esperar, to wait, await, wait for, hope, hope for, expect; que les estaba esperando, which he was expecting of them; ¡El tiempo que habrá esperado! How long it must have waited!

espere (Vd.), esperen (Vds.), *pres. imper. of* esperar.
espesar, to thicken.
espeso, -a, close, thick, fine.
el espesor, thickness.
la espiral, spiral.
la esplanada, esplanade, mall.
el espolón, spur.
la esposa, wife.
el esposo, husband; los —s, husband and wife, couple.
la espuma, foam.
la esquina, corner.
esta, *see* este.
ésta, *see* éste.
está, *see* estoy.
establecerse (*1st sing. pres.*, me establezco), to be established.
el establo, stable.
la estaca, stake, peg.
la estación, season, station; — de término, terminal station.
estado, *past part. of* estar.
el estado, state, condition; — mayor, staff; Estados Unidos, United States.
estallar, to crash, burst, burst forth.
estampía: escapar de —, to run away suddenly.
el estampido, crash, crashing, burst.
están, *see* estoy.
la estancia, room, stay.
el estanque, pond, pool.
la estantería, shelving; *pl.*, shelves.
estar (estando, estado, estoy, estuve), to be; ¿cómo está usted? how do you do? estarán andando, they are probably going; estará en las minas, it is probably

in the mines, it must be in the mines; **estará jugando,** he must be playing; **está bien,** all right.
estarse, to be, remain.
la **estatua,** statue.
la **estatura,** stature, height.
este (esta; estos, estas), this, the latter; *pl.*, these, the latter.
éste (ésta; éstos, éstas), this one, the latter; *pl.*, these, the latter.
este, east; **el Río Este,** the East River.
el **estilo,** style; **y cosas por el —,** and so forth.
estirar, to stretch.
esto, *neut. pron.*, this, this thing; **en —,** meanwhile, thereupon; **— es,** that is.
el **estómago,** stomach.
estornudar, to sneeze.
estoy (—, está, estamos, están), *1st sing. pres. of* estar.
el **estrado,** platform.
estrecharse, to press tight.
estrecho, -a, narrow, tight.
la **estrella,** star.
estribar, to depend; **— en,** to depend upon.
el **estropicio,** destruction.
estudiado, -a, studied.
el **estudiante,** student; **— de último año,** senior.
estudiar, to study.
el **estudio,** study.
estúpido, -a, stupid.
estuve (—, estuvo, estuvimos, estuvieron), *1st sing. pret. of* estar.
el **éter,** ether, air.
eterno, -a, eternal.
la **Europa,** Europe.
evidente, evident.

evitado, -a, avoided.
evitar, to avoid.
exactamente, exactly.
exacto, -a, exact, exactly.
exagerado, -a, exaggerated, exaggerating; **es un poco exagerada,** she goes a little too far.
exagerar, to exaggerate.
examinar, to examine.
exasperado, -a, exasperated.
excelente, excellent.
la **excepción,** exception.
excepto, excepting, except.
excitado, -a, excited.
excitar, to excite.
la **exclamación,** exclamation.
exclamar, to exclaim.
la **excursión,** excursion.
la **excusa,** apology.
excusar, to excuse.
la **exhalación,** breath, flash.
exigir (*1st sing. pres.*, **exijo**), to demand.
la **existencia,** existence, presence.
existir, to exist, be.
el **éxito,** outcome, success.
la **expansión,** display of affection.
la **expectación,** expectation.
la **expedición,** expedition.
expedido, -a, sent, forwarded.
expedir (expidiendo, expedido, expido, expedí, *3d sing. pret.*, **expidió**), to send, forward.
expeler, to expel.
experimentar, to experience.
el **experimento,** experiment; **hacer un —,** to perform an experiment.
experto, -a, expert.
el **experto,** expert.

la explicación, explanation.
explicar (*1st sing. pret.*, expliqué), to explain.
explique (Vd.), expliquen (Vds.), *pres. imper. of* explicar.
explorador, -a, exploring.
el explorador, explorer, scout; Niños Exploradores, Boy Scouts.
explorar, to explore.
la explotación, exploitation.
explotar, to exploit.
exponer (exponiendo, expuesto, expongo, expuse; *1st sing. fut.*, expondré), to expose, display, explain.
expresar, to express, denote.
la expresión, expression.
expreso, -a, express.
el expreso, express.
expuesto, -a (*past part. of* exponer), displayed.
expuse (—, expuso, expusimos, expusieron), *1st sing. pret. of* exponer.
expuso, *see* expuse.
extender (*1st sing. pres.*, extiendo), to extend.
extenderse, to extend, spread out.
extendido, -a, extended, stretched out.
extenuado, -a, exhausted.
exterior, exterior, outer. *The forms are identical for both genders.*
el exterior, exterior.
extraer (extrayendo, extraído, extraigo, extraje), to extract, remove.
extrañado, -a, surprised.
extrañar, to surprise.
extraño, -a, strange, unknown.

el extraño, stranger.
extraordinario, -a, extraordinary.
extremado, -a, extreme, severe.
extremo, -a, extreme.
el extremo, end, extreme.

F

la fábrica, factory.
fabricado, -a, manufactured.
el fabricante, manufacturer.
fabricar (*1st sing. pret.*, fabriqué), to manufacture.
fácil, easy.
la facilidad, facility, ease.
la facha, face.
la fachada, façade, front of house.
la faena, toil, task.
la faja, strip.
falso, -a, false, wrong.
la falta, lack; por — de, from lack of.
faltar, to be lacking; falta, there is lack of, it remains, it is necessary; no faltaba más, I should say so, that would be best of all; que me faltaba, which I needed; nos faltan, we haven't got, we need; todavía les faltaba, there was still in store for them; no falten Vds., don't fail to be there; todavía faltan días, that's a long way off; solamente faltaban cuatro días para Navidad, it was only four days before Christmas.
la familia, family.
famoso, -a, famous.
fantástico, -a, fantastic.

el fardo, bundle, bale.
la fatiga, fatigue.
fatigado, -a, tired.
favorito, -a, favorite.
el febrero, February.
la fecha, date.
federal, federal.
felices, *pl. of* feliz.
la felicidad, felicity, happiness.
felicitado, -a, congratulated.
felicitar, to congratulate.
feliz (*pl.*, felices), happy.
el fenómeno, phenomenon.
feo, -a, ugly.
feroz (*pl.*, feroces), fierce, savage.
el ferrocarril, railroad.
la fidelidad, fidelity, allegiance.
la fiebre, fever.
fiel, faithful.
la fiera, wild beast.
la fiesta, festival, ceremony, holiday.
la figura, figure, diagram.
figurarse, to imagine, pretend; así me lo figuro, so I imagine.
figúrese (Vd.), figúrense (Vds.), *pres. imper. of* figurarse.
fijado, -a, fixed.
fijamente, fixedly.
fijar, to fix, fasten, set.
fijarse, to be fixed, fastened; — en, to fix one's attention on, gaze at; se fijaron mucho en, they paid close attention to.
fíjese (Vd.), fíjense (Vds.), *pres. imper. of* fijarse.
fijo, -a, fixed.
la fila, line, file, rank, row.
Filipinas; Islas —, the Philippine Islands.
filtrarse, to be filtered, filter, pass, shine; — por, shine through.
el filtro, filter, separator.
el fin, purpose, end; por —, finally; al —, finally, after all; un sin — de, a lot of.
el final, end; al —, finally; in the end.
finalmente, finally.
fingir, to pretend.
fingirse, to pretend to be; fingiéndose muy asustada, pretending to be very much frightened.
finísimo, -a, *superl. of* fino.
fino, -a, fine, delicate.
el firmamento, firmament, heavens.
firme, firm, strong, solid; en —, short, abruptly; puso —s a los niños, called the boys to attention; mantenerse —s, to stand at attention.
la firmeza, firmness.
flaco, -a, weak, thin.
el flamenco, flamingo.
el flanco, flank.
flanqueado, -a, flanked.
fleco, fringe.
la flor, flower; a — de piel, to the surface of the skin.
la florecita, little flower.
la Florida, Florida.
flotar, to float, wave.
el fogón, fireplace.
el follaje, foliage.
el fondo, back, background, field (*of flag*), rear; pared del —, rear wall.
el football, football.
la forma, form.
la formación, formation.
formal, genuine, steady, of the right sort.

formar, to form, make, fall in (*of soldiers*); que formaban en la última fila, who were marching in the last rank; formaron por grupos, they separated into groups.
la fórmula, formula.
fornido, -a, robust.
la fortuna, fortune, good fortune; por —, happily.
forzoso, -a, necessary.
el fósforo, match.
el foso, pit, hole.
el fragmento, fragment, bit.
francés, francesa, French.
la Francia, France.
el frasco, bottle.
la frecuencia, frequency.
el freno, brake.
la frente, forehead, front; — a, fronting, facing; en —, in front, opposite; en — de, in front of; de —, front, in front.
el frente, front (*of a body of troops*).
la fresa, strawberry.
el fresal, strawberry plant, strawberry garden *or* bed.
fresco, -a, cool, fresh.
el fresco, coolness.
frío, -a, cold.
el frío, cold; tener —, to be cold; tengo —, I am cold; hacer —, to be cold (*in speaking of the weather*).
frito, -a, fried.
fronterizo, -a, facing, in front.
el frontón, court (*for playing pelota*).
frotar, to rub, brush.
fructificar, to bring forth fruit, fructify.
la fruta, fruit; *pl.*, fruit.

frutal, fruit, fruit-bearing.
frutero, -a, fruit-bearing, fruit.
el frutero, fruit tree.
el fruto, fruit (*in the sense of product*).
fué (fuí, —, fuimos, fueron), *3d sing. pret. of* ser *or* ir; se —, *3d sing. pret. of* irse.
el fuego, fire.
los fuelles, bellows.
la fuente, spring, fountain, platter; Fuente del Pino, Pine Spring.
fuera, outside, away.
fueron, *see* fué; se —, *see* irse.
fuerte, strong, loud, hard, keen, powerful; mar —, a heavy sea.
fuertemente, strongly.
la fuerza, force, strength, power, might; a toda —, with all one's might; respirando con —, breathing hard.
fuí, *see* fué.
fuimos, *see* fué.
la función, function, performance.
la furia, fury.
furiosamente, furiously.
furioso, -a, furious; le miraron furiosos, looked at him with vexation.
futuro, -a, future.
el futuro, future; — compuesto, future perfect.

G

gacho, -a, drooping.
las gafas, spectacles.
la galerada, galley.
el galón, lace; galones de oro, gold lace, gold braid.
galopar, to gallop.

el galope, gallop; al —, at a gallop.
la gallina, hen.
el gallinero, chicken yard.
el gallo, cock, rooster.
ganado, -a, gained.
el ganado, cattle, stock.
la ganancia, gain, profit.
ganar, to gain, win; — dinero, to make money.
la gardenia, gardenia.
la garra, claw, talon.
el gas, gas.
gastar, to use, waste, spend.
el gato, cat.
el gaucho, cow-boy (*of Argentina*).
general, *adj.*, general.
el general, general.
generalizarse, to become general.
generalmente, generally.
la generosidad, generosity.
generoso, -a, generous, noble.
el genio, disposition, genius.
la gente, people; las —s, people.
el gentío, throng.
la geografía, geography.
geográfico, -a, geographical.
la geometría, geometry.
el gerente, manager.
el gigante, giant.
gigante, gigantic.
la gimnasia, gymnastics.
gimnástico, -a, gymnastic.
girar, to whirl, turn.
el glotón, glutton.
glotón, glotona, greedy, gluttonous.
el gobierno, government.
el golf, golf.
el golpe, blow.
la goma, rubber.
gordo, -a, fat, thick.

el gorila, gorilla.
la gorra, cap.
la gota, drop.
gozar (*1st sing. pret.*, gocé), to enjoy; — de, to enjoy.
el gozne, hinge, pin (*of hinge*).
el gozo, joy.
las gracias, thanks; dar las — a, to thank; ¡— a Dios! thank Heaven!
la grada, step.
el grado, degree, grade.
la graduación, graduation.
graduado, -a, graduated.
el graduado, graduate.
la gramática, grammar.
gramatical, grammatical; escuela —, grammar school.
gran = grande. *Gran may be used before a singular noun of either gender.*
el granate, garnet.
granate, *adj.*, garnet, deep red.
grande, great, large, big, tall.
grandemente, greatly, very much.
grandioso, -a, splendid, grand.
la granja, farm, farmhouse, shed, barn.
el grano, grain, fruit.
la gratitud, gratitude.
grave, serious, grave.
graznar, to gobble.
el graznido, gobbling.
el grifo, faucet.
gris, gray.
gritar, to cry, shriek, shout; gritó su nombre, called his name.
la gritería, shouting.
el grito, cry, shout; hablar a —s, to shout, call out.
la grosella, currant.

el grosellero, currant bush.
grotescamente, grotesquely.
grotesco, -a, grotesque.
grueso, -a, thick, big.
el grueso, thickness.
gruñir (gruñendo, gruñido, gruño, gruñí; *3d sing. pret.*, gruñó), to grunt, growl, grumble.
gruñón, gruñona, growling, crabbed.
el grupo, group.
el guano, guano.
el guante, glove.
guardar, to keep, watch; — silencio, to remain silent; — cama, to stay in bed.
la guardia, guard; de —, on duty.
el guardián, guardian.
la guerra, war; Guerra Civil, Civil War.
el guía, guide.
guiado, -a, guided.
guiar, to guide, steer.
el guisante, pea.
el guiso, sauce, dish.
gustar, to taste, like, want, please; les gusta, they like; le gustaba, he liked; me gustan, they please me, I like them; ¿qué tal les gusta? how do you like it? le gustará el vernos, she will be glad to see us.
el gusto, taste, pleasure; ¡qué — dará! how pleasant it will be!

H

ha (han), *see* he.
haber (habiendo, habido, he, hube; *1st sing. fut.*, habré), *aux. of tense*, to have; *as impersonal verb*, there is, there are, *etc.*; hay, there is, there are; había, there was, there were; ha habido, there has been, there have been; habrá, there will be; había habido, there had been; los había ingleses, there were English (*boats*); — de, to be to, must (*a sort of future*); saben lo que han de hacer, they know how to behave; — que, to be to, have to, must (*denotes necessity*).
la habichuela, kidney-bean.
la habilidad, skill; hacer sus —es de patinador, to display his skill as a skater.
hábilmente, skillfully.
la habitación, room, dwelling.
el habitante, inhabitant.
habitar, to live, live in, dwell.
hablar, to speak, talk.
hablarse, to be spoken.
habrá, there will be, there must be; *see* haber.
hace, ago; — ya rato, a while ago; — tres horas, three hours ago.
hacer (haciendo, hecho, hago, hice; *3d sing. pret.*, hizo; *1st sing. fut.*, haré), to make, perform, do, cause, have (*done*); — frío, to be cold; — mucho frío, to be very cold; — calor, to be hot; — mucho calor, to be very hot; hacía un buen sol, the sun was shining brightly; hacía un día magnífico, it was a beautiful day; — caso de,

to heed, pay attention to, care about; — de, to take the part of, act as; hacían de cajistas, they were working as compositors; — sus habilidades, to display his skill; — llamar, to summon; — llegar, to send for; — preguntas, to ask questions; — un experimento, to perform an experiment; — daño a, to hurt; hago memoria, I recollect.

hacerse, to become, get; — a un lado, to step to one side; — cortar el pelo, to have one's hair cut; — llevar, to have oneself carried *or* taken; — explicar todo, to have everything explained to one; — tomar las lecciones por, to have one's lessons heard by, recite one's lessons to; — explicar una cosa, to have a thing explained to one; me los hago traer, I have them brought.

hacia, toward; — adelante, forward; — arriba, up, upward; — atrás, backward.

la hacienda, farm.
el (*f.*) hacha, ax.
el hachazo, blow with an ax; a — limpio, with clean strokes of the ax.
el (*f.*) hada, fairy.
hago (—, hace, hacemos, hacen), *1st sing. pres. of* hacer.
el halcón, hawk.
hallar, to find.
hallarse, to be found, be.

el (*f.*) hambre, hunger; tener —, to be hungry.
hará (haré, —, haremos, harán), *3d sing. fut. of* hacer.
hasta, until, up to, to, even; — dos docenas, as many as two dozen; — mañana, until to-morrow; — que, until.
hay, *impersonal present form of* haber, there is, there are; — que, one must, it is necessary to; no — mucha cuesta que subir, there isn't much of a hill to climb.
el (*f.*) haya, beech.
he (—, ha, hemos, han), *1st sing. pres. of* haber.
hecho, -a (*past part. of* hacer), made, done; hecho esto, this having been done, when this had been done; ¡bien hecho! good!
el hecho, deed.
la helada, frost.
helado, -a, frozen.
el helado, ice, ice-cream.
helar (*3d sing. pres.*, hiela), to freeze. *This verb is generally impersonal.*
helarse (*1st sing. pres.*, me hielo), to freeze, become frozen.
el hemisferio, hemisphere.
hemos, *see* he.
el heno, hay.
heredar, to inherit.
la herida, wound.
herido, -a, wounded.
herir (hiriendo, herido, hiere, herí; *3d sing. pret.*, hirió), to wound.
la hermana, sister.

el hermano, brother, *pl.*, brother(s) and sister(s).
hermoso, -a, beautiful.
la hermosura, beauty.
la herramienta, implement, tool.
la herrería, machine-shop.
el herrero, blacksmith; a casa del —, to the blacksmith's.
hicieron (hice, hizo, hicimos, —), *3d pl. pret. of* hacer.
hiela (hielo, —, helamos, hielan), *3d sing. pres. of* helar.
el hielo, ice.
la hierba, grass.
el hierro, iron.
la hija, daughter.
el hijo, son; *pl.*, son(s) and daughter(s), children.
hilandero, -a, spinning.
la hilera, row, line, file, thread, wire.
el hilo, thread, linen, wire; sin —s, wireless.
el himno, hymn.
el hipopótamo, hippopotamus.
hirió (herí, —, herimos, hirieron), *3d sing. pret. of* herir.
hispanoamericano, -a, Spanish-American.
la historia, history, story.
el hito, landmark; de — en —, with close attention.
hizo, *see* hicieron.
el hocico, nose (*of an animal*), snout.
el hogar, hearth.
la hoja, leaf, sheet; — de lata, tin.
hojear, to turn the leaves (*of a book*).
¡hola! hello!
holandés, holandesa, Dutch.

la holgura, ease.
el hombre, man, fellow. ¡hombre! Man alive! My good fellow! ¡Bueno, —! Oh, see here!
el hombro, shoulder.
el honor, honor.
la hora, hour; ¿qué — es? what time is it? la — de ir, the time for going.
el horario, hour-hand.
horizontal, horizontal.
el horizonte, horizon.
la horma, last (*for shoes*).
el horno, oven, kiln.
horrible, horrible.
el hospital, hospital.
el hotel, hotel.
hoy, to-day; el día de —, to-day.
huelen (huelo, huele, olemos, —), *3d pl. pres. of* oler.
huelo, *see* huelen.
huérfano, -a, orphaned; se quedan huérfanos de padre, are left fatherless.
el huerto, garden, orchard.
el hueso, bone.
el huésped, guest.
el huevo, egg.
humano, -a, human.
la humedad, moisture, dampness.
húmedo, -a, moist, damp.
humilde, humble, modest, simple.
el humo, smoke.
el humor, humor; de mal —, in a bad humor.
hundido, -a, sunk; los hundidos, those who were sinking.
hundir, to drive, bury.
hundirse, to vanish, dart down, sink.

el **húsar**, hussar; **vestido de —,** dressed like an hussar.

I

iba (—, —, **íbamos, iban**), *1st and 3d sing. imp. of* **ir.**
la **ida,** going, departure, outward voyage; **a la — y a la vuelta,** going and coming.
la **idea,** idea.
el **ideal,** ideal.
idéntico, -a, identical; **— a,** like.
el **idioma,** language.
ido, *past part. of* **ir.**
la **iglesia,** church; **a la —,** to church; **de la —,** from church.
ignorar, not to know, be unaware, be ignorant of.
igual, equal, even; **de un modo —,** evenly.
igualar, to even, trim.
iluminado, -a, illuminated, lighted, lighted up.
iluminar, to illuminate, shine upon, light up.
imaginario, -a, imaginary.
imitar, to imitate, represent.
la **impaciencia,** impatience.
impacientarse, to become impatient.
impaciente, impatient.
impacientemente, impatiently.
imparcial, impartial.
impedir (**impidiendo, impedido, impido, impedí**; *3d sing. pret.,* **impidió**), hinder, impede, prevent; **que le impedía dormir,** which kept him from sleeping.
el **imperativo,** imperative.

el **imperfecto,** imperfect, past descriptive.
el **imperial,** imperial (*upper level of omnibus*).
impermeable, waterproof.
el **impermeable,** rain-coat.
impersonal, impersonal.
el **implemento,** implement.
imponer (**imponiendo, impuesto, impongo, impuse**; *1st sing. fut.,* **impondré**), to impose, affect, strike.
la **importancia,** importance.
importante, important; **lo más —,** the most important thing.
importar, to import, be of importance, matter; **no importa,** it doesn't matter, never mind.
imposible, impossible.
la **imprenta,** printing.
imprescindible, indispensable.
la **impresión,** impression.
impreso, -a (*past part. of* **imprimir**), printed.
imprimir (*past part.,* **impreso**), to print, impress, give.
impropio, -a, unusual, unsuited, unexpected; **— de,** unusual for.
el **incendio,** fire.
el **incidente,** incident.
inclinado, -a, bowed.
inclinar, to bend, incline, bow; **— cuerpos,** lean over.
inclinarse, to be inclined, lean over, bend over, stoop.
el **inconveniente,** objection.
la **incubadora,** incubator.
incubar, to hatch.
el **indefinido,** indefinite.

indefinido, -a, indefinite; pasado —, past indefinite, perfect, present perfect.
la independencia, independence.
la indicación, indication, direction.
indicado, -a, indicated, pointed out.
indicar (*1st sing. pret.*, indiqué), to indicate, point out.
el índice, index.
la indignación, indignation.
indignado, -a, angry, vexed; — de, angry at.
indirecto, -a, indirect.
indispensable, indispensable.
indivisible, indivisible.
industrial, industrial.
el industrial, manufacturer, man in business.
la infancia, childhood.
la infantería, infantry.
infantil, childish, of children.
inferior, inferior, lower. *Forms are the same for both genders.*
la infinidad, infinity; una — de, a lot of.
el infinitivo, infinitive.
el influjo, influence.
la información, information, report.
informar, to inform; — de que, to inform that.
inglés, inglesa, English.
el inglés, English, Englishman.
el ingrediente, ingredient.
inicial, initial.
iniciar, to initiate, start.
injusto, -a, unjust.
inmediatamente, immediately.
inmediato, -a, immediate, next, adjoining, immediately following.
inmenso, -a, immense.
inmóvil, immovable.
inocente, innocent.
inquietar, to disturb.
insaciable, insatiable.
el insecto, insect.
inseguro, -a, insecure, doubtful.
insignificante, insignificant.
inspeccionar, to inspect.
el inspector, inspector.
inspirar, to inspire.
la instalación, installation, office, equipment.
el instalador, the one who installs.
la instancia, request, urging; a —s de, at the request of.
instante, urgent, instant.
el instante, instant; al —, instantly.
el instinto, instinct.
la instrucción, instruction.
el instrumento, instrument.
insultar, to insult.
inteligente, intelligent.
la intención, intention; con —, purposely, on purpose.
la intensidad, intensity.
intenso, -a, intense.
intentar, to try.
interceptar, to intercept.
el interés, interest.
interesado, -a, interested.
el interesado, the person interested.
interesante, interesting.
interesar, to interest.
interesarse, to be interested, take an interest.
interior, *adj.*, inner, interior. *Forms are the same for both genders.*

el interior, inside, interior.
interminable, endless, countless.
interrogativo, -a, interrogative.
interrumpir, to interrupt.
la introducción, introduction.
introducir (introduciendo, introducido, introduzco, introduje), to introduce.
introducirse en, to enter.
introdujeron, see introdujo.
introdujo (introduje, —, introdujimos, introdujeron), *3d sing. pret. of* introducir.
inusitado, -a, unaccustomed, unusual.
inútil, useless.
invernal, *adj.*, winter.
inverso, -a, inverse, opposite.
el invierno, winter; de —, wintry.
invisible, invisible.
la invitación, invitation.
invitado, -a, invited.
invitar, to invite.
ir (yendo, ido, voy, fuí), to go; — a, to be going to; van vestidas, are dressed; voy a ver, I'll go and see; iban quitándose, were taking off; vaya Vd. a sentarse, go sit down; se fué a sentar, he went and sat down; irán a patinar, probably they go skating.
iracundo, -a, wrathful.
irlandés, irlandesa, Irish.
irnos, *see* irse.
irregular, irregular.
irritar, to irritate.
irse (*for forms, see* ir), to go, go away, go off; irnos, *refl. form of inf.* corresponding to main verb in first person plural.
la isla, island; Islas Filipinas, the Philippine Islands.
la Italia, Italy.
italiano, -a, Italian.
el italiano, Italian.
izquierdo, -a, left; a la izquierda, to *or* on the left.

J

el jabón, soap.
el jacinto, hyacinth.
el jamón, ham.
japonés, japonesa, Japanese.
el jardín, garden, flower-garden.
la jardinera (*also* el coche-jardinera), bus.
la jarra, pitcher.
el jarro, pitcher.
la jaula, cage.
Jorge, George.
joven, *adj.* (*pl.*, jóvenes), young.
el joven (*also fem.*), young person, youth.
Juan, John.
Juanito, Johnnie, Jack.
el juego, play, game.
el jueves, Thursday.
el jugador, player.
jugar (jugando, jugado, juego, jugué), to play; — a, to play (*a game*); estará jugando, he must be playing.
el jugo, juice, sap.
el juguete, toy.
el julio, July.
el junio, June.
juntar, to join, unite.
juntarse con, to join.
junto, -a, *adj.*, united, joined, together.

junto, *adv.*, near, close at hand, close by; — **a**, close to, with; — **con**, together with.

el **juramento**, oath.

jurar, to take oath, swear.

la **justicia**, justice.

justo, -a, exact, right.

¡**justo**! right! that's so!

la **juventud**, youth.

juzgar (*1st sing. pret.*, **juzgué**), to judge; **que nosotros las juzgamos**, which we consider.

L

la (*pl.*, **las**), *fem. form of* **el**, the; — **de**, that of; —**s de**, those of; — **que**, which, who, the one which, the one who; —**s que**, which, who, the ones which, the ones who, those which, those who; —**s había**, these there were; *fem. conjunctive object pron.*, her, to her, them, to them.

el **labio**, lip.

laborable, working, for work.

el **laboratorio**, laboratory.

laborioso, -a, laborious, industrious.

ladeado, -a, held on one side, to one side.

la **ladera**, side.

el **lado**, side; **del — que**, on the side that; **tomaron su dirección por el otro —**, went off in the other direction.

ladrar, to bark; — **de gozo**, to bark with joy.

el **ladrido**, bark, barking.

el **ladrillero**, brickmaker.

el **ladrillo**, brick.

el **ladrón**, robber.

el **lago**, lake.

la **lágrima**, tear.

lamer, to lick.

la **lámpara**, lamp; — **de aceite**, oil-lamp.

la **lana**, wool.

la **lancha**, launch; — **de motor**, motor launch.

lanoso, -a, woolly.

lanzar (*1st sing. pret.*, **lancé**), to throw, dart.

lanzarse (*1st sing. pret.*, **me lancé**), to rush, dash; — **a**, to start to.

el **largo**, length.

largo, -a, long; **a lo — de**, along; **todo lo — que era**, at full length.

las, *pl. of* **la**.

lastimar, to hurt, injure.

lastimarse, to be hurt, complain.

lastimeramente, piteously.

la **lata**, tin; **hoja de —**, tin.

lateral, lateral, side.

latinoamericano, -a, Latin-American. *This is a convenient term for designating all those peoples of North, Central, and South America who speak Spanish, Portuguese, or French.*

la **latitud**, latitude.

el **lavabo**, lavatory.

lavar, to wash.

lavarse, to wash oneself, wash; — **manos y cara**, to wash one's face and hands.

el **lazo**, ribbon.

le, *conjunctive object pronoun of the third person*, him, to him, to her, to it;

also corresponds to **Vd.**, *the polite form of the second person,* you, to you; *masc. pl.*, **los** *and* **les**; *fem. pl.*, **las** *and* **les**. *All these forms are often used redundantly.*
Leal, Faithful (*the name of a dog. Not to be translated*).
la **lección**, lesson.
la **lectura**, reading.
la **leche**, milk.
la **lechería**, dairy.
el **lecho**, bed.
la **lechuza**, owl.
leer (**leyendo, leído, leo, leí**; *3d sing. pret.,* **leyó**), to read.
la **legumbre**, vegetable.
leído, -a, *past part. of* **leer**.
lejano, -a, distant.
lejos, far, far away, distant; **a lo —**, in the distance; **un poco más —**, a little farther on.
la **lengua**, tongue, language.
lentamente, slowly.
el **lente**, lens.
la **leña**, fire-wood.
leñoso, -a, woody.
el **león**, lion.
el **leopardo**, leopard.
les, *see* **le**.
la **letra**, letter; **al pie de la —**, literally, exactly.
levantar, to raise, build; **— una pared**, to build a wall; **estaban levantados**, were up.
levantarse, to rise, get up.
leyendo, *pres. part. of* **leer**.
leyeron (**leí, leyó, leímos, —**, *3d pl. pret. of* **leer**.
leyó, *see* **leyeron**.

libar, to sip.
la **libertad**, liberty.
la **libra**, pound.
librar, to deliver, free.
libre, free; **al aire —**, in the open air.
el **libro**, book.
la **liebre**, hare.
ligero, -a, light.
el **límite**, limit, boundary, bound.
la **limonada**, lemonade.
limpiar, to clean.
la **limpieza**, cleanliness, cleansing.
limpio, -a, clean.
el **limpio**, cleanness, neatness.
la **línea**, line.
la **lista**, list, stripe.
listo, -a, ready; **estar — para**, to be ready to.
la **litera**, litter.
la **literatura**, literature.
lo, *neuter form of definite article, used only with adjectives;* **— bueno**, the good, that which is good; **— que**, that which, what, which; **todo — que**, all that; *neuter pronoun,* it; **— es**, it is, it is so; **— es todo**, it is everything; **para tener — todo listo**, to have everything ready; *masculine object pronoun,* him, it.
local, local.
loco, -a, crazy, wild.
la **locomoción**, locomotion.
la **locomotora**, locomotive.
lograr, to attain, reach, succeed in.
lograrse, to be attained, be enabled; **se lograba imprimir la dirección a**,

one was able to guide; cuando se lograba un buen blanco, when a good shot was made.
la lona, canvas.
la longitud, length, longitude.
el loro, parrot.
los, *masc. pl. object pron.*, them; *also see* el.
el lucero, star, morning-star.
luces, *pl. of* luz.
lucir, to shine, display.
lucirse, to "show off."
la lucha, struggle.
luchar, to struggle; luchaban entre, were torn between.
luego, soon; desde —, from now on, soon afterward, right away, of course.
el lugar, place; tener —, to take place; le harán —, they will make room for you.
Luisa, Louise.
el lujo, luxury, splendor.
lujoso, -a, luxurious.
la luna, moon.
el lunes, Monday.
la luz (*pl.*, luces), light.

LL

la llama, flame.
llamado, -a, called.
el llamado, the one called; los —s, those called.
llamar, to call, attract (*the attention*), knock *or* ring (*at a door*).
llamarse, to be called, to be named; ¿cómo se llaman? what is their name? what do you call them?
llano, -a, smooth, flat.
la llave, key, clamp.

la llegada, arrival.
llegado, -a, arrived.
llegar (*1st sing pret.*, llegué), to arrive, come; al —, on arriving; al — a hombres, on growing up, when you are grown up; — a, to arrive at, come to, reach, get as far as; — a saber, to find out; llegaron a contar, they succeeded in counting; llegaban a ocho, they were as many as eight; le oyó —, heard him come.
llenar, to fill.
lleno, -a, full; de —, fully, in abundance.
llevar, to wear, carry, bear, take, lead; el tren llevaba media hora de retraso, the train was half an hour late; llevó su mano a la masa, he brought his hand to the mass; llevaban trineos, were dragging sleds.
llevarse, to carry off, take with one, take along.
llorar, to weep.
llover (lloviendo, llovido, llueve, llovió), to rain. *Impersonal verb, used only in 3d person.*
la llueca (*also* clueca), brooding hen.
llueve, *see* llover.
la lluvia, rain.

M

la madera, wood, timber.
la madre, mother.
la madrugada, early morning, dawn; a las cuatro de la —, at four in the morning.

madrugar, (*1st sing. pret.*, madrugué), to rise early, get up early.
madurar, to ripen.
la madurez, ripeness, maturity.
maduro, -a, ripe, mature.
la maestra, teacher.
el maestro, teacher.
magnífico, -a, magnificent.
la magnolia, magnolia.
la majestad, majesty.
mal, *adj.*, = malo. Mal *is used only before masc. nouns.*
mal, *adv.*, badly; **hacer —**, to make a mistake.
el mal, evil, harm.
la maleta, valise, grip.
malignamente, maliciously.
malo (*before masc. nouns*, mal), -a, bad, evil.
la mamá, mamma.
manar, to flow.
la mancha, spot, stain.
manchar, to spot, soil.
mandado, -a, sent, ordered.
mandar, to send, command; **— a**, to send to.
el mando, order, command.
la manecilla, hand (*of a watch*).
manejar, to manage, manipulate, handle.
la manera, manner, way; **de ninguna —**, by no means; **de esta —**, in this way; **de todas —s**, at all events, anyway.
la manga, sleeve.
la manguera, hose.
manifestar (*1st sing. pres.*, manifiesto), to manifest, show, make clear, point out, state, say.
Manila, Manila (*capital and largest city of the Philippines*).

la maniobra, manœuver, action, performance.
maniobrar, to manœuver.
la mano, hand; **braserito de —**, hand bee-smoker; **dar la — a**, to shake hands with.
la manta, blanket.
la manteca, butter.
el mantel, tablecloth.
mantener (manteniendo, mantenido, mantengo, mantuve; *1st sing. fut.*, mantendré), to maintain, keep, keep up.
mantenerse, to continue, remain.
la mantequilla, butter.
el mantón, mantle, shawl; **— de Manila**, Manila shawl.
mantuvo (mantuve, —, mantuvimos, mantuvieron), *3d sing. pret. of* mantener.
manual, manual; **departamento de artes —es**, manual training department.
la manzana, apple.
el manzano, apple tree.
la mañana, morning; **por la —**, mornings, in the morning; **a las cinco de la —**, at five o'clock in the morning.
mañana, *adv.*, to-morrow; **— por la —**, to-morrow morning; **— por la tarde**, to-morrow afternoon; **hasta —**, until to-morrow.
la máquina, engine, machine, press; **— de vapor**, steam engine; **— de coser**, sewing machine.
el maquinista, engineer.
el / la { mar, sea; **— fuerte**, a heavy sea.
marcar (*1st sing. pret.*, mar-

qué), to mark, note, indicate, show; **marcando el paso,** keeping the step; **marcando el ritmo,** keeping step to the music.
el **marco,** mark, frame.
la **marcha,** march, walk; **en —, en route.**
marchar, to walk, march, go.
marcharse, to set out, leave, go off.
marchitarse, to wither.
el **marfil,** ivory.
María, Mary.
el **marinero,** sailor.
marino, -a, marine, (*of the*) sea.
el **marino,** mariner, marine.
la **mariposa,** butterfly.
marítimo, -a, maritime, naval.
el **martes,** Tuesday.
el **martillo,** hammer.
el **marzo,** March.
mas, but.
más, more, longer, faster, most; *when preceded by def. art. or poss. adj.*, most; **— que** *or* **— de,** more than; **no — que,** only; **— que menos,** rather more than less; **son — de las siete,** it is after seven; **algo — que,** something else than, something besides; **campos y — campos,** more fields than you can count; **tres —,** three others.
la **masa,** mass.
la **mata,** plant, sprig, little shrub.
el **matadero,** abattoir.
matar, to kill.
las **matemáticas,** mathematics.
el **material,** material, materials.

el **mayo,** May.
el **mayor,** major.
mayor (*comparative of* **grande**), larger, greater, older; *when preceded by def. art. or poss. adj.*, largest, oldest; **estado —,** staff. *The forms of this adjective are the same in both genders.*
mayorcito, -a, somewhat older; **los —s,** older ones.
la **mayoría,** majority, greater part.
me, *conjunctive object pronoun of 1st person,* me, myself, to me, to myself.
mecánico, -a, mechanical.
mediado, -a, half-full, half-spent; **a mediados de,** about the middle of.
mediano, -a, average, medium, of average size.
mediante, by means of.
la **medicina,** medicine, remedy.
el **médico,** doctor.
la **medida,** measure, standard, size; **a — que,** as, while, according as; **les tomó la — del pie,** took their foot-measure.
medio, -a, half; **media hora,** half an hour; **media milla,** half a mile.
el **medio,** middle, midst, means; **por — de,** by means of, **andar por — de,** to walk in the middle of; **en — de,** in the midst of.
el **mediodía,** noon, midday.
medir (midiendo, medido, mido, medí; *3d sing. pret.*, **midió),** to measure; **regla de —,** carpenter's rule, measuring stick; **vara de**

—, measuring stick, yardstick.
la mejilla, cheek.
mejor (*comparative of* bueno), better; *when preceded by def. art. or poss. adj.*, best; ello será —, it will be best; no está —, he is no better. *The forms of this adjective are the same in both genders.*
mejorar, to improve.
la melena, mane.
el melocotón, peach.
el melocotonero, peach tree.
melódico, -a, melodious.
el melón, melon.
el melonar, melon vine, melon bed.
el membrillero, quince tree.
el membrillo, quince; carne de —, quince preserve, quince.
la memoria, memory; hago —, I recollect.
mencionado, -a, mentioned, aforementioned.
mencionar, to mention.
menear, to move, shake, wag.
menor (*comparative of* pequeño), smaller, younger, less; *when preceded by def. art. or poss. adj.*, youngest, smallest, least, slightest. *The forms are the same for both genders.*
menos, less; lo —, the least, at least; a lo —, at least; por lo —, at least; lo de — para mí, the least of my troubles.
el mensaje, message.
el meple, maple.
el mercado, market.
la mercancía, merchandise, goods. *Generally used in the plural.*
el mercurio, mercury.
merecer (*1st sing. pres.*, merezco), to merit, deserve, win.
merendar (*1st sing. pres.*, meriendo), to lunch.
la merienda, lunch; hacer —, to take lunch, have lunch. *The word is generally used of a light lunch eaten away from home.*
el mérito, merit.
el mes, month.
la mesa, table.
la mesa-tocador, dressing table, bureau.
la mesilla, small table.
el metal, metal.
meter, to put, place, make; — mucha bulla, to make a lot of noise.
meterse, to meddle, interfere; — en, get into, enter; se había metido entre unas zarzas, had flown into some brambles.
el método, method.
el metro, meter (*39.37 inches*).
metropolitano, -a, metropolitan.
la mezcla, mixture.
mezclar, to mix, mingle.
mezclarse, to interfere; — con, to mingle with.
mi (*pl.*, mis), *poss. adj.*, my.
mí (*disjunctive object pronoun of the 1st person*), me.
el mico, monkey; ¡Que viene el —! The monkey's coming!
el miedo, fear; tener — a, to be afraid of.
la miel, honey.

el miembro, member.
mientras, meanwhile, in the meantime, while; — que, while; — tanto, meanwhile.
el miércoles, Wednesday.
el mil, thousand.
el milagro, miracle, wonder.
militar, military.
la milla, mile.
el millar, thousand.
el millón, million.
el mimbre, willow, osier; cesta de —s, wicker baskets.
la mina, mine; estará en las —s, it is probably in the mines, it must be in the mines.
mineral, mineral.
el mineral, mineral.
la miniatura, miniature.
el ministro, minister.
el minutero, minute-hand.
el minuto, minute; a los pocos —s, in a few minutes; a los diez —s, in ten minutes; —s más tarde, a few minutes later.
mío (mía; míos, mías), *poss. adj.*, my, of mine; el mío, la mía, los míos, las mías, *poss. pron.*, mine.
la mirada, look, glance.
mirar, to see, look, look at, watch. Mirar *is followed by* a *only when it takes a personal object or when it means* to look towards *something*.
mire (Vd.), miren (Vds.), *pres. imper. of* mirar.
la miseria, misery, wretchedness.
la misión, mission.
mismo, -a, same, self, very, identical; ahora —, right now; lo —, the same thing; lo mismo da, it's all the same, it makes no difference; él —, he himself; ellos —s, they themselves; sí —, himself.
misterioso, -a, mysterious.
la mitad, half.
el mobiliario, furniture, furnishings.
el modelo, model, style.
moderado, -a, moderate.
moderar, to moderate.
moderno, -a, modern.
modesto, -a, modest.
modificado, -a, modified.
modificar (*1st. sing. pret.*, modifiqué), to modify.
el modo, way, manner, mode; de ningún —, by no means; de un — directo, directly; de un — exacto, exactly; de todos —s, by all means, anyway; de — que, so that; del mismo —, in the same way; de este —, in this way; del siguiente —, in the following way; de tal —, thus, in such a way.
el moflete, chubby cheek.
mofletudo, -a, chubby.
mojado, -a, wet.
mojar, to soak, wet.
el molde, mold, form.
la moldura, molding; — de realce, decorative molding with figures in relief.
molestar, to worry, annoy, bother.
el momento, moment.
la monarquía, monarchy.
el mondadientes (*unchanged in pl.*), toothpick.

la moneda, coin, money.
el mono, monkey.
  montado, -a, mounted; estar — en, to be on.
la montaña, mountain, hill.
  montar, to mount, ascend, equip, set up; — en, to get into.
el montículo, mound, ridge.
el monumento, monument.
moñudo, -a, crested.
la mora, blackberry.
  morado, -a, purple, violet, mulberry-colored.
el moral, blackberry-bush.
moreno, -a, brown.
  moreno-verdoso, greenish brown.
  morir (muriendo, muerto, muero, morí; *3d sing. pret.*, murió), to die; se le veía —, one saw it disappear.
morirse, to die.
el mortero, mortar.
  mostrar (*1st sing. pres.*, muestro), to show, point out *or* at.
el motivo, motive, reason, cause.
el motor, motor.
  mover (*1st sing. pres.*, muevo), to move, wave (*of hands*).
  moverse (*1st sing. pres.*, me muevo), to move.
  movible, movable.
  movido, -a, moved; — al vapor, moved by steam.
el movimiento, movement.
el mozo, waiter.
la muchacha, girl.
el muchacho, boy; *pl.*, boys *or* boys and girls.
la muchedumbre, multitude, crowd.

mucho, -a, much, a great deal; *pl.*, many.
mucho, *adv.*, much, a great deal, very, very much, highly, very well, indeed.
los muebles, furniture.
el muelle, dock, pier.
  muera (Vd.), mueran (Vds.), *pres. imper. of* morir.
  mueren (muero, muere, morimos, —), *3d pl. pres. of* morir.
la muerte, death.
muerto, -a, dead.
la muestra, sign, indication.
  mueven (muevo, mueve, movimos, —), *3d pl. pres. of* mover.
la mujer, woman, wife.
el mulo, mule.
la multitud, multitude; — de, a lot of.
mundial, *adj.*, world.
el mundo, world; todo el —, everybody.
la muñeca, doll.
el murciélago, bat.
la murmuración, murmuring.
  murmurar, to murmur.
el muro, wall.
el músculo, muscle.
el museo, museum.
la música, music; salon de —, music room.
muy, very, very much, greatly, highly.

N

el nabo, turnip.
el nácar, mother-of-pearl, nacre.
nácar, pearl-color.
  nacer (*1st sing. pres.*, nazco), to be born.
nacido, -a, born.

la **nación**, nation.
nacional, national.
la **nacionalidad**, nationality.
nada, nothing.
el **nadador**, swimmer.
   nadar, to swim; **aletas para —**, fins for swimming.
   nadie, nobody, no one.
la **naranja**, orange.
el **nardo**: **varas de —**, tuberoses.
la **nariz** (*pl.*, **narices**), nose. *The plural is frequently used in the sense of the singular.*
la **narración**, narration.
la **natación**, swimming.
   natural, natural, native; **al —**, in the natural state, raw.
el **natural**, native.
la **naturaleza**, nature.
   naturalmente, naturally, of course.
la **navegación**, navigation.
el **navegante**, navigator, mariner.
   navegar (*1st sing. pret.*, **navegué**), to sail, navigate.
la **Navidad**, Christmas.
   naviera: **casa —**, shipping house, navigation company.
la **neblina**, haze.
   necesario, -a, necessary; **lo —**, that which is necessary; **todo lo —**, all that is necessary.
   necesitar, to need; **— de**, to need.
   negar (**negando, negado, niego, negué**), to deny, refuse.
el **negocio**, business, business affair, matter of business; *pl.*, business.

el **negro**, black.
   negro, -a, black.
el **nervio**, nerve.
la **nevada**, snow, snowstorm.
   nevar (*3d sing. pres.*, **nieva**), to snow. *Used only in 3d sing.*
   ni, neither, nor, not even; **no hace — calor — frío**, it is neither hot nor cold; **no puede — dormir**, he can't even sleep.
Nicolás, Nicholas; **el Padre —**, St. Nicholas, Santa Claus.
   niega (**niego, —, negamos, niegan**), *3d sing. pres. of* **negar**.
   niegue (Vd.), **nieguen** (Vds.), *pres. imper. of* **negar**.
el **nieto**, grandson; *pl.*, grandchildren.
   nieva, *see* **nevar**.
la **nieve**, snow.
   ningún = **ninguno**. *Ningún is used only before nouns in the masculine singular.*
   ninguno, -a, none, not any, no; *pron.*, no one, none.
la **niña**, girl.
el **niño**, boy, child; *pl.*, boy(s) and girl(s).
el **nitrógeno**, nitrogen.
el **nivel**, level; **a — de**, at the level of, on a level with.
   nivelado, -a, leveled, smoothed, smooth.
   no, not, no; **decir que —**, to say no. *Note that in Spanish two negatives do not make an affirmative*, e.g. **no hay nada**, there isn't anything; **no deseaban tomar nada**, they did not wish to take anything.

¿no? isn't that true? *This is a shortened form of ¿no es verdad?*
noble, noble.
la nobleza, nobility.
la noche, night; buenas —s, good night; dar las buenas —s, to say good night; de —, at night; por la —, at *or* by night; esta —, to-night; ya era de —, it was already night; Noche Buena, Christmas Eve.
nombrado, -a, named, appointed.
nombrar, to name.
el nombre, name, noun.
el noroeste, northwest.
el norte, the north.
norte, *adj.*, north.
nosotros (*fem.*, nosotras), we, us; como —, like us, as we do.
la nota, note; —s de color, tints.
notar, to note, take note, notice, see; les hizo —, called their attention to.
la noticia, notice, information, news.
la novedad, novelty, new thing, news.
el noviembre, November.
la nube, cloud.
nublado, -a, cloudy.
nueces, *see* nuez.
nuestro, -a, our; *with def. art.*, ours.
Nueva York, New York.
nueve, nine; las —, nine o'clock.
nuevo, -a, new; de —, anew, again; no les venía de —, it did not seem new to them.

la nuez (*pl.*, nueces), nut.
numerado, -a, numbered, enumerated.
numeral, *adj.*, numeral.
el numeral, number, numeral.
numerar, to number, enumerate.
el número, number.
nunca, never.

O

o, or. *Before words beginning with* o *or* ho, o *becomes* u.
obedecer (*1st sing. pres.*, obedezco), to obey.
obedecido, -a, obeyed.
objetivo, -a, objective.
el objeto, object, purpose; con — de, in order to; hemos sido — de, we have experienced.
la obligación, obligation, duty.
obligado, -a, obliged.
obligar (*1st sing. pret.*, obligué), to bind, oblige.
obligarse, to be bound, promise.
la obra, work.
obrar, to work.
obscurecer, to grow dark.
la obscuridad, obscurity, darkness.
obscuro, -a, obscure, dark.
la observación, observation, remark.
observador, -a, observing.
observar, to observe, watch, notice, see, remark; hizo — que, he called attention to the fact that; hizo — al mozo que, he called the waiter's attention to the fact that; hizo — a sus

acompañantes, he made his companions notice.
el obstáculo, obstacle; salvar —s, pass *or* surmount obstacles, run a hurdle race.
obstinado, -a, obstinate.
obtener (obteniendo, obtenido, obtengo, obtuve; *1st sing. fut.*, obtendré), to obtain.
obtuso, -a, obtuse.
la ocasión, occasion, chance.
el océano, ocean.
el octubre, October.
ocultar, to hide; — algo a una persona, to hide something from a person.
ocupado, -a, occupied, busy.
ocupar, to occupy.
ocuparse, to be occupied; — de, to busy oneself with.
ocurrir, to occur.
ocurrirse, to occur, come to mind; a Enrique se le ocurrió, it occurred to Henry.
ocho, eight; eran las —, it was eight o'clock.
ochocientos, -as, eight hundred; tiene ochocientos y tantos pies de altura, it is eight hundred and some feet high; tendrá ochocientas habitaciones, it has about eight hundred rooms.
odiar, to hate.
odie (Vd.), odien (Vds.), *pres. imper. of* odiar.
oeste, west.
el oeste, west.
el oficial, official, officer.
el oficio, duty, trade, profession, service.
ofrecer (*1st sing. pres.*, ofrezco), to offer, present.
ofrecerse, to offer, present oneself, occur, to offer one's services.
¡oh! oh!
el oído, ear, hearing.
oído, -a, heard; lo —, that which is heard.
oigo (—, oye, oímos, oyen), *1st sing. pres. of* oír.
oír (oyendo, oído, oigo, oí; *3d sing. pret.*, oyó), to hear, listen to; al —, on hearing; al —les hablar, on hearing them talking.
oírse, to be heard.
la ojeriza, grudge.
el ojo, eye; un abrir y cerrar de —s, a twinkling.
la ola, wave.
oler (oliendo, olido, huelo, olí), to smell.
el olfato, smell, the sense of smell.
el olmo, elm.
el olor, odor, smell.
olvidado, -a, forgotten.
olvidar, to forget.
olvidarse, to be forgotten; — de, to forget.
la olla, jar, earthen cooking pot.
el ómnibus, omnibus.
once, eleven; de — años, eleven years old.
la operación, operation.
operar, to operate.
la opinión, opinion; ser de — de, to be of a mind to.
oponer (oponiendo, opuesto, opongo, opuse; *1st sing. fut.*, opondré), to oppose.
oponerse, to object, oppose.
oportuno, -a, opportune, appropriate.
opuesto, -a, opposite.
opuso (opuse, —, opusimos,

opusieron), *3d sing. pret. of* oponer.
la oración, prayer.
el orador, orator.
la órbita, orbit.
el orden (*pl.*, órdenes), order (*in the sense of systematic arrangement*).
la orden (*pl.*, órdenes), order (*in the sense of a commercial or military order*); por — de, by order of.
la oreja, ear.
el organillo, hand-organ.
la organización, organization.
organizado, -a, organized.
organizar (*1st sing. pret.*, organicé), to organize, arrange.
el órgano, organ.
el orgullo, pride; **tener mucho — en**, to take a great deal of pride in.
orgulloso, -a, proud.
el Oriente, East, Orient.
la orilla, bank, shore, edge.
oriundo, -a, native, coming from.
el oro, gold.
la osa, she-bear; **Osa Mayor**, the Great Bear.
oscilar, to oscillate, vary.
oscuro, -a, dark.
el oso, bear.
la ostentación, ostentation.
ostentar, to show.
el otoño, autumn.
otro, -a, other, another.
la oveja, sheep.
el oxígeno, oxygen.
oyendo, *see* oír.
oyeron (oí, oyó, oímos, —), *3d pl. pret. of* oír.
oyó, *see* oyeron.

P

el pabellón, pavilion.
pacer, to feed, graze.
paces, *pl. of* paz.
la paciencia, patience.
el padre, father; *pl.*, parents; **Padre Nicolás**, Santa Claus.
pagar (*1st sing. pret.*, pagué), to pay, pay for.
la página, page.
el país, country.
el paisaje, countryside, country, landscape.
la paja, straw.
la pajarera, aviary.
el pájaro, bird.
la pala, shovel.
la palabra, word.
el paladar, palate.
la paleta, trowel.
la paletada, trowelful.
el palo, mast, stick, pole.
el pan, bread.
los pantalones, trousers.
la pantera, panther.
el pañuelo, handkerchief, wrap.
el papel, paper.
el paquete, packet, package.
el par, pair; **de — en —**, wide.
para, for, in order to, to, until; **¿— qué?** why? for what purpose?
la parada, parade.
parado, -a, stopped, standing.
el Paraguay, Paraguay.
paralelo, -a, parallel.
parar, to stop; **— de**, to cease from, stop; **— de andar**, to stop walking; **iba a —**, came to an end; **— atención**, to pay attention.
pararse, to stop, come to a stop.

pardo, -a, gray.
parecer (*1st sing. pres.*, parezco), to seem, appear; ¿no le parece? don't you think? me parece que sí, I think so; ¿qué le parece a Vd. el resultado? what do you think of the result? a nosotras nos parece lo mismo, we think the same; que parecía que no se movía, which seemed not to move; parecía que le estaba viendo por primera vez, you would have thought it was the first time he had seen him.
parecerse, to resemble; a qué se parecían, what they looked like.
parecido, -a, equal, like.
la pared, partition, wall.
la pareja, pair.
el pariente, relative.
parpadear, to blink, wink.
el parque, park; Parque del Bronx, Bronx Park.
la parrilla, broiler.
el parroquiano, customer.
la parte, part, side; — baja de la ciudad, down town; por — de, on the part of; de la —, on the side; hacia otra —, in another direction; en ninguna —, nowhere; en todas —s, everywhere; dos terceras —s, two thirds.
participar de, to share, share in.
el participio, participle.
la partida, party, departure.
partir, to depart, leave; — de, to start from.

el párvulo, very small child.
la pasa, raisin; pudín de —s, plum pudding.
el pasado, past; — indefinido, past indefinite, perfect, present perfect.
pasado, -a, past, last; el año —, last year.
el pasaje, passage.
el pasajero, passenger.
pasar, to pass, go, spend, happen, be the case, suffer, undergo; — de, to pass beyond, exceed, surpass; — la revista, to witness the review; pasarán de diez mil, there are probably more than ten thousand; ¿qué le pasa a? what is the matter with? pasen Vds., come in; pasará por aquí, he will drop in.
la pascua: Pascuas de Navidad, Christmas.
pase (Vd.), pasen (Vds.), *pres. imper. of* pasar; pass, enter, come in.
pasear, to stroll, saunter, take a walk.
el paseo, stroll, trip; dar un —, to make a trip.
el pasillo, narrow passage.
pasivo, -a, passive.
el paso, step, pace, passage; — militar, military step; — a —, step by step, slowly; a — de viaje, at ordinary pace.
la pasta, paste; *pl.*, pastry.
el pastel, pastry, piece of pastry, pie, cake; — de chocolate, chocolate cake.
la pata, paw, foot *or* leg (*of animal*).
la patata, potato.

la patatera, potato plant.
el patín, skate.
el patinador, skater.
  patinar, to skate; ir a —, to go skating; irán a —, probably they go skating, they must go skating.
el pato, duck.
la patria, native land, fatherland.
el patriota, patriot.
  patriótico, -a, patriotic.
el patriotismo, patriotism.
la pausa, pause.
el pavimento, pavement.
el pavo, turkey.
la paz (*pl.*, paces), peace; hacer las paces con, to make one's peace with.
  peces, *pl. of* pez.
el pecho, breast.
el pedazo, piece, bit; ¡— de animal! stupid!
  pedido, -a, asked for.
  pedir (pidiendo, pedido, pido, pedí; *3d sing. pret.*, pidió), to ask, ask for.
Pedro, Peter.
  pegado, -a, clinging.
  pegar (*1st sing. pret.*, pegué), to strike, beat, make.
  peinar, to comb.
  peinarse, to comb one's hair.
el peine, comb.
el peldaño, step.
la pelea, struggle.
  pelear, to fight.
  pelearse, to struggle, fight.
el pelícano, pelican.
la película, film.
el peligro, danger.
  peligroso, -a, dangerous.
el pelo, hair.
la pelota, ball.

la peluquería, hairdresser's, barber shop.
la pena, regret, sorrow, pain.
  pender, to hang.
la pendiente, slope; — abajo, down the slope.
  penetrante, penetrating.
  penetrar, to penetrate, enter.
la península, peninsula.
  penoso, -a, painful, distasteful, annoying.
  pensado, -a, thought; ¡bien —! well thought of! a good thought!
el pensamiento, thought, pansy.
  pensar (*1st sing. pres.*, pienso), to think, intend; — en, to think of, think about.
la peonia, peony.
  peor (*comp. of* malo), worse; — que —, worse and worse; *when preceded by def. art. or poss. adj.*, worst. *The forms are the same in both genders.*
  pequeñito, -a, very small.
  pequeño, -a (*comparative often* menor), small.
  percibir, to perceive, hear.
la percha, perch, pole, ridge.
  perder (*1st sing. pres.*, pierdo), to lose; — el tiempo, to waste *or* lose time.
  perderse, to be lost; — de vista, to disappear.
  perdido, -a, lost.
el perdiguero, bird dog, setter.
  perezoso, -a, lazy.
la perfección, perfection; a la —, perfectly.
  perfectamente, perfectly.
  perfecto, -a, perfect.

el perfecto, perfect (*tense*).
el perfume, perfume.
la pericia, skill.
periódico, -a, periodical.
el periódico, periodical, newspaper.
el período, period.
perito, -a, skilled, expert.
el perito, expert.
permanecer (*1st sing. pres.*, permanezco), to remain.
permanente, constant.
el permiso, permission.
permitir, to permit, allow; se les permitía, they were allowed.
pero, but; — bien, but.
el perol, kettle, boiler.
el perrazo, large dog.
el perrito, small dog.
el perro, dog.
la persecución, pursuit.
perseguido, -a, pursued.
perseguir (persiguiendo, perseguido, persigo, perseguí; *3d sing. pret.*, persiguió), to pursue, chase.
persistir, to persist.
la persona, person; *pl. often means* people.
personal, *adj.*, personal.
perteneciente, pertaining, belonging.
el Perú, Peru.
peruano, -a, Peruvian.
pesado, -a, heavy.
el pesar, regret; a su —, to his regret; a — de, in spite of; muy a su —, much to their regret.
pesar, to weigh; que pesará unas ocho libras, which weighs about eight pounds.
pescar (*1st sing. pret.*, pesqué), to fish, find, "fish out"; botes para —, fishing boats.
el peso, weight, dollar.
el pétalo, petal.
el petardo, petard, fire-cracker.
la petición, request.
el pez (*pl.*, peces), fish.
el piano, piano; — de cola, grand piano.
piar, to peep, cheep.
el piar, peeping, cheeping.
picado, -a, stung, touched, offended; se sintió picado en su amor propio, his pride was hurt.
la picadura, sting.
picar, to sting, peck, offend.
el pico, peak, point, beak, a little, a little more; mil y —, a thousand odd.
el picotazo, blow from the beak of a bird, peck.
pide (pido, —, pedimos, piden), *3d sing. pres. of* pedir.
pidieron (pedí, pidió, pedimos, —), *3d pl. pret. of* pedir.
pidió, *see* pedir *and* pidieron.
el pie, foot; al — de, at the foot of; al — de la letra, to the letter, exactly; de *or* en —, on foot, standing.
la piel, skin, fur, hide.
pienso (—, piensa, pensamos, piensan), *1st sing. pres. of* pensar.
el pienso, thought; dar el — a, to attend to.
pierde (pierdo, —, perdemos, pierden), *3d sing. pres. of* perder.
la pierna, leg.
la pieza, piece, part, room, coin, instrument, article

of furniture; — a cuatro manos, duet.
pilotear, to guide, steer.
el piloto, pilot.
la pimienta, pepper.
el pinar, pine grove.
el pino, pine; Fuente del Pino, Pine Spring.
pintado, -a, painted, mottled, speckled, barred; — de rojo, painted red.
pintar, to paint; el —, painting.
el pintor, painter.
la pintura, painting.
pisar, to go, step, step on, tread.
el piso, floor, story, ground, level; — de arriba, upper floor; — bajo, ground floor; — de la calle, street floor; de —s y más —s, of more and more stories.
la pizarra, blackboard, slate; en la —, at the blackboard.
el placer, pleasure.
el plan, plan.
la plancha, plate, plank, step, deck.
planchar, to iron (*linen*).
el planeta, planet.
la planta, plant.
plantar, to plant, set up.
la plata, silver.
la plataforma, platform.
el plátano, plane tree, sycamore.
el plato, plate, dish; encargar los —s del almuerzo, to order the lunch.
la playa, beach, shore, strand.
la plaza, plaza, square.
la plazoleta, small square, small place.
la plegaria, oath, pledge; la — patriótica, the oath of allegiance.
el plomo, lead.
la pluma, feather, pen.
el plumaje, plumage, plume.
el pluscuamperfecto, pluperfect, past perfect.
la población, population, people, town.
poblado, -a, peopled, occupied; —s de árboles, full of trees.
poblar, to people, fill.
pobre, poor, wretched.
poco, -a, little, a little; *pl.*, few; un —, a little; unos —s, some few, a few; — a —, little by little, slowly; a —, in a little while; — más o menos, about, approximately.
el poder, power.
poder (pudiendo, podido, puedo, pude; *1st sing. fut.*, podré), to be able; *in present*, can; se puede, one can, it is possible; no había podido ser, it could not have been; no podía más, he could do no more, was at the end of his strength.
poderoso, -a, powerful.
podrá (podré, —, podremos, podrán), *3d sing. fut. of* poder.
la poesía, poem.
la polaina, legging.
la policía, police.
el policía, policeman.
político, -a, polite, political.
el polo, pole; Polo Norte, North Pole; Polo Sur, South Pole.

el polvo, dust, powder; —s blancos, tooth powder.
el pollo, chicken.
el polluelo, chicken.
pon: de quita y—, removable.
ponderar, to consider, estimate.
pondré (—, pondrá, pondremos, pondrán), *1st sing. fut. of* poner.
poner (poniendo, puesto, pongo, puse; *1st sing. fut.*, pondré), to put, place, put in, put on; — las puertas, to hang the doors; — huevos, to lay eggs; — atención a, to pay attention to; me pone triste, it makes me sorry.
ponerse, to be placed, become, put on, set about, begin, start, set; — en cuclillas, to crouch down; se pone el sol, the sun is setting *or* sets; nos ponemos a estudiar, we set about studying, we begin studying.
ponga (Vd.), pongan (Vds.), *pres. imper. of* poner.
el Poniente, Occident, West.
la popa, stern, poop.
popular, popular.
popularizado, -a, popularized.
popularizar (*1st sing. pret.*, popularicé), to popularize, make popular.
popularizarse, to become popular.
por, for, by, through, along, over, by reason of, because of, for the sake of, with, about, per; empezar —, to begin with;

dos — barba, two apiece; — allí, in *or* over there, that way; — aquí, in *or* over here, this way; — consiguiente, consequently; — debajo de, underneath, under; — delante de, along in front of; — detrás, from behind; — donde, where, through which, by which; — ejemplo, for example; — entre, among, in among, between, through; — eso, therefore; — espacio de, for the space of; — esto, therefore, for this reason; — falta de, from lack of; — fin, finally, at last; — la mañana, mornings, in the morning; — medio de, by means of; andar — medio de, to walk in the middle of; — lo menos, at least; — mí, as far as I am concerned; — la noche, at *or* by night; — parte de, on the part of; ¿ — qué? why? for what reason? — ser, because it was; — el suelo, over the ground; — lo tanto, therefore; — la tarde, afternoons, in the afternoon; — largo *or* mucho tiempo, for a long time; — lo que toca a . . ., as far as . . . is concerned.
la porción, part, portion, body, large number.
porque, because.
¿por qué? why?
el portamonedas, purse.
portátil, portable; escalera —, ladder.

el pórtico, portico, porch.
el portillo, narrow door *or* gate.
portugués, portuguesa, Portuguese.
poseer, to possess.
posesivo, -a, possessive.
posible, possible.
la posición, position.
el poste, post; — de señal, signal post, signal station.
los postres, dessert.
la práctica, experience, practice.
práctico, -a, practical, experienced.
la pradera, meadow.
el prado, field.
la precaución, precaution.
preceder, to precede.
precedido, -a, preceded.
el preceptor, counselor.
la preceptora, preceptress.
precioso, -a, precious, beautiful.
la precipitación, haste.
precisamente, precisely, just, just then, necessarily.
la precisión, necessity, precision; tengo — de, I need to.
la predilección, predilection, preference.
predilecto, -a, favorite.
la preferencia, preference; los bancos de —, the best benches.
preferido, -a, preferred, favorite.
preferir (prefiriendo, preferido, prefiero, preferí; *3d sing. pret.*, prefirió), to prefer.
prefiero (—, prefiere, preferimos, prefieren), *1st sing. pres. of* preferir.

prefirieron (preferí, prefirió, preferimos, —), *3d pl. pret. of* preferir.
la pregunta, question; hacer una —, to ask a question.
preguntar, to ask.
la prenda, garment; —s de vestir, articles of clothing.
prender, to catch, grasp; — fuego a, to set fire to; prendió el fuego, the fire started.
preocupar, to preoccupy, prejudice.
preocuparse de, to worry about.
preparado, -a, prepared, ready.
preparar, to prepare.
prepararse, to get ready; — para enfermeras, to prepare themselves to be nurses.
el preparativo, preparation.
la preposición, preposition.
la presencia, presence.
presenciar, to witness, view.
presentar, to present, show, introduce.
presente, present.
el presente, present.
el presidente, president.
presidir, to preside.
prestado, -a, borrowed, loaned.
prestar, to furnish, grant, give, lend.
la presteza, speed, haste.
presumir, to presume, assume; es de —, of course.
el pretérito, preterite, past definite, past absolute.
previsor, -a, prudent, provident.
la primavera, spring.

primer = primero. Primer is used only before a noun in the masc. sing.
primero, -a, first; el — en aparecer, the first to appear; lo —, the first thing.
primero, *adv.*, first.
el primo, cousin.
principal, principal.
principalmente, principally.
el principio, beginning; dar — a, to begin, start.
la prisa, haste; de —, fast; a — y corriendo, on a dead run.
el prisionero, prisoner.
privar, to deprive.
el privilegio, privilege.
la probabilidad, probability.
probable, probable.
probablemente, probably.
probar (*1st sing. pres.*, pruebo), to try, test, try on, prove; — de, to try to, attempt to.
el problema, problem.
proceder, to proceed, come.
procurar, to try.
pródigamente, lavishly.
prodigioso, -a, prodigious.
producido, -a, produced.
producir (produciendo, producido, produzco, produje), to produce.
el producto, product.
profetizar (*1st sing. pret.*, profeticé), to prophesy.
profundamente, deeply, soundly; dormían —, were sound asleep.
profundo, -a, deep, profound.
la profusión, profusion; — de, a lot of.
el programa, program.

progresivo, -a, progressive.
la prolongación, prolongation, lengthening.
prolongado, -a, prolonged, long.
prolongar (*1st pret. sing.*, prolongué), to prolong.
prolongarse, to extend.
la promesa, promise.
prometer, to promise.
promover (*1st sing. pres.*, promuevo), to promote, advance, forward, help, raise, set up.
el pronombre, pronoun.
prontamente, promptly, quickly.
la prontitud, promptness, readiness, swiftness, dispatch.
pronto, -a, prompt, ready, early.
pronto, *adv.*, quickly, right off, soon; de —, suddenly; tan — como, as soon as.
pronunciado, -a, pronounced, steep, sharp.
pronunciar, to pronounce, utter.
pronunciarse, to incline.
la propina, tip.
propio, -a, proper, own, suitable; — de, suitable to, peculiar to; — para, suitable for, fine for; lo —, the same, the right thing.
proponer (proponiendo, propuesto, propongo, propuse; *1st sing. fut.*, propondré), to propose, suggest.
proponerse, to plan, resolve.
propongo, *1st sing. pres. of* proponer.
la proporción, proportion.
proporcionado, -a, proportionate, proportioned.

el propósito, purpose; a —, suitable, by the way.
la propuesta, proposal.
propuso (propuse, —, propusimos, propusieron), *3d sing. pret. of* proponer.
prorrumpir, to burst out.
el protector, protector.
protector, -a, protecting.
proteger (*1st. sing. pres.*, protejo), to protect.
la protesta, protest.
protestar, to protest.
la provisión, provision.
provisto, -a, provided; — de, provided with.
próximo, -a, nearest, next; la casa más próxima, the nearest house.
proyectar, to project, plan, throw; tenía proyectado, had planned.
el proyectil, projectile, missile.
el proyecto, project, plan.
la prueba, proof, token, sign.
público, -a, public.
el público, public, onlookers.
el puchero, earthen cooking pot, stew.
pude, *see* pudimos.
pudimos (pude, pudo, —, pudieron), *1st pl. pret. of* poder.
el pudín, pudding.
el pueblo, people, village, town.
pueden (puedo, puede, podemos, —), *3d pl. pres. of* poder.
el / la } puente, bridge.
la puerta, door, gate.
el puerto, port, harbor.
el Puerto Rico, Porto Rico.
pues, for, then, well; — bien *or* — entonces, well, well then.
puesto, -a (*past part. of* poner), placed, fixed, put, hung (*of doors*).
el puesto, post, place; tomar —, to take one's stand.
pulido, -a, polished, clean, shining, smooth.
pulir, to polish.
el pulmón, lung.
la pulmonía, pneumonia; coger una —, to catch pneumonia.
el pulso, pulse.
el puma, puma.
la punta, point, end.
la puntería, aim, accuracy.
el punto, point, dot; al —, on the spot, immediately; subir de —, to increase noticeably.
puntual, punctual.
el puñado, handful.
el pupitre, desk; en un —, at a desk.
la pureza, purity.
puro, -a, pure, clear.
pusieron (puse, puso, pusimos, —), *3d pl. pret. of* poner.
puso, *see* pusieron.

Q

que, *conj.*, that, for, as, until, although, than; — no, no, not; de —, that, of the fact that. *When* que *introduces exclamations, it is often not to be translated, as in* ¡que viene el mico! the monkey's coming! . ¡que llegan Vds. tarde! you are late!

que, *rel. pron.* (*singular or plural*), who, whom, which, that; el —, la —, los —, las —, who, which, that, the one(s) who (which, that); lo —, which, that which, what; del —, than, than that which; — algunos lo llaman, which some call.

¿qué? *interr. pron. and adj.*, who? whom? which? what? ¿a —? for what? to what end? why? ¿— tal? *see* tal; ¿por —? why? for what reason? ¿para —? why? for what purpose?

¡qué! *exclamatory form,* what! what a! how! ¡— ... tan! what a ...! ¡— de prisa! how fast! ¡— lejos! how far! ¡— bien! how well!

quebrarse (*1st sing. pres.,* me quiebro), to break.

quedar, to remain, stay, be; — en, to agree to *or* on; quedarán profundamente dormidos, will go soundly to sleep.

quedarse, to remain, stay, be; — a velar, to stay on watch; — velando, to keep watch; se quedaron admirados, they were astonished.

quejarse, to complain.

la quemadura, burn.

quepo (—, cabe, cabemos, caben), *1st sing. pres. of* caber: no —, there isn't room enough for me.

querer (queriendo, querido, quiero, quise; *1st sing.* fut., querré), to want, wish, like, try; — decir, to mean. ¡Dios no lo quiera! God forbid! ¿Quiere Vd.? *followed by an infinitive often means* will you?

querido, -a, dear, liked, loved.

querrán (querré, querrá, querremos, —), *3d pl. fut. of* querer.

el queso, cheese.

quien (quienes), *rel. pron.*, who, the one who, whoever; a —, whom. *In the sense of* who, quien *is used only in non-restrictive relative clauses.*

¿quién? (¿quiénes?), *interr. pron.*, who?

quiera: ¡Dios no lo —! God forbid!

quiere (quiero, —, queremos, quieren), *3d sing. pres. of* querer.

quieto, -a, quiet.

la química, chemistry.

quince, fifteen.

quinto, -a, fifth; la Quinta Avenida, Fifth Avenue.

quise, quisieron, *see* quisimos.

quisimos (quise, quiso, —, quisieron), *1st pl. pret. of* querer.

quiso, *see* quisimos.

quita: de — y pon, removable.

quitar, to take off, take from, remove.

quitarse, to take off.

quitémonos = quitemos + nos, *1st pl. pres. imper. of* quitarse.

quítese (Vd.), quítense (Vds.), *pres. imper. of* quitarse.

R

el rábano radish.
el racimo, cluster, group.
la ración, portion.
el radiograma, wireless message, radiogram.
raíces, *pl.* of raíz.
la raíz (*pl.*, raíces), root, radical; echar raíces, to put forth roots, take root; verbos que cambian la vocal de la —, radical-changing verbs.
la rama, limb, branch; en —, raw, crude.
el ramo, bouquet, branch, concern, line.
rápidamente, rapidly.
la rapidez, rapidity.
rápido, -a, swift, rapid, steep; cuesta rápida, steep slope.
la rapiña, prey.
raro, -a, rare, scarce; raras veces, seldom.
el rato, while, short time; al poco —, after a while; hace ya —, a while past *or* ago.
la raya, stripe.
la rayita, little mark.
el rayo, ray, flash of lightning.
la raza, race.
la razón, reason, right; tener —, to be right.
la reacción, reaction.
el realce, raised figure, relief; *see* moldura.
realmente, really.
reanudar, to resume, renew.
rebotar, to rebound.
recamado, -a, embroidered.
el recelo, fear.
el receptáculo, receptacle.
recetar, to prescribe; le recetó una medicina, he prescribed some medicine for him.
recibido, -a, received.
recibir, to receive.
recién, recently, just; los — llegados, the new-comers.
recio, -a, strong, fresh.
recitar, to recite.
reclamado, -a, demanded.
reclamar, to demand.
recoger (*1st sing. pres.*, recojo), to gather, collect, catch up, hold.
la recolección, harvesting, gathering.
recomendar (*1st sing. pres.*, recomiendo), to recommend, commend, advise.
la recompensa, recompense, reward.
reconciliarse, to become reconciled with, to make friends.
reconocer (*1st sing. pres.*, reconozco), to recognize, examine, investigate, acknowledge.
recordar (*1st sing. pres.*, recuerdo), to remember, recall.
recorrer, to run over, cover.
el rectángulo, rectangle.
recto, -a, straight, right.
recuerda (recuerdo, —, recordamos, recuerdan), *3d sing. pres. of* recordar.
recuerde (Vd.), recuerden (Vds.), *pres. imper. of* recordar.
el recuerdo, memory, remembrance; *pl.*, regards.
recuperar, to recover, regain; — el tiempo perdido, to make up for lost time.

redondo, -a, round.
reducido, -a, small.
reemplazado, -a, replaced.
reemplazar (*1st sing. pret.*, reemplacé), to replace.
referir (refiriendo, referido, refiero, referí; *3d sing. pret.*, refirió), to refer, relate.
referirse a, to relate to, concern.
refirió (referí, —, referimos, refirieron), *3d sing. pret. of* referir.
reflejar, to reflect.
el reflejo, reflection.
reflexivo, -a, reflexive, reflective, thoughtful.
reforzar (*1st sing. pres.*, refuerzo; *1st sing. pret.*, reforcé), to strengthen.
refrescar (*1st sing. pret.*, refresqué), to refresh, cool.
el refresco, refreshment, cool drink.
el refrigerador, refrigerator.
el refuerzo, reënforcement, strengthening.
refugiarse, to take to flight, flee for refuge.
el refugio, refuge.
refunfuñar, to grumble, growl.
el regalo, gift, present.
regañar con, to quarrel with, to scold.
regañón, regañona, scolding, cross; es regañona con, scolds.
regar (*1st sing. pres.*, riego), to water.
el regimiento, regiment.
regir (rigiendo, regido, rijo, regí; *3d sing. pret.*, rigió), to govern.

registrar, to register.
el registro, register.
la regla, rule; — de medir, carpenter's rule, measuring stick.
el regocijo, rejoicing, mirth.
regresar, to return.
el regreso, return; de —, returning, on the way back; iba de —, was returning.
regular, ordinary, average, so so; más larga de lo —, longer than usual.
rehusar, to refuse.
la reina, queen.
reinar, to reign.
reír (riendo, reído, río, reí; *3d sing. pret.*, rió), to laugh.
reírse de (*for forms see* reír), to laugh at.
el relámpago, lightning.
relativo, -a, relative.
relevar, to relieve.
la religión, religion.
el reloj, watch, clock.
remontarse, remount, soar.
la rendición, surrender.
rendido, -a, given back, rendered, exhausted.
rendir (rindiendo, rendido, rindo, rendí; *3d sing. pret.*, rindió) to render, give back.
rendirse, to surrender.
el reno, reindeer.
renovar (*1st sing. pres.*, renuevo), to renew; — el turno, to take one's turn again.
renueva (renuevo, —, renovamos, renuevan), *3d sing. pres. of* renovar.
renunciar, to renounce; renunció a comer, refused to eat.

reñir (riñendo, reñido, riño, reñí; *3d sing. pret.*, riñó), to quarrel; **no riñan Vds.**, don't quarrel.
reparador, -a, refreshing.
repartir, to divide.
repasar, to review.
el repaso, review.
repente: de —, suddenly.
repetir (repitiendo, repetido, repito, repetí; *3d sing. pret.*, repitió), to repeat.
repite (repito, —, repetimos, repiten), *3d sing. pres. of* repetir.
repitiendo, *pres. part. of* repetir.
repitieron (repetí, repitió, repetimos, —), *3d pl. pret. of* repetir.
repitió, *see* repitieron.
reponer (reponiendo, repuesto, repongo, repuse; *1st sing. fut.*, repondré), to replace, restore, reply (*especially in preterit*).
reponerse, to recover.
reposar, to rest.
reprender, to blame, reprove.
la reprensión, reproof.
representar, to represent, seem.
reprimir, to repress.
reproducir (*1st sing. pres.*, reproduzco; *1st sing. pret.*, reproduje), to reproduce.
el reptil, reptile.
la república, republic.
repuesto, -a (*past part. of* reponer), recovered.
requerir (requiriendo, requerido, requiero, requerí; *3d. sing. pret.* requirió), to require, need, request, demand.

requiere (requiero, —, requerimos, requieren), *3d sing. pres. of* requerir.
resbaladizo, -a, slippery.
resbalar, to slip, slide.
la reserva, reserve.
reservado, -a, reserved, kept.
reservar, to reserve, keep.
resguardar, to shield.
la resistencia, resistance.
resistir, to resist; **no pudo — más**, he couldn't stand any more.
la resolución, resolution, determination.
el respaldo, back, back of a seat.
respectivamente, respectively.
respectivo, -a, respective.
el respecto, respect; **con — a**, in regard to.
respetado, -a, respected.
respetar, to respect.
respirar, to breathe; **ya lo creo que lo respiran**, of course they breathe it.
resplandecer (*1st sing. pres.*, resplandezco), to be brilliant, to shine.
el resplandor, brilliance, splendor.
responder, to reply, answer.
la respuesta, reply, answer.
el restaurant (*pl.*, restaurants), restaurant. *This is really a French word; in Spanish it is pronounced as if written* restorán; *the plural is pronounced as if written* restoranes.
el resto, rest, remains.
el resultado, result.
resultar, to result, turn out.
retirarse, to withdraw, retire.

retorcer (*1st sing. pres.*, retuerzo), twist, bend.
retorcido, -a, twisted, bent, crooked.
retrasado, -a, late; venir —, to be late.
el retraso, delay; llegar con —, to be late; llevar media hora de —, to be half an hour late.
el retrato, picture.
la retreta, tattoo, retreat; tocar —, to sound the tattoo.
retroceder, to yield, recede, step back, retreat.
reunido, -a, united, assembled, together.
la reunión, meeting, gathering.
reunir, to unite, assemble.
reunirse, to come together, meet, gather.
la revista, review.
revistar, to review.
revolotear, to hover, flit.
revuelto, -a, scrambled.
el rey, king.
rezar (*1st sing. pret.*, recé), to pray; — sus oraciones, to say one's prayers; — la plegaria, to pronounce the oath; rezó la bendición, he asked a blessing.
ricamente, richly.
rico, -a, rich.
ríe, *see* ríen.
riega (riego, —, regamos, riegan), *3d sing. pres. of* regar.
el riel, rail.
ríen (río, ríe, reímos, —), *3d pl. pres. of* reír.
riendo, *pres. part. of* reír.
rieron (reí, rió, reímos, —), *3d pl. pret. of* reír.

rigen (rijo, rige, regimos, —), *3d pl. pres. of* regir.
el rincón, corner.
rindió (rendí, —, rendimos, rindieron), *3d sing. pret. of* rendir.
el rinoceronte, rhinoceros.
la riña, quarrel.
riña (Vd.), riñan (Vds.), *pres. imper. of* reñir.
rió, *see* rieron.
el río, river.
la risa, laugh; *pl.*, laughter.
el ritmo, rhythm, beat, time.
rizado, -a, curly.
robar, to steal, rob; robaban fragmentos a los ojos de los niños, hid bits from the children's eyes.
Roberto, Robert.
el roble, oak.
la roca, rock.
rodeado, -a, surrounded.
rodear, to surround.
la rodilla, knee.
Roger, Roger.
rojizo, -a, reddish.
el rojo, red.
rojo, -a, red.
romano, -a, Roman.
el romero, rosemary.
romper (*past part.*, rompido *and* roto), to break, tear; — a llorar, to begin to cry.
romperse, to be broken, break, dash.
el rompiente, surf, breakers.
la ropa, clothes; —s, clothes, — blanca, linen; — interior, underwear.
la rosa, rose; color de —, pink.
rosado, -a, flushed, rose-colored, pink.
el rosal, rosebush.
el rostro, face.

roto, -a, broken, torn.
rubio, -a, ruddy, red.
la rueda, wheel.
el ruido, noise.
ruidosamente, noisily, loudly.
el rumbo, direction, destination.
el rumor, murmur, noise, sound, rumor.
la ruta, route; hago la —, my route is.

S

el sábado, Saturday.
la sábana, sheet, spread.
saber (sabiendo, sabido, sé, supe; *1st sing. fut.*, sabré), to know, know how, be able, learn, find out; ya se sabe, of course; sepa Vd. escoger, be sure to choose.
el sabio, wise man, "know it all."
sabio, -a, wise.
el sable, sabre.
sabremos (sabré, sabrá, —, sabrán), *1st pl. fut. of* saber.
sacar (*1st sing. pret.*, saqué), to take, take out, carry out, pull out, remove, get, gain.
el saco, sack, bag.
el sacrificio, sacrifice.
la sacudida, shake.
sacudir, to shake.
la sal, salt.
la sala, room, hall, parlor; — de espera, waiting-room; — de clase, class-room.
saldrá (saldré, —, saldremos, saldrán), *3d sing. fut. of* salir.
el salero, salt-cellar.
salgo (— sale, salimos, salen), *1st sing. pres. of* salir.
la salida, departure, coming out; a la — de la escuela, on coming out of school.
salir (saliendo, salido, salgo, salí; *1st sing. fut.*, saldré), to come out, go out, go forth, get out, issue, leave; al —, on leaving; le salía sangre, blood flowed from him.
el salitre, saltpeter.
el salón, salon, hall, parlor, saloon; — de peluquería, barber shop; Salón de Actos, Assembly Hall.
la salsa, sauce.
saltar, to leap, jump, dance.
el salto, leap, jump.
la salud, health.
saludable, healthful, wholesome.
saludado, -a, saluted, greeted.
saludar, to salute, greet; todos saludaron, they all greeted each other.
la salutación, greeting.
salvado, -a, saved, passed.
el salvador, rescuer.
salvaje, wild, savage.
el salvaje, savage.
el salvamento, saving, rescue; cable de —, life line.
salvar, to save, pass, jump over.
el salvavidas, life-preserver; cable —, live-saving cable.
Samuel, Samuel.
sanar, to get well.
la sangre, blood; — fría, calmness, coolness; no perdió la — fría, didn't lose his head.

la sanidad, health; sección de —, hospital section.
sano, -a, healthy, wholesome.
santo, -a, holy, sacred; ¡Dios santo! My God!
el santo, saint.
el sartén, frying-pan.
el sastre, tailor.
la sastrería, tailor-shop.
el satélite, satellite.
satisfactorio, -a, satisfactory.
satisfecho, -a, satisfied, with satisfaction; sonrió —, smiled with satisfaction.
se, *refl. pron. of 3d person*, himself, herself, itself, themselves, oneself, yourself, yourselves; *sometimes used as reciprocal pron.*, each other, one another; *takes the place of* le, la, les, *etc., when one of the latter would otherwise stand before another pronoun beginning with* l.
sé (—, sabe, sabemos, saben), *1st sing. pres. of* saber.
secar (*1st sing. pret.*, sequé), to dry.
secarse, to get dry.
la sección, section; — de sanidad, hospital corps.
seco, -a, dry.
la sed, thirst; tener —, to be thirsty.
la seda, silk; papel de —, tissue paper.
la seguida, succession; en —, at once, immediately, then.
seguido, -a, followed; — de, followed by; acto —, immediately afterward.
seguir (siguiendo, seguido, sigo, seguí; *3d sing. pret.*, siguió), to follow, keep on.
según, according to, as.
el segundario, circle denoting seconds on face of watch, second hand.
segundo, -a, second.
el segundo, second.
seguramente, surely.
la seguridad, security, assurance; con toda —, certainly, of course.
seguro, -a, sure, secure, safe, certain; estar — de que, to be sure that.
seis, six; las —, six o'clock; las — y media, half past six.
la selección, selection.
sellar, to seal.
la semana, week.
semejante, like, similar.
la semejanza, similarity, resemblance; — con, resemblance to.
la semilla, seed.
sencillo, -a, simple.
la senda, path.
el sendero, path.
el seno, breast.
la sensación, sensation, feeling.
sentado, -a, seated.
sentar (*1st sing. pres.*, siento), to seat, fit.
sentarse (*1st sing. pres.*, me siento), to seat oneself, take a seat, sit down, be seated.
el sentido, sense, direction; — ascendente, ascending direction, going up; — descendente, descending direction, going down.
el sentimiento, sentiment, regret.
sentir (sintiendo, sentido,

siento, sentí; *3d sing. pret.*, sintió), to feel, perceive, notice, hear, regret, be sorry for; al —, on noticing, feeling, *etc.*
sentirse (*1st sing. pres.*, me siento), to feel, be moved, be affected.
la seña, sign.
la señal, sign, token, signal; poste de —, signal post, signal station; en — de, as a sign of; es — de que, it is a sign that.
señalado, -a, appointed.
señalar, to sign, mark, distinguish, point out *or* at, make known, appoint.
el señor (*abbreviation*, Sr.), gentleman, Mr., Sir.
el Señor, Lord.
la señora (*abbreviation*, Sra.), lady, wife, Mrs., Madam.
la señorita, young lady, unmarried lady, Miss.
sepa (Vd.), sepan (Vds.), *pres. imper. of* saber.
separado, -a, separated, apart.
separar, to separate.
separarse, to part; — de, to part from, leave.
el septiembre, September.
ser (siendo, sido, soy, fuí, *imp.*, era), to be; es que, the fact is that; serán más antiguos, they probably are older, they must be older.
el ser, being.
sereno, -a, serene, calm.
serio, -a, serious; en —, seriously.
la servilleta, napkin.
servir (sirviendo, servido, sirvo, serví; *3d sing. pret.*, sirvió), to serve; — de, to serve as; — para, to be used for.
servirse (*1st sing. pres.*, me sirvo), to be served, to serve oneself.
sesenta, sixty; unos —, some sixty, about sixty; los —, the age of sixty.
la sesión, session.
setenta, seventy; los —, the age of seventy.
setenta y nueve, seventy-nine.
severo, -a, severe, strict.
el sextante, sextant.
si, if. Si *is often used to introduce an exclamation, as we use the word* why.
sí, yes; me parece que —, it seems to me that it is, has, was, *etc.*
sí, *disjunctive form of* se; — mismo, himself. *For other meanings, see* se.
sido, *past part. of* ser; he — yo, it was I.
la sidra, cider.
siempre, always, still; para —, forever; — que, whenever; nuestra bandera siempre flotó, our flag still waved.
la sien, temple.
siendo, *pres. part. of* ser.
siéntese (Vd.), siéntense (Vds.), *pres. imper. of* sentarse.
(1) siento (—, sienta, sentamos, sientan), *1st sing. pres. of* sentar.
(2) siento (—, siente, sentimos, sienten), *1st sing. pres. of* sentir.

VOCABULARY

la sierra, saw, ridge, sierra.
la siesta, afternoon nap, siesta.
siete, seven; las —, seven o'clock; son más de las —, it is after seven.
el siglo, century.
siguiente, following; lo —, the following.
siguieron (seguí, siguió, seguimos, —), *3d pl. pret. of* seguir.
silbar, to whistle.
el silbido, whistle.
el silencio, silence.
la silueta, silhouette, profile.
silvestre, wild.
la silla, chair; — de playa, beach-chair.
el sillón, armchair, easy chair.
simbolizar, to symbolize.
el símbolo, symbol.
la simpatía, sympathy; mostrar mucha — por, to take a great liking to.
simpático, -a, nice.
simultáneamente, at the same time.
sin, without; — mostrar, without showing; un — fin, a lot of, no end of.
la singladura, day's run.
siniestro, -a, sinister, left.
sino, but, except, than; Vd. no habla — tonterías, you don't say anything but nonsense; — que, but, except, excepting, except that. Sino *is used only after a negative.*
sintieron, *see* sintió.
sintió (sentí, —, sentimos, sintieron), *3d sing. pret. of* sentir.
la sirena, siren.
sirven (sirvo, sirve, servimos, —), *3d pl. pres. of* servir.
la sirvienta, maid, maidservant.
sirvió (serví, —, servimos, sirvieron), *3d sing. pret. of* servir.
el sistema, system.
el sitio, place; cambiar de —, to change one's place.
la situación, situation.
situado, -a, situated.
soberbio, -a, proud.
sobre, on, upon, over, about, above; — todo, especially.
la sobremesa, dessert; de —, immediately after dinner.
el socorro, help.
el sofá, sofa.
sofocado, -a, smothered, crushed.
sofocante, stifling.
sofocar, (*1st sing. pret.*, sofoqué), to stifle, smother.
el sol, sun; al —, in the sun; hace —, the sun is shining; hace un buen —, the sun is shining brightly.
solamente, only.
la solapa, lapel.
el soldado, soldier.
solemne, solemn.
solicitar, to ask, beg.
solícito, -a solicitous, anxious.
solidificado, -a, solidified.
solitario, -a, lonely, alone, solitary.
solo, -a, sole, only, alone, single.
sólo, *adv.*, only; tan —, only.
soltar, to loose, release, let go of, let out; — la carcajada, to burst into loud laughter.

la solución, solution.
la sombra, shade, shadow.
el sombrero, hat.
somos (soy, es, —, son), *1st pl. pres. of* ser.
son, *see* somos.
sonar, to sound, ring; al — de la campanilla, at the ringing of the bell.
sonreír (sonriendo, sonreído, sonrío, sonreí; *3d sing. pret.*, sonrió), to smile.
sonríe (sonrío, —, sonreímos, sonríen), *3d sing. pres. of* sonreír.
sonriente, smiling.
sonrieron (sonreí, sonrió, sonreímos, —), *3d pl. pret. of* sonreír.
sonrió, *see* sonrieron.
soñar, to dream; — con, to dream of.
soplar, to blow.
sorprender, to surprise.
sorprendido, -a, surprised.
la sorpresa, surprise.
sospechar, to suspect.
sospechoso, -a, suspicious.
sostener (sosteniendo, sostenido, sostengo, sostuve; *1st sing. fut.*, sostendré), to sustain, keep up, hold up.
sostuvo (sostuve, —, sostuvimos, sostuvieron), *3d sing. pret. of* sostener.
el sótano, cellar.
soy, *see* somos.
Sr. = señor.
Sra. = señora.
su (*pl.*, sus), *poss. adj.*, his, her, its, their, your.
suavizar (*1st sing. pret.*, suavicé), to smooth.
la subida, ascent.

subido, -a, strong, deep, mounted.
subir, to ascend, climb, mount, go up, come up, enter, bring up, carry up, raise, turn up; — a, to go up on; — de punto, to increase noticeably; el —, the going up; se habían subido los cuellos, they had turned up their collars.
subterráneo, -a, subterranean, underground; tren —, subway train.
el subterráneo, subway.
suceder, to result, follow, happen.
sucesivamente, successively.
sucesivo, -a, successive.
el sud, south; al — de, to the south of.
Sud América, South America.
sudamericano, -a, South American.
el sudamericano, South American.
sudar, to sweat, perspire.
el sudoeste, southwest.
la suela, sole (*of shoe*).
el suelo, floor, ground, surface.
el sueño, sleep, dream; tener —, to be sleepy.
la suerte, luck; tener —, to be lucky.
suficiente, sufficient.
el sufrimiento, suffering.
sufrir, to suffer, undergo.
sujetar (*past part.*, sujetado *and* sujeto), to fasten, clasp, hold, get a firm hold on, stretch.
sujeto, -a (*past part. of* sujetar), fastened.
el sujeto, subject.

VOCABULARY 377

la **suma**, sum, total.
sumiso, -a, submissive, humble.
sumo, -a, highest, greatest, very great, extreme.
suntuoso, -a, sumptuous, luxurious, magnificent.
supe, *see* **supo**.
superado, -a, overcome, exceeded.
superar, to overcome, exceed.
la **superficie**, surface.
el **superintendente**, superintendent.
el **superior**, superior.
superior, superior, upper. *Forms are the same in both genders.*
supieron, *see* **supo**.
supo (**supe**, —, **supimos**, **supieron**), *3d sing. pret. of* **saber**.
suponer (**suponiendo**, **supuesto**, **supongo**, **supuse**; *1st sing. fut.*, **supondré**), to suppose, surmise, suspect.
suponerse, to be supposed, pretend; **que se suponía que estaba herido**, who was supposed to be wounded.
supongamos, *1st pl. pres. imper. of* **suponer**.
supremo, -a, supreme.
el **sur**, south.
surcar (*1st sing. pret.*, **surqué**), to plow, furrow, sail.
el **surco**, furrow.
surgir (*1st sing. pres.*, **surjo**), to rise.
el **surtido**, stock.
el **surtidor**, jet, fountain.
sus, *pl. of* **su**.
suspender, to suspend, adjourn, stop, dismiss.

suspendido, -a, suspended, adjourned, stopped, dismissed.
suspirado, -a, longed for.
el **susto**, fright.
suyo (**suya**; **suyos**, **suyas**), *poss. adj.*, his, her, its, their, your; **el suyo, la suya, los suyos, las suyas**, *poss. pron.*, his, hers, its, theirs, yours; **los suyos**, his (her, *etc.*) family, his friends, *etc.*

T

el **tablón**, board, plank.
el **taburete**, stool, tabouret.
el **tacto**, touch.
tal, such, such a; **— como**, such as, just as; **¿qué —?** how is it? how do you like? what do you think of? how are you? **¿qué — es mi lechería?** how do you like my dairy? **¿qué — les parecen mis flores?** what do you think of my flowers?
el **talento**, talent.
el **taller**, workshop.
el **tallo**, stem.
el **tamaño**, size.
también, also.
el **tambor**, drum, drummer.
tampoco, neither, not either, just as little; **y — lo logró**, and he didn't succeed in doing that either.
tan, so, such, such a, as; **— sólo**, only; **¡qué animal — útil!** what a useful animal!
tanto, -a, as much, so much, so great; *pl.*, so many;

al — de, familiar with, well informed upon; por lo —, therefore, mientras —, meanwhile; ochocientos y —s, something over eight hundred; —. . . cuanto, *in expressions of comparison,* the . . . the.

la tapa, lid, cover.

la tapadera, cover.

tapar, to close, cover.

tapizado, -a, covered, papered.

tardar, to delay; **no tarda mucho**, it doesn't take him long; **tardará mucho tiempo traérnoslos**, it will take him a long time to bring them to us.

tarde, *adj.*, late; **más —**, later.

la tarde, afternoon, evening; **por la —**, afternoons, in the afternoon; **mañana por la —**, to-morrow afternoon; **buenas —s**, good afternoon; **el lucero de la —**, the evening star.

la tarima, platform.

la tarjeta, card; **— de visita**, calling-card, visiting-card.

el tarro, jar, pan of earthenware.

el techo, roof, ceiling.

la tela, cloth.

telar: **máquina —**, loom.

telefonar, to telephone.

el telefonista, telephone operator.

el teléfono, telephone; **— de campaña**, field telephone.

la telegrafía, telegraphy, telegraph; **— sin hilos**, wireless telegraphy.

telegrafiar, to telegraph.

telegráfico, -a, telegraphic.

el telégrafo, telegraph; **— sin hilos**, wireless telegraph; **Compañía de Telégrafos**, Telegraph Company.

el tema, composition exercise.

temblar, to tremble; **— de**, to tremble with.

temer, to fear.

el temor, fear.

la temperatura, temperature.

la tempestad, thunderstorm.

templado, -a, tempered, moderate, mild, cooled *or* heated (*according to context*).

templar, to temper, moderate, cool *or* heat (*according to context*).

el templo, temple, church.

la temporada, a certain space of time.

el temporal, storm.

temprano, -a, early.

temprano, *adv.*, early.

tender (*1st sing. pres.*, tiendo), to stretch.

tenderse, to stretch out, be stretched.

tendido, -a, stretched out.

tendrá (tendré, —, tendremos, tendrán), *3d sing. fut.* of tener.

el tenedor, fork.

tener (teniendo, tenido, tengo, tuve; *1st sing. fut.*, tendré), to have, hold, possess; **— la culpa**, to be to blame; **— calor**, to be warm; **— cariño a**, to love; **— envidia a**, to envy; **— frío**, to be cold; **— hambre**, to be hungry; **— lugar**, to take place; **— miedo**, to be afraid;

— precisión de, to need; — que, to have to; — razón, to be right; — sed, to be thirsty; — sueño, to be sleepy; — suerte, to be lucky; tiene diez años, he is ten years old; ¿qué tienen estas sillas? what is the matter with these chairs? tendrá ..., it has about ...; tendrán unos cinco o seis años, they are about five or six years old; tendremos como unos sesenta, we have about sixty; tenía los ojos tristes, his eyes were sad.
la tenería, tannery.
tenga (Vd.), tengan (Vds.), *pres. imper. of* tener.
tengo (—, tiene, tenemos, tienen), *1st sing. pres. of* tener.
tenido, -a, *past part. of* tener.
el teniente, lieutenant; — coronel, lieutenant-colonel.
el tennis, tennis.
la tentación, temptation.
el tente-en-pie, lunch.
tercer = tercero. Tercer *is used only before a noun in the masculine singular.*
tercero, -a, third.
terminar, to end, finish.
el término, end, terminus; estación de —, terminal station.
el termómetro, thermometer.
el ternero, calf, veal.
el terrado, terrace, flat roof, roof.
la Terranova, Newfoundland.
el terreno, land, ground, field.

terrestre, terrestrial.
el terror, terror.
la tía, aunt.
el tiburón, shark.
el tiempo, time, tense, weather; a un —, at one time, at the same time; a —, in *or* on time; ¿cuánto —? how long? ¿qué — hacía? what kind of weather was it?
la tienda, shop, store, tent; — de campaña, field tent.
tiene, *see* tengo.
tienen, *see* tengo.
tierno, -a, fresh, tender.
la tierra, earth; arrodillarse en —, to kneel down.
el tigre, tiger.
la tijera (*generally used in the plural*), scissors.
el tilburi, tilbury, carriage.
el timbre, bell.
el timón, wheel, helm, rudder.
el tinte, tint.
la tintura, dye.
el tipo, type.
el tirador, thrower, marksman.
tirante, taut.
tirar, to draw, pull, fire, throw; — de, to draw, drag; — a la barra, to throw the bar.
tirarse, to be thrown *or* drawn.
el tiro, shot.
la tobera, tewel, pipe (*of bee-smoker*).
tocar (*1st sing. pret.*, toqué), to touch, play, beat, sound, ring, refer to, concern, behoove, fall to the lot of; — alto, to sound the halt; — asamblea, to sound assembly; — atención, to

sound attention; — a la carrera, to sound the double quick; — diana, to sound the reveille; — formación, to sound formation; — marcha, to sound march; — el piano, to play the piano; — retreta, to sound the tattoo; — los timbres, to ring the bells; por lo que toca, as to what concerns, as far as is *or* are concerned; esto me tocaba a mí, this was meant for me, it was my turn; les tocó, it fell to their lot, it was their turn; a mí me toca, it falls to my lot, it is my turn.

todavía, yet, still.

todo, -a, all, every, everything; — el día, all day; —s los días, every day; —s los años, every year; venden de —, they sell everything; lo —, the whole thing, everything.

tolerar, to endure, tolerate.

¡ toma ! of course! see here!

tomar, to take, eat, drink; — el desayuno, to eat breakfast; me las hago — por, I recite them to.

el tomate, tomato.

la tomatera, tomato plant.

tome (Vd.), tomen (Vds.), *pres. imper. of* tomar.

el tomillo, thyme.

la tonelada, ton.

tonificar (*1st sing. pret.,* tonifiqué), to tone up, invigorate.

el tono, tone, tint, shade.

la tontería, foolishness, silliness.

tonto, -a, foolish, stupid.

el toque, stroke, signal; — de silencio, taps.

torcer (*1st sing. pres.*, tuerzo), to turn, twist.

el tornillo, screw, bolt.

el torno: en — de *or* en — a, around.

el torpedero, torpedo boat.

el torpedo, torpedo.

el torrente, torrent, brook.

la tortilla, omelet.

toser, to cough.

la totalidad, total, totality.

trabajar, to work; el —, working; — la madera, to work in wood; ahora a —, now for work; ponerse a —, to set about one's work, start work; volver a —, to go to work again.

trabajarse, to carry on.

el trabajo, work, job.

trace (Vd.), tracen (Vds.), *pres. imper. of* trazar.

tradicional, traditional.

traer (trayendo, traído, traigo, traje), to bear, wear, carry, bring.

traficar (*1st sing. pret.,* trafiqué), to trade, traffic; que trafica con ella, who sells it.

el tráfico, traffic.

tragar (*1st sing. pret.,* tragué), to gobble, devour.

el traidor, traitor.

traigo (—, trae, traemos, traen), *1st sing. pres. of* traer.

traje (—, trajo, trajimos, trajeron), *1st sing. pret. of* traer.

el traje, suit; — de baño, bathing suit.

trajeron, *see* traje.

trajimos, *see* traje.
trajo, *see* traje.
la trama, weft, woof.
el trámite, track, step.
la trampa, fraud, trick.
la tranquilidad, tranquillity.
tranquilo, -a, quiet, tranquil.
transatlántico, -a, transatlantic.
el transatlántico, liner.
el transeunte, passer-by.
la transformación, transformation.
transitar, to travel, pass.
el tránsito, transit, passage, journey.
transportar, to convey, transport, carry, transfer.
el transporte, transport, transportation; carro de —s, truck.
transversal, transversal, cross.
el tranvía, street railway, street car.
el trapo, rag.
trás, after.
trasegar, (*1st sing. pret.*, trasegué), to remove, extract.
trasero, -a, back, rear; patas traseras, hind feet.
la trastienda, back room (*of shop*).
tratar, to treat; — de, to try to.
tratarse de, to be a question of.
través: a — or a — de, through, across.
el travesaño, crosspiece, roost.
la travesía, passage, crossing.
trazado, -a, traced.
trazar (*1st sing. pret.*, tracé), to draw, trace.
trece, thirteen.

treinta, thirty.
treinta y dos, thirty-two.
el tren, train.
el trenzado, braid.
trepar, to climb; — por, to climb up.
tres, three.
trescientos, -as, three hundred.
el triángulo, triangle.
la tribuna, stand.
el trigo, wheat.
la trinchera, trench.
el trineo, bob-sled, sleigh; la expedición en —, the coasting party.
el trino, trill.
triste, sad, sorry.
la tristeza, sadness, sorrow; sentir —, to be sad or sorry.
la trompa, trumpet, trunk (*of elephant*).
el tronco, trunk, log, team, span; — arriba, up the tree.
las tropas, troops, soldiers.
el tropel, flock, troop.
tropezar con (*1st sing. pres.*, tropiezo; *1st sing. pret.*, tropecé), to stumble against.
tropical, tropical.
el trote, trot; al —, at a trot; al — del caballo, with the horse going at a trot.
el trueno, thunder, peal of thunder; *pl.*, thunder.
el tubo, vase, tube.
el tunante, rascal, truant.
el túnel, tunnel.
turbado, -a, disturbed, confused.
turbar, to disturb, mar.
el turno, turn; por —, by or

in turn; **aguardar** *or* **esperar** —, to wait for one's turn.
tuve (—, **tuvo, tuvimos, tuvieron**), *1st sing. pret. of* **tener**.
tuvieron, *see* **tuve**.
tuvo, *see* **tuve**.

U

u = o. U *is used before words beginning with* o *or* ho; *see* o.
último, -a, last; **por** —, finally; **al** — **extremo**, at the farthest end; **este** —, the latter.
el **umbral**, threshold.
un, una, *indef. art.*, a, an.
una, unas, *see* **uno**.
único, -a, sole, only; **el** —, the only one.
unido, -a, united, together.
uniforme, uniform.
el **uniforme**, uniform.
unir, to unite, join.
uno (una; unos, unas), *numerical adj., indef. adj., and pron.*, one; **es la una**, it is one o'clock; **unos, unas**, some, about; **unas dos millas**, about two miles; **unos con otros**, with each other; **muy diferentes las unas de las otras**, very different from each other.
la **urdimbre**, warp.
el **Uruguay**, Uruguay.
usado, -a, used, worn.
usar, to use.
usarse, to be used.
el **uso**, use.
usted (*pl.*, **ustedes**), *pronoun of polite address*, you.

el **utensilio**, utensil.
útil, useful.
la **uva**, grape.

V

va (voy, —, **vamos, van)**, *3d sing. pres. of* **ir**; **se** —, *see* **irse**.
la **vaca**, cow.
las **vacaciones**, vacation, holidays; **estar de** —, to have a vacation.
vaciar, to empty, vacate.
la **vacilación**, vacillation; **mirar sin** —, to look fixedly at.
vacío, -a, empty.
el **vagón**, wagon, car, railway carriage.
la **valentía**, courage.
valiente, strong, brave.
valioso, -a, valuable.
el **valor**, value, price, courage.
(1) **vamos** (*1st pl. pres. ind. of* **ir**); *see* **va**.
(2) **vamos** (*1st pl. pres. imper. of* **ir**), let us go, come on, indeed, I see, look here! come! well!
van, *see* **va**.
el **vapor**, steam, steamer.
el **vaporcito**, small steamer.
la **vaquería**, dairy farm.
la **vara**, rod; —**s de nardo**, tuberoses; — **de medir**, rule, yardstick.
variado, -a, varied, variegated; *pl.*, various.
la **variedad**, variety.
vario, -a, diverse; *pl.*, several, various.
el **vaso**, glass, tumbler.
vasto, -a, vast.
vaya (Vd.), vayan (Vds.), *pres. imper. of* **ir**.

Vd. = usted.
Vds. = ustedes.
vea (Vd.), vean (Vds.), *pres. imper. of* ver.
veces, *pl. of* vez.
vecino, -a, neighboring, near.
el vecino, neighbor.
vegetal, vegetable; carbón —, charcoal.
el vehículo, vehicle.
veía (—, —, veíamos, veían), *1st and 3d sing. imp. of* ver.
veinte, twenty; el piso —, the twentieth floor.
veinte y cinco, twenty-five.
veintidós, twenty-two; el — de septiembre, September 22.
veintiuno, twenty-one; el — de marzo, March 21.
la velada, evening.
el velador, sewing-table.
velar, to watch.
el velo, veil, mask.
la velocidad, speed; a toda —, at full speed.
veloz (*pl.*, veloces), swift.
velozmente, swiftly.
la vena, vein.
vencer (*1st sing. pres.*, venzo), to conquer, gain, win.
el vendaje, bandage.
vendar, to bind, bandage.
vender, to sell.
vendrán (vendré, vendrá, vendremos, —), *3d pl. fut. of* venir.
venerable, venerable.
venerado, -a, venerated, respected.
venerar, to venerate.
la Venezuela, Venezuela.
venga (Vd.), vengan (Vds.), *pres. imper. of* venir.
vengativo, -a, revengeful.

vengo (—, viene, venimos, vienen), *1st sing. pres. of* venir.
la venida, coming, arrival.
venir (viniendo, venido, vengo, vine; *1st sing. fut.*, vendré), to come; vieron — al capitán, they saw the captain coming; que viene, next; vino a juntarse, he came and joined; me viene estrecho, it is too tight for me.
la ventana, window.
la ventanilla, little window, port hole.
el ventilador, ventilator.
ver (viendo, visto, veo, vi), to see; no le puede —, can't bear the sight of him; a —, let's see; al —, on seeing; se veía a uno, one was seen; se le veía, it was seen; se veían cortadas, were seen to be cut; les hizo ver, showed them; que ve venir a los niños, who sees the children coming; vieron venir al capitán, they saw the captain coming; ya lo veía venir, I saw it coming (*i.e.* I know what you want).
veraniego, -a, summer.
el verano, summer.
las veras, truth; de —, indeed, really.
el verbo, verb.
la verdad, truth; ¿—? or ¿no es —? isn't that true?
verdaderamente, truly.
verdadero, -a, true, real, veritable.
verde, green; — blanco, whitish green; — claro,

light green; — oscuro, dark green.
el **verde**, green.
la **vereda**, path.
la **vergüenza**, shame; le da —, it makes him ashamed.
verse (*for forms see* **ver**), to be seen.
verter (*1st sing. pres.*, **vierto**), to shed, empty, pour.
vertical, vertical.
el **vértigo**, dizziness; dar — a, to make dizzy.
vespertino, -a, evening.
el **vestíbulo**, vestibule.
vestido, -a, dressed; —s de blanco, dressed in white; — de húsar, dressed like an hussar.
el **vestido**, suit, dress, garb, clothes.
vestir (**vistiendo, vestido, visto, vestí**; *3d sing. pret.*, **vistió**), to dress, wear, put on; — de negro, to wear black.
vestirse, to dress.
el **veterano**, veteran, old soldier.
el **veterinario**, veterinary surgeon.
vetusto, -a, ancient, very old.
la **vez** (*pl.*, **veces**), time; a la —, at once; otra —, again; una —, once, as soon as; de — en cuando, from time to time; en — de, instead of; cada — más reducidos, smaller and smaller; a veces, sometimes, at times; muchas veces, often; raras veces, seldom.
la **vía**, way, track.
viajar, to journey, travel.
el **viaje**, journey, voyage, trip.

el **viajero**, traveler, passenger; ¡señores viajeros al tren! all aboard!
la **vianda**, food, victuals, meat.
la **vibración**, vibration.
la **vida**, life.
el **vidrio**, glass.
viejo, -a, old; el —, the old man; la vieja, the old lady.
viendo, *pres. part. of* **ver**.
viene, *see* **vengo**.
el **viento**, wind.
el **viernes**, Friday.
vieron (**ví, vió, vimos**, —), *3d pl. pret. of* **ver**.
vigilar, to watch, keep guard.
vimos, *see* **vieron**.
el **vinagre**, vinegar.
viniendo, *see* **venir**.
vino (**vine**, —, **venimos, vinieron**), *3d sing. pret. of* **venir**.
vió, *see* **vieron**.
violento, -a, violent.
la **violeta**, violet.
la **virtud**, virtue.
el **visaje**, face.
visible, visible.
la **visita**, visit, call.
el **visitante**, visitor.
la **visitante**, visitor.
visitar, to visit; el —, visiting, calling.
visitarse, to be visited.
vislumbrar, to see faintly, get a faint view of, barely discern.
la **víspera**, evening before, eve; Víspera de Todos los Santos, Halloween.
la **vista**, sight, view, glance, vista; a la —, in sight; dirigir la —, to turn one's eyes.

vistieron (vestí, vistió, vestimos, —), *3d pl. pret. of* vestir.
visto, -a (*past part. of* ver), seen; lo —, that which is seen.
vistoso, -a, showy.
la **viva,** cheer, hurrah; ¡viva! good! bravo!
la **vivienda,** dwelling.
viviente, living.
vivir, to live; — más que, to live longer than.
vivo, -a, live, alive, lively, vivid, bright, strong, keen, bracing.
la **vocal,** vowel.
voces, *pl. of* voz.
el **volante,** stearing-gear.
volar (*1st sing. pres.,* vuelo), to fly.
volcar (*1st sing. pres.,* vuelco; *1st sing. pret.,* volqué), to tip over, upset; al —, when we upset.
el **volumen,** volume.
volver (*1st sing. pres.,* vuelvo; *past part.,* vuelto), to turn, return; — a, to do again; — a abrir, to open again; — a lavar, to wash again.
volverse, to return, be turned, turn around, grow, become, change.
la **voracidad,** voracity.
voy, *see* va.
la **voz** (*pl.,* voces), voice, cry, order, command.
el **vuelo,** flight, sweep.
la **vuelta,** turn, return, winding, curve; dar —s, to turn; dar la —, to turn, return; a la —, on returning, on one's return; de —, back, returned; habían dado la — a la casa, they had gone around the house.
vuelto, -a (*past part. of* volver), turned, returned; ¿ha vuelto Vd. a tocar? have you touched again?
vuelven (vuelvo, vuelve, volvemos, —), *3d pl. pres. of* volver.

W

Wáshington, Washington.

Y

y, and. *Before words beginning with* i *and* hi, y *becomes* e.
ya, already, now; — no *or* no ... —, no longer; — ..., — ..., either ..., or.... Ya *often merely adds emphasis to the sentence, and is then not to be translated.*
la **yedra,** ivy.
el **yelmo,** helmet.
yendo, *see* ir.
el **yeso,** chalk, crayon.
yo, I.
la **yunta,** yoke, pair.

Z

la **zanahoria,** beet.
la **zapatería,** shoe store.
el **zapatero,** shoemaker, shoe dealer.
el **zapato,** shoe.
la **zarpa,** claw.
la **zarza,** bramble.
la **zebra,** zebra.
la **zona,** zone.
zoológico, -a, zoological
el **zurrón,** pouch, sack.

NUMERALS USED IN TEXT

1809, mil ochocientos y nueve.
1863, mil ochocientos sesenta y tres.
281,000, doscientos ochenta y un mil.
463,767, cuatrocientos sesenta y tres mil, setecientos sesenta siete.
1,083,595, un millón, ochenta y tres mil, quinientos noventa cinco.
3,000,000, tres millones.
4,000,000, cuatro millones.
10,000,000, diez millones.
25,000,000, veinte y cinco millones.

Printed in the United States of America.

Made in the USA
Lexington, KY
13 December 2011